伊斯坦堡

一座城市的記憶

MEMORIES OF A CITY

Istanbul

Orhan Pamuk

諾貝爾文學獎得主
奧罕・帕慕克——著
何佩樺——譯

MARCO POLO PRESS

獻給我的父親岡杜茲・帕慕克（Gündüz Pamuk）

(1925-2002)

【中文版序】

I am very pleased that my Istanbul will be enjoyed by Taiwanese readers. I hope that they will feel close to this feeling of "after the empire" and the sadness of its beauty......This book is my attempt to understand the sensibility of a boy who was raised in an city at the edge of the West, and who hoped to became a painter in a country where the western painting was not a tradition......This is also the story of my Istanbul seen through the eyes of that child. who years later tried to chronicle the invention of the beauties of his town by the western travellers......It is also a story of decay of a family......and an empire lost ......

Orhan Pamuk

我非常高興《伊斯坦堡》將被台灣讀者閱讀，我希望他們對於「帝國之後」的情感，以及它的美的哀傷會感到親切……。這本書是我企圖去瞭解一個男孩的感性，他成長於西方邊緣的城市，而且想成為一位畫家，但在他的國家，西方繪畫並非傳統……。這也是個透過孩童之眼所見到的伊斯坦堡的故事，他在多年後試著記述由西方旅人發現的他的家鄉之美……這也是一個家道中落的故事，以及一座帝國消逝的故事……

「美景美在其憂傷。」

—— Ahmet Rasim

(十九世紀末土耳其專欄作家)

【導讀一】

這城市令我憂傷

阮慶岳

這是小說、自傳、還是某種城市史？

閱讀著奧罕・帕慕克的《伊斯坦堡》時，我問著自己。

讀完，依然不能清楚回答自己。我告訴自己，文類與企圖的多向交織，大概就是這書的意想與特質吧！

我知道在主架構上，帕慕克應該是以沙特自傳體書籍《詞語》（*Les Mots*），來作為這本書文學創作的出發點。那是一種人正立在生命峰坡處，回顧兼前眺的自我凝看，因此除了對自身生命作攬照外，常可同時引出對其他面向的觀視；但也因為這畢竟並非是與生命最終告別時的迴光絮語，因此自然容易見到陳述多於懺悔、淘揀甚過返照、織錦忙過袒露的書寫風格，而且對他人與自我的某種宣告，往往明顯大過對自己的省思低語。

但這或就是帕慕克原本的意圖。像他讓伊斯坦堡的近代城市生命史，強力在書中與個人生命交織難分，彼此眺看、鄙夷、緬懷的相互糾纏。城市扮演著既像祝福、也像詛咒的雙面天使角色，讓人愛恨交夾。在書中他寫著：

所謂不快樂，就是討厭自己，討厭自己的城市。

「我真的需要這個總是掛著面具、不肯現出真貌的天使嗎？」我好像聽見聰明也頑皮的帕慕克，不斷審慎的衡量質問著自己。

是的，伊斯坦堡真的值過自己的生命嗎？但是，好奇心與某種未明的誘惑，使帕慕克似乎不願也不能捨棄這個對決般的面具天使。城市像其他一切難於割捨生命瑣碎一切，習習伴隨著晚風的陣陣吹來，帕慕克望著遠邊的西天，猶豫著不知當開窗迎迓，或閉起來視而不見。

伊斯坦堡作為輝煌歷史的鄂圖曼帝國殘餘廢墟遺址，作為東西文明近世代相交傾軋的戰場，作為自身與他者間曖昧難自明的身分，都讓帕慕克有著難於確立自己觀看伊斯坦堡位置點的惚恍模糊特質；而尤其是近代西方文明的強勢介入，更加添了這樣彼與此間恩怨情愁的複雜性。

這本書底層款款流淌的，自然還有帕慕克以及伊斯坦堡，究竟當如何面對西方強勢文化的焦慮與矛盾。這裡的西方文化，可能是另一個讓帕慕克的位置點，更形顯得撲朔迷離的巨大幽靈。

他在書中寫著：「就像一隻眼睛始終盯著西方的每一個伊斯坦堡作家，我有時因不知所措而感到痛苦。」

無法移開自己書寫時不斷遠眺他者的目光，有可能終究會混淆了自己與他者的位置關係，譬如：我是他者或我能成為他者嗎？還有：我書寫時期待的讀者究竟是誰？本來這可以不必是書寫時思考的問題，但當自我位置讓作者「有時因不知所措而感到痛苦」時，這就是亟待被認真檢驗與釐清的事情了。

也許我們可以以這樣一個軸線，來簡單閱讀這本書：鄂圖曼帝國瓦解——伊斯坦堡的凋零——家庭意義的空洞虛化——自我位置與身分的難明。

若回到文學來看，全書會讓我嗅聞到普魯斯特與喬哀斯的氣味。或這麼說吧，體味與溫度接近普魯斯特，肌理容貌則是喬氏基因。因為，當帕慕克真正迷人時，是十分難於抗拒的，他像是個人人憐惜的純美哀傷男孩，可以唇齒間喃喃不斷吐露出無花果般的芳香語句，意象則閃爍跳躍如同眼中盈盈欲出的淚珠；可是他又時而小心翼翼如世故的說書人，不斷他者般置身事外的望著自己，並聰明機智想著再下來故事的合理性，詩意中暗藏著某種惶惶的焦慮與不安。

普魯斯特的《追憶似水年華》，可能是他真正想召喚，並與之對語的那個隱身神明，然而有趣的是，喬哀斯先生卻總是會不邀而至（關於這個，晚些再說）。《伊斯坦堡》前段的書寫，有著濃濃《追憶似水年華》裡，因時間的流動與凝止，所萌生的哀傷詩意性，這也證明帕慕克捕蝶追虹的能力，都絕對優質難敵；而對這個天真完美世界終將碎化逝去，對童年記憶必是不可挽回的緬懷追念，也都能成功編織出某種帕慕克稱為「呼愁」的動人情緒，讓人沉陷難拔。

對微小細節不遺餘力的屢屢作觀照，是帕慕克和普魯斯特可以同樣身為哀傷男孩，並帶引我們墜入另一個迷人世界的原因之一。兩人都有著某種或因長時疏離與寂寞而生的內向自我獨特視點，與因過度受寵而微微傾向自毀的個性，這些質地自然地編織出一種濃烈的華麗與豐饒。但這同樣的編織，普魯斯特卻顯得層理更交織細密，雖然他所觸及的外在廣大現實與知識典故，都遠遠不及帕慕克來得有企圖與扎實嚴謹；也就是說，普魯斯特一直堅持著男孩的視角，拒絕成人們以知識與歷史觀，所建構出來社交般的優雅交語法則，作為被接納參加成人禮的誘引。

普魯斯特堅持著他對世界微觀的哀傷低視角，拒絕以被建構的知識（或任何成人價值觀）來對這底層情感作掩飾。也就是因為這樣的堅持，他得以透過微小，視見真正珠寶般的生命內裡底層。因為本來微觀的目的，不是為了見到細小物，也不是要顯得更楚楚動人，而是要見到那總是隱身的某種不可見物，而這樣的不可見物，常是偏愛藏身於細小物間的。

我覺得這是普魯斯特與帕慕克間，既細小卻也重大的差異處。

當然帕慕克畢竟不是普魯斯特，他們各有自己的世界要面對與建構。帕慕克的確並沒有如普魯斯特那樣，堅持讓自己全然停留在一個單一完整的世界觀裡，而不斷的躍入躍出於宏觀與微觀、自我世界與外在現實、此刻與歷史間，也就是在讓自己內在自由流淌的同時，會不時顯得理智的拉遠眺看全局走向，讓外在的鋪譜與內在的竄流，同時雙向並走。

這樣的寫法其實是更接近喬哀斯的了，我們或可以簡單並世俗的就暫時叫這個作「文以載道」吧！

文學必有其意在言外的功效，只是作者要不要讓這暗藏的話語，由自己親身安排的包裹入書寫裡，還是讓話語自己決定現身與萌芽的方式，絲毫不做過強的主導與安排。這其實也是普魯斯特與喬哀斯寫作上的態度差異，喬哀斯是長於控制書寫背後的聲音與聲張的，普魯斯特則是少見能讓聲音可以不受干預，而依舊自己自然流露的。

我覺得帕慕克的文風隱隱有普魯斯特的氣味，但是他其實在技巧與信仰上，是接近喬哀斯的。

這無關好壞，而只是作者的本質為何的問題。帕慕克作為一個作者，讓我們尤其容易注意到他身形轉換的漂亮與優雅，也就是說，他可以同時穿梭自己在許多全然相異的風格與形貌裡，讓讀者因炫目而難於辨出他的真實身影。但是，雜貨店式的攤列，與百科全書式的列舉，若不能真正刻畫出作者的思索與關懷何在，就尤其更要小心的自我檢驗，看是否有著賣弄技巧與知識的嫌疑，以及對讀者有無輕忽與失卻誠懇性的態度出現。

聰明絕對是作家要小心收放的那頭獵鷹，因為獵鷹不但可以獵回肥美野兔，也能回頭啄瞎獵人雙目。

就如同文章開頭講的，我覺得這本書技巧與文風多層交織，有些章節可以讓人迷醉得幾乎心疼，例如他寫他的母親：

「是電梯嗎？」母親問道。

我們兩人都停下來聽，卻聽不見任何讓人覺得是電梯的聲音。我父親並未在上樓途中。母親再次專心於紙牌上，精力充沛地翻開它們，我驚異地望著她。她的舉止動作小時候讓我覺得舒緩鎮靜，儘管在她收回她的愛時，見她這般舉止使我痛苦。現在我已經不曉得如何解讀她。我感覺自己陷入困境，在無限的愛與憤怒之間左右為難。

帕慕克絕對是個華麗、優美與充滿才氣的作家。但他的寫作有著某種奇怪的自我困惑，像望著鏡中映照出來自己的影像，忽然驚慌起來的男孩。或許帕慕克真正的迷團還是他自己，也就是他在書中所宣稱的「另一個奧罕」，他是這樣作著描述的：

在我整個童年以及大半的青春期，他（另一個奧罕）始終纏繞在我心間。冬夜走過城裡的街道時，我總會透過淺橙色的燈火凝望別户人家，幻想和樂的家庭過著和樂的生活。而後我想到另一個奧罕可能住在其中一户人家，便不寒而慄。隨著我逐漸長大，幽魂成為幻想，而幻想成為反覆出現的惡夢。在某些夢裡，我問候這位奧罕——總是在另一棟房子裡——的方式總是驚恐的尖叫；在別的夢裡，我倆在可怕無情的沉寂中逼視彼此。

因為文學是這樣難，既不可織網捕捉，也無法積累成富；而書寫更不是犁田，可以一畝一畝犁耕過去的，以為必然一株不漏；它跳躍、自在隱身現身、並善於讓守候者失望。

因此，我們還是該向帕慕克致上敬意。

（本文作者爲作家、實踐大學建築系副教授）

【導讀二】

伊斯坦堡就是我的命運

——帕慕克的身世與歷史的呼愁

韓良露

一

在人類漫長的歷史之中，創造出文明的地方一定是城市；偉大的文明誕生在偉大的城市之中，但偉大的城市並不一定能創造出偉大的文明。

有的城市文明在歷史的長河中湮沒，成為文明記憶的悲歌，如中國《清明上河圖》中的繁華汴京（開封）；有的城市文明經歷一次又一次死而復生，成為永恆的火鳳凰城市，如義大利的羅馬。

城市是文明的化身，乘載著無數或死或活的人類的集體意識，對城市或古或今的總合靈魂最敏感的往往是作家，他們有如通靈人，飄蕩在歷史的黃泉路上，傾聽著無數幽靈的文明低語，再以寫作為媒介，為世人訴說城市的前世今生與命運曲折，城市的歷史因此在作家的話語中暫時還魂。

不是所有的作者都剛好可以成為某座城市的靈媒，這需要歷史命運的因緣與個人身世的際遇相連，但當作者有幸成為某城市的靈魂代言人時，往往意味著作者將成為城市的分身，而文明的重量與能量將作品推升至較高的視角，俯覽城市命運的起伏變異，作品的意義將成為城市的隱喻。

張愛玲書寫上海，其作品中角色的悲涼與傾覆，成為上海性格的象徵。白先勇的台北人的離散與追憶，成為台北身世的記錄。普魯斯特的巴黎人的時間囈語，成為「美好年代」的記憶史詩。喬哀斯的尤里西斯，恍如一場都柏林的神話夢遊。

土耳其作家奧罕・帕慕克當然了解以上種種論述。他曾說過，伊斯坦堡就是我的命運。他曾想寫作一部伊斯坦堡的尤里西斯，記錄伊斯坦堡一日的時間神話與街道史詩。雖然這部作品並未以這樣的方式寫出，但他選擇了用不同的方式述說伊斯坦堡的命運，不管是《白色城堡》或《我的名字叫紅》，或是自傳體的《伊斯坦堡》等，這些書中千篇一律的核心角色都不是那一個人，而是一座城，伊斯坦堡是帕慕克的終極主題。

二

帕慕克在《伊斯坦堡》一書中說：我們一生當中至少都有一次反省，帶領我們檢視自己出生的地方，問起自己我們何以在特定的這一天出生在特定的世界這一角。

這樣的問題是研究占星學如我，每天都會反思好幾次的事，當帕慕克在二〇〇四年的十一月底來到台北，在麥田出版社的晚宴中我遇到帕慕克，帶著占星學好奇的我立即問他是在那一個特定的年月日時誕生在伊斯坦堡，因為我想為他繪製一張命運星圖。帕慕克以並不驚訝的方式回答我的問題，來自古老的伊斯坦堡的人是不該對古老的占星學陌生的，不管是希臘或阿拉伯的占星學，伊斯坦堡都曾是重要的奧祕之城。

帕慕克何嘗不是在為他自己或伊斯坦堡做同樣的事呢？只不過他的視角來自文學靈魂的敏感，他靠記憶與想像去爬梳個人及伊斯坦堡命運的肌理，尋找記憶迷宮中的符號，再透過想像解謎，如同占星學辨識星象密碼的隱藏訊息一般。

一九五二年六月七日（時間保留）誕生在伊斯坦堡的帕慕克，以無比巧合的方式在這個特定的日子來到了人間。他的太陽、水星、金星都落入希臘神話中的信息使者雙子星座之中，這個在神話中代表天使米加勒的雙子星，負責的工作是與世人講道，將宇宙或神的訊息用人類聽得懂的方式傳說出去。雙子星的雙重性，既是尋求對稱，亦是不斷衝突的正反能量，在永恆的拉扯與衝突中追求和解與統一。但任何一元能量的暫時匯合，勢必開展新的對立。這是無止盡的輪迴。

三

人類歷史中曾經存在過不少具有雙重意義的城市，如印度與伊斯蘭雙靈魂的德里，這些雙重意義的城市，或因為宗教、種族、語言或地理環境（一條河，一座山的分隔）的差異，而形成雙重或多重的隱喻。但在當今世界中，要選出一座最強大，最具有雙重意義的城市，我以為非伊斯坦堡莫屬。

伊斯坦堡，羅馬皇帝君士坦丁建立的新都，位於亞洲大陸和歐洲大陸的交會點，代表東方文明與西方文明的面對場。古名君士坦丁堡的伊斯坦堡，又名東羅馬，和西羅馬代表雙重屬性的宗教概念：東羅馬是東方的，語言是希臘語，信奉的是希臘正教；西羅馬是西方的，語言是拉丁語，信奉羅馬天主教。但在西羅馬帝國淪亡後的千年歲月之中，東羅馬的君士坦丁堡卻成為西方文明的守護者，將希臘的、羅馬的文明殘火像聖火般傳遞下去，義大利在中世紀後佛羅倫斯的文藝復興的潮流即來自君士坦丁堡的推波助勢。

君士坦丁堡的拜占庭文化，本質上是亦東與亦西的文化混血，但在一四五三年之前，這種雙重對立，仍在西方基督教大文明的體系下對稱，但在鄂圖曼土耳其帝國攻陷君士坦丁堡（或君士坦丁堡陷落，怎麼稱呼，端看你站在歷史的那一邊，亦有如中國或台灣的不同歷史觀點），從拉丁語源的君士坦丁堡之名，變成突厥語源的伊斯坦堡，東西方文明的對立擴大成游牧文化與城邦文化的對立，伊斯蘭教與基督教的對立，亞洲人種、語言與歐洲人種、語言的對立。

一直到今天，界定伊斯坦堡的身分，仍是困難的工作。贊成土耳其加入歐盟的人說，伊斯坦堡有一部分屬於歐洲大陸，何況歐洲人欠伊斯坦堡一個大恩惠，即伊斯坦堡保護了古希臘古羅馬文化的血脈。但不贊成土耳其加入者也會說，伊斯坦堡更多的部分屬於亞洲大陸，五百年來土耳其的歷史發展早已使伊斯坦堡成為伊斯蘭文化的養子，根本不可能認祖歸宗，土耳其若加入歐盟，只會造成文明的遺產糾紛。

四

太陽、水星、金星都在雙子座的帕慕克，恐怕挑遍全世界也找不到一個比伊斯坦堡更適合他去面對文化、歷史、地理雙重性的地方。有趣的是，帕慕克的家族三代居住在分占亞洲和歐洲地景的伊斯坦堡歐洲區之中，祖父是以代表西方強勢工業文明的鐵路投資者致富，父親是西化但不成功的商人，卻能以翻譯法國詩人梵樂希的詩自娛。

帕慕克初高中唸的是外僑學校，原本極有可能像他哥哥一般高中畢業後就赴美留學，作一個西化的現代土耳其人。但帕慕克身處的時代，遠比他祖父的時代，在東西文化認同上有更大的衝突。在他祖父及父執輩那一代，鄂圖曼土耳其帝國剛毀，新的土耳其共和國一心西化及現代化（這多麼像中國民初的命運啊！），土耳其共和國訂定新憲法，還訂定新的語文、衣著，當時的選擇是單一的，朝向西方是主流，反之是歷史的倒退。但到了帕慕克這一代，主流變成分歧之道，伊斯坦堡從歐化的五十萬人口之城變為本土化的一千萬人口之城，從亞洲大陸湧入的移民帶來了伊斯蘭式的東方價值及生活態度，伊斯坦堡再度陷入東西方文明的強大衝突之中。

奇異的是，帕慕克所經驗的文化衝突，亦反映在他個人星圖中。他的太陽、水星、金星都在雙子座，代表他的顯意識認同伊斯坦堡或土耳其的本土性，因此除了去紐約三年求學外，他一直是伊斯坦堡居民。但帕慕克的月亮卻在代表遠方的射手星座，剛好和雙子星座呈一百八十度，意味著他的家庭根源及祖先血脈（月亮的意指），有強烈的外國與異族認同。帕慕克這一姓氏，即意涵皮膚較白的人，在亞歐人種中，即為較接近歐種的一方。

星圖中太陽和月亮呈一百八十度的人，也意謂著父母長期的對立；帕慕克從小便活在父母親衝突、分裂及分居的狀態中。父親是個浪漫不實際的人，卻教會他人生很短，要做自己愛做的事。母親是保護和約束他的人，要他把人生之夢落實在現實中。為了母親，帕慕克放棄繪畫，但找出了父母親勸告的折衷之道，太陽和月亮的對立形成互補之途，他選擇成為作家來安頓夢想與現實的身分。

五

帕慕克在《伊斯坦堡》書中，好幾次提到隱藏的對稱性，他的小說藝術與人生態度的核心價值即在於此。在《我的名字叫紅》中，他藉著東西方不同的看待世界與神的觀點，表達全知的主觀藝術與肉眼的客觀藝術之間的不同美學，沒有誰是對的或好的，只是宇宙本身的對稱性與不同顯相而已。

帕慕克是好的藝術家，絕不會讓他的雙重性或對稱性用簡單的二元性表現，他編織的是敘事的迷宮，對稱性隱藏於繁多的對比之中。

帕慕克尋找個人和伊斯坦堡這個城或土耳其這個國家或伊斯坦堡／拜占庭／君士坦丁堡不同的歷史分身的認同時，用的不是簡易的和解之道，反而像他形容自己和他爭奪母愛的哥哥之間從童年期無止盡的爭吵、鬥毆、衝突的方式一般，幾乎把對方當成敵人，但最終卻發現他最親密、最容易思念的人，就是一直和他兄弟鬩牆的人。帕慕克對待他的城市、國家、歷史、文明不也是，一直在翻歷史的舊帳、找時代的麻煩、挖東西文明的爭論。這個帕慕克寫出了在土耳其極暢銷的書，也被土耳其伊斯蘭正統教派視為敵人，還因此被土耳其政府控告辱國（在二〇〇六年初才在歐盟壓力下判之無罪）。

這一切的對立，帕慕克恐怕是身不由己。他恐怕會說自己就是有一個容易惹起爭端的靈魂。但在現實人生的角色扮演上，有時帕慕克也努力當一個隨眾從俗的人。就像在《伊斯坦堡》書中，帕慕克不斷地提到他每次參加過家族宴會後，都會發誓下一次不再去，但之後卻仍忍不住參加，而且當場也不見得不快樂。

帕慕克來台北時，我和他一起參加了兩場晚宴，以藝術家的標準而言，帕慕克實在演出了「好客人」的角色；他有著東方式的有禮，會稱讚主人的飯菜，也有著西方式的周到，跟一大群陌生人在一起還會努力融入大家的話題。尤其在土耳其大使舉辦的官方晚宴中，帕慕克讓我想到了喬哀斯《都柏林人》中〈逝者〉那篇小說的男主角，合乎禮儀地與官樣文章互動，但其實又別有心思地觀察這一切。

帕慕克關心現實中的人，他絕不是那種想遠離人群的作者，他要寫出真的人，因此他的小說中會有常人的逼真靈活。在帕慕克的世界中，家人或他人都是他凝視人間與宇宙全像的材料，材料要真實，但他表達的絕不僅於這些人表達的，他不是自然主義的作家，他要創造的是他個人的現實神話，即無數人間碎片所組成的宇宙對稱性，文學中的統一力場。

六

羅馬門神的頭有兩張臉，一張朝向過去、身後，一張朝向未來、遠方：當帕慕克來者不拒的和要求與他一起拍紀念照的人合照時，別以為他擺出燦爛笑臉的同時，心中不會存有「我為什麼要和這些陌生人親密合照呢？」的荒謬感；當他在東區世貿中心頂層的國際聯誼會參加晚宴時，在愉快的社交閒話中，別以為他不正在觀察台北西化、殖民化的一面。帕慕克對待土耳其也是如此。他特別關心土耳其在現代與歷史之間徘徊的鬼魂。

《伊斯坦堡》書中，帕慕克用「廢墟」、「呼愁」兩個詞作為伊斯坦堡的隱喻。

伊斯坦堡是歷史的廢墟也是文明的廢墟，有如文藝復興之前的古羅馬，一座衰老頹廢的城市，湮沒在鄂圖曼帝國遺跡的餘燼之中。當伊斯坦堡人習以為常地在廢墟間生活，歷史將成為沒有意義的辭彙，反而將現存的一切廢墟化，才能自在地活在歷史的廢墟中。但帕慕克不想讓他的城市及個人生命廢墟化，他檢視著廢墟中的遺蹟，尋找文明有意義的印記，藉以在小說中重建偉大的伊斯坦堡的魂靈。

伊斯坦堡人面對歷史的虛無，有一種集體的情緒，帕慕克稱之為「呼愁」，呼愁一詞的根源來自阿拉伯語，代表心靈深處的失落感。呼愁可以是陰暗的情緒，讓人陷落在憂傷之中，卻也可以是創造性的情緒，帶領人進入詩意的人生氛圍。

對伊斯坦堡，帕慕克有著強烈的個人身世與歷史呼愁，在《伊斯坦堡》書中，他比較像是詩人而非小說家，詩意的追尋與體會是《伊斯坦堡》的基調。許多篇章都很美，充滿隱喻，像描寫博斯普魯斯海峽的大霧；作為歐亞大陸分隔的博斯普魯斯海峽，也成為帕慕克的心靈地標，這是分隔亦是融合的象徵，文明會改變，城市會改變，但博斯普魯斯不會變，同時擁抱歐亞大陸。

在占星學中，海王星是海的象徵，亦是藝術的象徵，帕慕克之所以成為優秀的作者，靠的就是他的太陽、水星、金星在雙子星座，和位於天秤座的海王星形成十分有力的吉星。海王星位於天秤座代表平衡與融合的理想，這是帕慕克的夢想根源；在現實的對立、對稱之中，完成藝術的融合。

而博斯普魯斯海峽成為他的命運之海，「生活也沒什麼大不了的」，帕慕克在中寫道：「無論發生什麼事情，我隨時都能漫步在博斯普魯斯沿岸。」

（本文作者爲知名作家）

目錄

contents

01　奧罕的分身

從很小的時候開始，我便相信我的世界存在一些我看不見的東西：在伊斯坦堡街頭的某個地方，在一棟跟我們家相似的房子裡，住著另一個奧罕，幾乎像我的孿生兄弟，甚至我的分身。我記不得這想法是從哪兒來或怎麼來的。肯定是來自錯綜複雜的謠傳、誤解、幻想和恐懼當中。然而從我能記憶以來，我對自己的幽靈分身所懷有的感覺已很明確。

我五歲的時候被送去另一棟房子住一小段時間。時值我父母幾番波折的分居結束、兩人安排在巴黎見面之際，大家決定讓哥哥和我待在伊斯坦堡，分住不同地區。我哥哥和祖母住在家族聚居、位於尼尚坦石（Nişantaşi）的帕慕克公寓。我則被送往奇哈格（Cihangir）的姑媽家。在這戶善待我的人家中，牆上掛有一幅兒童圖片。姑媽或姑丈有時會指著他，笑著對我說：「看！那是你

呢。」

鑲在白色小框裡的那個可愛的大眼男孩看起來確有幾分像我。他甚至戴著我偶而戴的軟帽。我知道我不是圖片中的男孩（那是某人從歐洲帶回來的一張廉價的「可愛孩童」相片）。然而我不斷問自己——這是不是住在另一棟房子裡的奧罕？

當然，那時的我也住在另一棟房子裡。彷彿我必須搬來這裡才能見到我的孿生兄弟，但因為我一心一意只想回我真正的家，因此沒興趣結識他。每回被姑媽和姑丈逗著說是相片裡的男孩時，我就更加明瞭一件事：我對自己、家、相片以及跟我相像的相片、看起

來像我的男孩、以及另一棟房子的種種想法都交織在一起，使我越發渴望返家，有家人圍繞身邊。

過不久，我的願望成真。但住在伊斯坦堡某個地方，另一棟房子的另一個奧罕的幽魂從未離我而去。在整個童年以及大半的青春期，他始終纏繞在我心深處。冬夜走過城裡的街道時，我總會透過淺橙色的燈火凝望別戶人家，幻想和樂的家庭過著和樂的生活。而後我想到另一個奧罕可能住在其中一戶人家，便不寒而慄。隨著我逐漸長大，幽魂成為幻想，而幻想成為反覆出現的惡夢。在某些夢裡，我問候這位奧罕——總是在另一棟房子裡——的方式總是驚恐的尖叫；在別的夢裡，我倆在可怕無情的沉寂中逼視彼此。之後，在睡夢間飄進飄出的同時，我越發猛烈地抓牢我的枕頭、我的家、我的街道、我在世界上的位置。每當我不快樂，便想像去到另一棟房子、另一個生活、另一個奧罕的居處，而終究我總會半說服自己或許我就是他，樂趣無窮地想像他是多麼幸福，其樂趣一度使我覺得無須到另一個想像中的城區尋找另一棟房子。

這裡，我們談到問題的核心：我沒離開過伊斯坦堡——沒離開過童年時代的房屋、街道和鄰里。雖然我住過別的城區，但五十年後，我發現自己回到帕慕克公寓，我最早的相片在這兒拍攝，也是母親最早抱著我看世界的地方。我知道這樣的堅持得歸功於我那假想中的朋友，以及我從我們之間的聯繫所獲得的慰藉。但是我們活在一個由大規模遷移和具備生產力的移民所定義的時代中，因此我有時很難說明我不但待在同一個地方，而且待在同一座樓房的原因。母親的悲歎又回到耳際：「你怎不出去待一陣子，你怎不試試換個環境，去旅行……？」

康拉德 (Joseph Conrad)、納博科夫 (Vladimir Nabokov)、奈波爾 (V. S. Naipaul)——這些作家都曾設法在語言、文化、國家、大洲、甚至文明之間遷移而為人所知。離鄉背井助長了他們的想像力，養分的吸取並非通過根部，而是透過無根性；我的想像力卻要求我待在相同的城市，相同的街道，相同的房子，注視相同的景色。伊斯坦堡的命運就是我的命運：我依附於這個城市，只因她造就了今天的我。

福樓拜 (Gustave Flaubert) 在我出生前一百零二年造訪伊斯坦堡，對熙熙攘攘的街頭上演的人生百態感觸良多；他在一封信中預言她在一個世紀內將成為世界之都。事實卻相反：鄂圖曼（Ottoman）帝國瓦解後，世界幾乎遺忘伊斯坦堡的存在。我的出生城市在她兩千年的歷史中從不曾如此貧窮、破敗、孤立。她對我而言一直是個廢墟之城，充滿帝國斜陽的憂傷。我一生不是對抗這種憂傷，就是（跟每個伊斯坦堡人一樣）讓她成為自己的憂傷。

我們一生當中至少都有一次反思，帶領我們檢視自己出生的環境。我們何以在特定的這一天出生在特定的世界這一角？我們出生的家庭，人生籤牌分派給我們的國家和城市——都期待我們的愛，最終，我們的確打從心底愛她們——但或許我們應當得到更好的人生？我有時認為自己不幸生在一個衰老貧困的城市，湮沒在帝國遺跡的餘燼中。但我內心的某個聲音總堅信這其實是件幸運的事。財富若是關鍵，那我的確可算是有幸生在富裕人家；當時這城市正處於最衰落期（雖然某些人有法子證明事實相反）。基本上，我不願抱怨：我接受我的出生城市猶如我接受我的身體（雖然我寧可更英俊，體格更健美）和性別（即使我依然天真地問自己，假使我生為女人，情況會不會更好）。這是我的命運，爭論毫無意義。這本書的內容是關於命運……

我誕生於一九五二年六月七日深夜，在莫韃（Moda）的一家私人小醫院。聽說那晚醫院的走廊安祥平和，世界亦然。除了斯衝包力（Stromboli）火山在兩天前突然噴發岩漿和灰燼之外，地球上似乎沒發生什麼事。報紙上刊載的盡是小新聞——土耳其軍隊在韓國作戰的幾則相關報導，美國人散佈的若干謠言，引發對北韓可能使用生化武器的恐懼。在我出生前幾天，母親正熱切地閱讀一則本地報導：兩天前，孔亞（Konya）學生中心的管理員和「英勇的」住宿生們看見一個戴恐怖面罩的男人企圖由浴室窗戶潛入蘭加（Langa）的一戶人家；他們追他過街，來到一個堆木場時，頑強的罪犯在咒罵警察後自殺身亡；某乾貨商認出死者是前一年在光天化日下，闖入他店裡持槍搶劫的歹徒。當母親閱讀這則戲劇性事件的最新進展時，房間裡只有她一人，多年後她悔恨交加地回憶道。父親帶她入院後變得心神不定，而當母親的分娩沒有進展時，他便出去見朋友了。在產房陪她的人只有姨媽，姨媽半夜三更設法翻過醫院籬牆而入。母親第一眼見到我時，發現我比哥哥出生時瘦弱。

我很想加上「我聽說」。土耳其語當中有個特殊時態，讓我們得以把傳言和親眼看見的東西區分開來。我們在講述夢境、神話、或我們無法目睹的往事時使用這個時態。此種區分方便我們「憶起」我們最早的人生經驗、我們的搖籃、我們的嬰兒車、我們的第一次學步，通過父母陳述的故事，我們就像聽他人的奇聞軼事般聽得津津有味。這種甜美的感覺猶如在夢中看見自己，但我們卻為此付出沉重的代價。一旦深印腦海，他人對我們的往事所做的陳述到頭來竟比我們本身的回憶重要。而正如從他人口中得知自己的生活，我們也讓他人決定我們對所居城市的了解。

有時我把他人對我和我的城市所做的陳述當作自己的故事，那些時候我總忍不住要說：「很久很久以前我畫畫。聽說我生在伊斯坦堡，是個頗有好奇心的孩子。後來二十二歲的時候，我似乎莫名奇妙地寫起小說。」我本想這麼寫我的一生——彷彿我的人生發生在他人身上，彷彿人生即夢，夢中的我感覺自己聲音消逝，意志恍惚無法自持。雖然優美，我卻認為敘事語言並不可靠，因為我沒法相信第一個人生的神奇故事，有助於我們面對更明朗、更真實的第二個人生，那個在我們醒來時注定展開的第二個人生。因為——至少對我這樣的人來說——這第二個人生就是你手上的書。因此親愛的讀者，請您凝神以待。容我對您坦承，但也請您包涵。

02 幽暗博物館內的照片

我的母親、父親、長兄、祖母、叔伯姑嫂們——我們一大家子全住在同一棟五層樓房的不同樓層。在我出生前一年，家族各支系（如同許許多多的鄂圖曼家族）同住一棟石造大宅；一九五一年，他們將石宅出租給一家私立小學，在隔壁空地蓋了將被我視為家的現代建築；依當時的習慣，他們在門面上張貼一塊飾板，上面寫著：「帕慕克公寓」。我們住四樓，但打從脫離母親懷抱，我便在整棟樓房裡趴趴走，也記得每層樓至少有一架鋼琴。在最後一位單身伯伯終於擱下報紙去結婚後，他的新婚太太搬進她將看著窗外度過半世紀餘生的一樓公寓，帶了她的鋼琴過來。沒有人彈過這架或

其他幾架琴，或許這正是我覺得如此哀傷的原因。

但不只是沒人彈的鋼琴而已；每一間公寓裡還有一個上鎖的玻璃櫃，櫃子裡陳列著沒人碰過的中國瓷器、茶杯、銀器、糖罐、鼻煙盒、水晶杯、玫瑰香味的水壺、餐具和香爐，雖然我偶爾在這些東西當中找地方藏小汽車。屋內有珍珠鑲嵌的廢棄書桌，不見頭巾的頭巾架，後面未藏任何東西的日式屏風和新藝術簾幕。書房裡的玻璃櫃內，放著我那醫生伯父積塵的醫學用書：打從他移民美國之後二十年來，誰也沒碰過這些書。在我童稚的想法裡，這些房間的布置不是為活人，而是為死人。（每隔一段時間，某間客廳裡的咖啡桌或雕花斗櫃消失不見，結果出現在另一層樓的另一間客廳。）

祖母若是覺得我們在她的銀絲椅上坐沒坐相，便會提醒我們注意：「坐直了！」客廳不是讓你坐得舒服的地方，它是為某位假想中的訪客展現這是一戶西化家庭而布置的小型博物館。齋月（Ramazan）❶期間不齋戒的人，身處這些玻璃櫃和毫無生氣的鋼琴當中，或許比盤腿坐在擺滿座墊和長椅的房間裡來得心安理得。雖然大家都知道西化可脫離伊斯蘭的律法，卻沒人知道西化還有什麼別的好處。因此你不僅在伊斯坦堡的富裕人家才看得見客廳博物館，之後的五十年，土耳其全國各地的客廳都看得到這些雜亂沉悶的西方擺設；隨著一九七〇年代電視的到來，這些擺設才不再流行。一旦發現原來坐在一起觀看晚間新聞如此愉快，大夥的客廳於是從小型博物館變成小型劇院——雖然你仍聽說古老的家族把電視擺在中央過道上，博物館客廳則上了鎖，在假日或貴賓來訪時才打開。

由於樓層間往來頻繁，我們這棟現代公寓樓房裡的門通常不關。哥哥開始上學後，母親讓我獨自上樓，或者我們一塊兒走上樓去探望臥病在床的祖母。她客廳裡的薄紗窗簾總是拉上，反正影響不大，因為隔壁的建築距離很近，使房間昏暗得很，早晨時分尤然，於是我會坐在大張的厚地毯上，發明遊戲自己玩。我把某人從歐洲帶給我的小汽車排成整齊的一行，一輛輛進入車庫。隨後，我以地毯為海洋，桌椅當小島，讓自己在小島間彈來彈去，腳不踩到海水（幾乎就像卡爾維諾〔Italo Calvino〕的男爵一輩子在樹和樹之間跳來跳去，腳不著地）。若玩膩這種空降冒險或把沙發椅臂當馬騎的遊戲（其靈感可能來自黑貝里亞達〔Heybeliada〕的馬車回憶），我還有另一個在成年後每逢無聊仍會玩的遊戲：我想像我坐的地方（這間臥室，這間客廳，這間教室，這個兵營，這間病房，這個政府機關）實際上是別處；白日夢做累了的時候，我便躲入擺在每張桌上、每面牆上的照片中。

由於不曾見過鋼琴用作其他用途，我還以為家中擺鋼琴是為了展示照片。在祖母的客廳裡，沒有哪個平面不是佈滿大大小小的相框。最顯眼的兩幅大肖像照，掛在未曾使用過的壁爐上方：一幅是祖母的盛裝照，另一幅則是一九三四年過世的祖父。從照片掛在牆上的位置以及祖父母擺的姿勢（稍微側身朝向對方，這仍是歐洲王室伉儷郵票流行的風格）來看，任何人走進這間博物館客廳跟他們高傲的目光相遇，都會立刻看出故事得從他們開始講起。

他們兩人都來自馬尼薩（Manisa）附近的戈耳德斯（Gördes）；他們的家族被稱為帕慕克（棉花），因為他們皮膚白，頭髮也白。祖母是索卡西亞人（Circassian）——以高挑貌美著稱的索卡西亞女子在鄂圖曼後宮極受歡迎。祖母的父親在俄土戰爭（一八七七～七八）期間移居安那托利亞（Anatolia），先在伊士麥（Izmir）定居（傳說那邊有一處空屋），而後遷居伊斯坦堡，我祖父在那兒念土木工程。他在一九三〇年代初期發了大財，當時的土耳其共和國對鐵路建設投入鉅資，而後他蓋了一家大工廠，製造的東西包括繩子、麻線、乾菸草等各種產品；工廠坐落在注入博斯普魯斯（Boğazi）海峽的郭克蘇（Göksu）河兩岸。他在一九三四年過世，時年五十二歲，留下大筆財產，讓父親和伯父怎麼用也用不完，儘管他們有一長串失敗的商業冒險經驗。

接著來到書房，我們看見新生代的大幅肖像照極其對稱地沿牆排列；我們可從照片的柔和色彩看出它們出自同一位攝影師之手。靠牆邊是我那肥壯的大伯歐茲罕（Özhan），他未先服兵役便去美國學醫，因此永遠回不了土耳其，導致祖母終其一生面露抑鬱寡歡的神色。還有他戴眼鏡的弟弟艾登（Aydin），他住在底樓。他跟父親一樣學土木工程，一生積極參與各種始終停留在紙上談兵階段的工程計畫。第四堵牆上掛了姑媽的相片，她曾待過巴黎學鋼琴。她先生是法學院助教，他們住多年後我將搬入的頂樓公寓；此刻我就在這兒撰寫此書。

離開書房，回到博物館的主廳，在更添幽暗的水晶燈旁駐足片刻，我們看見許多原封未動的黑白照片，告訴我們生命的欣欣向榮。在這裡，我們看見每個孩子在他們的訂婚儀式、婚宴、每個重大的人生時刻中擺姿勢拍照。在大伯寄自美國的第一批彩色照片旁，放著大家庭成員們在城裡各個公園、塔克辛（Taksim）廣場、博斯普魯斯海岸闔家歡宴的照片。在一張爸媽帶我跟哥哥參加一場婚禮的照片旁邊，放著一張祖父和他的新車在舊家花園內的合影，另一張則是伯父跟他的新車在帕慕克公寓大門外面的合影。除非是異乎尋常的事情，像是祖母取下美國伯父前妻的相片，換上第二任妻子的相片之外，老規矩依然不變：照片的位置一旦排定，便永不挪動；雖然每張照片我都已觀看過上百次，每回我走進這間雜亂的房間時，仍要全部再審視一次。

長時間審視這些照片，使我懂得將某些時刻保存下來留給子孫

後代的重要性，而隨著時光的流逝，我亦逐漸認識到，在過著日常生活的同時，這些加框場景對我們有多大的影響。看著伯父給哥哥出一道數學題，同時看他三十二年前的照片；看著父親翻閱報紙，微露笑容，嘗試領會在擁擠的房廳內蕩漾的笑話結局，而在同個時刻觀看他五歲——我的年紀——時候跟女生一樣留長髮的照片，在我看來再清楚不過，祖母為這些時刻加框定格，以便讓我們把這些時刻與眼前的時刻交織在一起。當祖母以通常在討論建國議題時才用的口吻提起我那英年早逝的祖父，指著桌上和牆上的相框時，她似乎跟我一樣兩相為難，既想繼續生活下去，又想捕捉完美的時刻，品嚐日常事物的同時，依然以理想為榮耀。但即使我反覆思考這些矛盾——抓取生命中的某個特殊時刻並加上框，究竟是抗拒或屈服於死亡、衰落和時間？——於我卻是漸感厭倦。

日子一長，那些漫長的午宴、沒完沒了的晚會、飯後全家人留下來玩樂透的年夜飯使我畏懼；每年我都發誓最後一次參加，卻總是改不掉習慣。儘管我小時候很愛這些聚餐。當我看著坐滿人的餐桌上掠過的笑話使伯伯舅舅們呵呵大笑（在伏特加或拉克茴香酒❷的作用下），使祖母綻放微笑（在她讓自己喝的一小杯啤酒作用下），我發現相框外的生活有趣多了。我心裡踏實無慮，慶幸身為一個幸福大家庭的一份子，陶醉於活在世上是為了喜樂的幻覺中，儘管我始終知道這些在節慶歡宴上有說有笑的親戚們，在對金錢和財產問題起爭執的時候同樣冷酷無情。在我們自己公寓內沒有旁人的情況下，母親老愛跟我和哥哥訴苦，埋怨「你們的伯母」、「你們的伯伯」、「你們的祖母」苛刻狠毒。一旦在所有權歸誰、繩索工廠的股份、或公寓哪一層樓給誰住等問題上出現意見紛歧，唯一能肯定的是，永遠得不到任何解決。這些裂痕或因闔家歡宴而消除，但從小我就知道，歡樂背後是堆積如山的舊帳和波濤洶湧的責難。

我們大家族中的每個支系都有自己的女僕，而每個女僕都認為自己應當在爭戰中擺明立場。為母親效勞的哈妮姆（Esma Hanim）會去找為伯母效勞的伊克芭（Ikbal）。之後，在吃早飯時，母親會說：「艾登說的話，你聽說了嗎？」父親感到好奇，但聽完後，他只說：「看在上帝份上，就別多心了吧。」然後回去讀他的報紙。

假使我當時太年輕，沒能懂得這些糾紛的根本原因——我的家族過的生活雖仍跟住鄂圖曼宅邸的日子一樣，卻逐漸分崩離析——我卻不會不留意到父親的破產以及他日趨頻繁的缺席。每當母親帶哥哥和我去西司里（Şişli）那間鬼魂充斥的房子找外祖母時，我便能更詳細地聽到情況有多糟。哥哥和我在一旁玩耍，母親訴苦，外祖母勸她忍耐。或許擔心母親想搬回這棟如今她獨居的三層樓房，外祖母不停地提醒我們注意這屋子缺點不少。

除了偶爾發發脾氣，父親對生活幾乎無任何抱怨；他像孩子似地喜歡自己的好長相、好腦筋、以及他從不設法隱瞞的好運氣。他在屋裡老是吹著口哨，察看鏡子裡的自己，拿檸檬當髮蠟抹在頭髮上。他喜歡笑話、文字遊戲、驚喜、背誦詩歌、賣弄聰明、搭飛機去遙遠的地方。他從不是個會責罵、禁止、處罰小孩的父親。他帶我們出門時，我們會在城裡逛來逛去，四處交朋友，在這些出遊期

間，我開始認為世界的創造是為了享樂。

若有倒楣事降臨，煩悶逼近，父親便相應不理，保持沉默。訂定規矩的母親眉頭一揚，教導我們人生的黑暗面。跟她相處樂趣雖少，但我仍非常依賴她的愛和情感，因為她奉獻給我們的時間遠比抓住一切機會逃開家裡的父親來得多。我人生中最嚴厲的功課是得知我得跟哥哥爭寵。

或許因為父親幾乎沒有權威，我同哥哥的競爭更具意義：他是跟我爭奪母愛的對手。那時的我們當然不懂心理學，於是我跟哥哥的戰爭最初被偽裝成一場比賽，我們在比賽中假扮成別人。打鬥的人不是奧罕和塞夫凱特（Sevket），而是我和哥哥各自最喜歡的英雄或足球運動員。我們確信自己變成自己的英雄，因此全力以赴；比賽以淚與血收場時，憤怒和妒忌使我們忘記彼此是親兄弟。

每當我情緒低落，每當我不快樂或煩悶的時候，便離開我家公寓，不告訴任何人，下樓跟嫂嫂的兒子玩，或更常去樓上的祖母家。雖然每間公寓看上去非常相像，公寓裡的椅子和餐具、糖罐和

菸灰缸全購自同一家商店，但每間公寓都像不同的國家，獨立的天地。在祖母那間雜亂幽暗的客廳，在咖啡桌和玻璃櫃、花瓶和相框的陰影中，我得以夢想自己身在他方。

晚間我們一家子聚在這間客廳時，我經常玩個遊戲，把祖母的公寓當作一艘大船的船長指揮室。這個幻想多得感謝往來於博斯普魯斯海峽的船隻；我躺在床上時，哀傷的船笛聲闖入我的夢鄉。我駕駛假想中的船在暴風雨中前進，驚濤駭浪使我的船員和乘客們越來越不安，身為船長的我則感受到一種船長的自豪，因為知道我們的船、我們的家人、我們的命運都交付在我手中。

雖然這幻想很可能是由哥哥的冒險漫畫而引發，但與我對神的看法也有關係。神決定不讓我們跟城市的命運結合在一起，我以為僅僅因為我們是有錢人。然而隨著父親和伯父一次次破產，家產凋零，家庭破裂，為錢的爭執越來越厲害，每回去祖母家便讓我苦惱，也讓我進一步發現：雖然珊珊來遲，雖然迂迴而至，鄂圖曼帝國的瓦解給伊斯坦堡蒙上的那層失落陰影終於也席捲了我們家。

❶ 齋月，亦作Ramadan，伊斯蘭教中禁食的教曆九月，在該月內回教徒每日從黎明到日落禁食。

❷ 茴香酒（Raki），一種以茴香調味的高酒精度葡萄酒。

03 我

在我四歲時，六歲的哥哥開始上學，接下來的兩年間，我們之間日趨緊張、好惡參半的同伴關係漸漸緩和。我擺脫我們彼此間的對抗，擺脫他力氣強過我的壓迫；如今我整天擁有帕慕克公寓和母親的全心關懷，於是變得比較快樂，感受到孤獨的樂趣。

我趁哥哥上學時取來他的冒險漫畫，根據我所記得他曾給我讀的故事「讀」給自己聽。一個溫暖愉快的下午，我被安頓去睡午覺，卻發覺自己精力旺盛睡不著，於是翻開一期〈湯姆・米克斯〉（*Tom Mix*），不一會兒，我感覺我被母親稱之為「鼻鼻」的那玩意兒硬了起來。我正在看一張半裸的「紅番」照片，一條細繩纏在他的腰上，一條平滑的白布像面旗子垂掛到他的鼠蹊處，布中央畫了個圓圈。

另一天下午，當我穿睡衣蓋上被子躺在床上，同跟著我已有好一陣子的小熊說話時，我也同樣有硬起來的感覺。怪的是，這件神奇的怪事——雖是一件令人快樂的事，我卻不得不隱瞞——就發生在我才跟我的小熊說「我要把你吞掉！」之後。這並非我對這隻熊有任何深刻的眷戀：我幾乎隨心所欲就能製造同樣的效果，只要再說一遍同樣的威脅之詞。我母親給我講的故事當中最讓我印象深刻的正是這句話：「我要把你吞掉！」，我明白的意思不僅是吞食，而且是消滅。後來我才曉得，波斯古典文學中的「地物」（Divs）——那些拖著尾巴的可怕怪獸，跟妖魔鬼怪有關，細密畫中經常可

見——在以伊斯坦堡土耳其語講述的故事中化身為巨人。我心目中的巨人形象來自土耳其經典史詩《長老廓爾庫特之歌》(*Dede Korkut*) ❶ 的刪節本封面。這個巨人跟紅番一樣身體半裸，而他對我來說彷彿是世界的主宰。

我的伯父大約在同時期買了一部小型放映機，假日裡他去照相館租短片：卓別林、迪士尼、勞萊與哈台。在鄭重其事地取下我祖父母的肖像後，他就在壁爐上方的白牆放映影片。在伯父永久珍藏的影片當中，有一部他只放映過兩次的迪士尼電影——為了我而安排的短暫演出。影片主角是一個單純、笨重、遲鈍的巨人，身材跟一棟公寓一樣大；他把米老鼠追到井底，單手一掃，將水井拔離地面，像拿起杯子似地喝井水，米老鼠掉進他嘴裡時，我便用盡力氣大喊大叫。普拉多（Prado）美術館有幅戈雅 (Francisco Goya) 的畫，標題是〈薩坦吞食自己的孩子〉(*Saturn Devouring One of His Children*)，畫中的巨人咬著一個他抓在手上的人類，這幅畫至今仍使我害怕。

某天下午，我正像平常那樣威脅我的小熊，但也給予它某種奇異的憐憫，此時門開了，內褲拉下、「鼻鼻」硬挺的我被父親逮個正著。他關門比開門時輕一點，而且（就連我都看得出來）表現出某種尊重。在此之前，他回家吃午飯並稍事休息的時候，總是進來吻我一下再回去工作。我擔心自己以此取樂是否做錯事，甚至更糟；取樂的想法本身就在此時蒙受了毒害。

在我父母某次很長的爭吵過後，我的顧慮得到證實，當時我母親已經離家，來照顧我們的奶媽正在給我洗澡。她用無情的語氣訓斥我「像狗一樣」。

我無法控制自己的身體反應：六、七年後進初級中學讀書時才發現這些反應並不稀奇。

在我以為只有我自己一人擁有這種邪惡神力的漫長歲月裡，把它藏在我的另一個世界中也是很正常的事，我的樂趣和我內心的邪惡得以在其中自由馳騁。當我只因純粹無聊而假裝自己是另一個人、在另一個地方，我便進入這個世界。逃入我瞞著大家的這個世界很容易。我在祖母的客廳假裝自己置身一艘潛水艇裡頭。我才第一次去了電影院，看凡爾納（Jules Verne）小說改編的《海底兩萬哩》（*Vingt mille lieues sous les mers*）——當我坐在灰塵滿佈的皇宮電影院看電影時，讓我最害怕的是電影的無聲。狂亂且引發幽閉恐懼症的攝影技巧，昏暗黑白的潛水艇內部，都讓人不得不從中發現我們家的影子。我年紀太小，讀不懂字幕，但運用我的想像力填補空缺並不難。（即使後來我能把書讀得很好，最重要的仍不是去「讀懂」，而是用合適的幻想補充其內涵。）

「腿別搖來晃去，你讓我頭暈。」在我顯然沉浸在自己精心設計的白日夢裡時，祖母便這麼說。

我的腿雖停止搖晃，但白日夢裡的飛機依然在她抽菸的煙霧中飛進飛出。過一會兒，我進入森林，林中有許多之前我在地毯上的幾何圖形中分辨出的兔子、樹葉、蛇和獅子；我讓自己投身於漫畫裡的冒險，騎馬、放火、殺人。我的一隻眼睛隨時對屋裡的聲響提高警覺，我會聽見電梯的門關上，在我的思維還來不及回到半裸的紅番時，我注意到我們的管理員伊斯梅爾已來到我們樓層。我喜歡放火燒房子，用子彈掃射著火的房子，鑽過我親手挖的地道從著火的屋子逃出去，慢慢殺死被我困在窗玻璃和充滿菸臭味的紗窗簾之間的蒼蠅；掉在電暖器上方排孔板的牠們，是終為罪行付出代價的歹徒。

四十五歲之前，每當我飄浮在美好的半夢半醒狀態中，我便想像自己殺人，來使自己快樂。我要向我的親人——有些人確實很親，比如我哥哥——還有許多政治人物、文藝界名人、商人以及多半虛構的人物表示歉意，他們都在我的受害者名單中。我常犯的罪還有一個：我會對一隻貓極盡寵愛，卻又在絕望之時狠狠揍牠，大笑一陣擺脫絕望後，我又為此羞愧不已，便賜予這隻可憐的貓更多愛。二十五年後的某天下午，當時正在服兵役的我看著一整連的人吃過午飯後待在福利社裡閒聊或抽菸，審視這七百五十位幾乎一模一樣的軍人，然後想像他們身首分離；就在我隔著福利社充滿藍色薄霧的菸氣，凝視他們血淋淋的食道時，一位軍中同袍開口說：「別再晃你的腿了，小子，我累得很，受夠了。」

對我的私密幻想世界似乎有所知的人，只有我父親一個。

我想著我的小熊，有回生氣時我扯下它唯一的眼睛，它胸腔裡的填塞物因為被我拔掉越來越多而逐漸變瘦；或者我會想那手指大小的足球運動員，按他頭上的鈕就會踢腿——這是我的第三個足球員，因為前兩個在我兩次情緒激動時弄壞了，如今這一個也被我弄壞，不知道我那受傷的足球員是否在他的藏身處奄奄一息。要不就

沉緬於恐怖的幻想中，想像我們的女僕哈妮姆說她在隔壁屋頂看見貂——她用的語調跟她在談神的時候一模一樣。在這些時候，我會突然聽見父親說：「你的小腦袋瓜裡在想什麼？告訴我，我給你二十五庫魯（kuruş）❷。」

我總不確定該告訴他整個真相、稍作修改、或乾脆扯個徹底的謊，於是沉默不語；一會兒過後，他會笑著說：「現在太晚了——你應該馬上告訴我的。」

我父親是否也在另一個世界待過？多年後，我才發覺我的怪遊戲又名「作白日夢」。因此我父親的問題總是引起我的恐慌；一如往常，我急於避開紛擾的思緒，於是迴避他的問題，拋諸腦後。

不把第二個世界的秘密洩漏出去，方便我來來去去。當我坐在祖母對面，一道光束穿透窗簾——猶如夜間通過博斯普魯斯海峽的船隻打出探照燈；只要直盯著光束，眨個眼，我就能讓自己看見一個紅色太空船隊飄過我身邊。之後只要我喜歡，就能隨時喚來相同的艦隊，然後回到真實世界，就像某人離開房間時關掉身後的燈（一如在我整個童年時代的真實世界中，大家老是提醒我隨手關燈）。

假如我幻想跟另一棟房子裡的奧罕交換位置；假如我渴望另一種生活，超越博物館裡的房間、走道、地毯（我多麼痛恨那些地毯）以及身邊那些喜歡數學和填字遊戲的實證主義男人們；假如我覺得這棟幽暗、雜亂的房子禁錮了我，對任何與性靈、愛、藝術、文學或甚至神話沾上邊的東西加以否決（雖然我的家人後來並不承認）；假如我時而逃入另一個世界避難，那不是因為我不快樂。情況遠非如此，尤其在我四到六歲那幾年，是個聰慧聽話的小孩子，體會到我遇上的每個人給我的愛，接連不斷的親吻，輪流抱我，拿出哪個好孩子都無法抗拒的好東西：水果店老闆給的蘋果（「洗過才能吃」，母親會跟我說），咖啡店裡的人給的葡萄乾（給你吃過午飯後吃），在街上巧遇姨媽時她給我的糖果（「說謝謝」）。

假如我有理由抱怨，那是因為我無法隔牆觀物；朝窗外看的時候，我痛恨看不見隔壁的房子，看不見底下的街道，只看見一道窄窄的天空；在我們斜對面那家腥臭的肉店（我記不得它的腥臭味，只有在走到涼爽的街上時才記起來），因為太矮，看不到肉販拿刀（每把刀都跟腿一樣大）在木砧板上剁肉，使我懊惱；我痛恨自己不能視察櫃檯、桌面、或冰淇淋冷藏櫃的內部。街上發生小規模交通事故，引來騎馬的警察時，某個成年人就會站在我前面，使我錯過大半過程。在從小父親帶我去看的足球賽上，每當我們這隊岌岌可危，坐我們前方的每一排人便站起身來，擋住決定性進球的視野。但說實話，我的眼睛從不看球，而是看著父親為哥哥和我準備

的奶酪麵包、奶酪吐司以及鋁箔紙包裝的巧克力。最糟糕的是離開球場時，發現自己被圍困在朝出口處推擠的腿陣當中——由發皺的長褲和泥濘的鞋子構成的一座漆黑、密不通風的森林。除了像我母親那樣的美麗女士，我不敢說我對伊斯坦堡的成年人喜愛有加，毋寧認為他們一般說來醜陋、多毛而粗俗。他們太粗魯，太笨重，而且太實際。也許他們曾對另一個秘密世界略有所知，可是他們似乎已喪失驚嘆的能力，忘了怎麼做夢，這種殘缺在我看來跟他們在指關節和脖子上、鼻孔和耳內長出的噁心毛髮恰為一致。因此在我滿足於他們的和藹笑容甚至禮物時，他們接連不斷的親吻卻又意味著忍受他們鬍髭的摩擦、香水味和呼出的菸味。我把男人看作某種低等粗鄙的族類，慶幸他們大都安全無虞地待在外頭街上。

❶《長老廓爾庫特之歌》：土耳其人的史詩，寫於第六和第七世紀，反映今日亞塞拜然人（Azerbaijanis）的生活方式、習俗與傳統。

❷ 庫魯（kuruş），土耳其的貨幣單位。

04 帕夏宅邸的拆毀

帕慕克公寓蓋在尼尚塔石的一大塊地邊界，這塊地曾是某帕夏（pasha）❶的府邸花園。「尼尚塔石」（目標石）的名稱來自十八世紀末、十九世紀初的改革時期，施行西化改革的蘇丹（謝里姆三世❷和馬赫穆二世❸），在俯瞰城市的空曠山丘上練習射擊射箭的區域安置石板；石板標明箭落下或空瓦罐被子彈擊碎的所在處，通常刻著一兩行文字，描述該事件。鄂圖曼蘇丹們擔心染上結核病，渴望享受西方的舒適生活，而且想換換環境，於是離開托卡比(Topkapi)皇宮，遷居新建的朵爾瑪巴切宮（Dolmabahçe）和耶勒德茲宮(Yildiz)，而他們的王儲臣子們便開始在尼尚塔石的附近山丘上，為自己建造原木別墅。我最先的兩所學校即位於王儲依澤德因（Yusuf Izzeddin）帕夏宅邸，和宰相瑞法（Vizier Halil Rifat）帕夏宅邸。兩者分別都在我就讀時放火拆毀，正當我在花園玩足球的時候。我們家對街是另一棟公寓樓房，蓋在典禮官貝伊（Faik Bey）宅邸的遺址上。事實上，我們家附近依然矗立的唯一一棟石宅，是宰相的官邸故居，在鄂圖曼帝國瓦解、遷都安卡拉（Ankara）之後轉交市政當局。我記得我去注射天花疫苗的地方在另一棟已成為議會總部的帕夏舊宅。其餘的宅邸——鄂圖曼昔日招待外國特使的官員府邸，以及十九世紀蘇丹阿布杜勒哈米德二世❹女兒們的住家——在我記憶中不過就是窗裂樓塌的磚塊廢墟，因羊齒植物和無人照管的無花果樹而更顯陰鬱；憶起它們，便感受到它們在我兒時內心喚起的哀愁。五〇年代末，多數宅邸皆已焚毀或拆毀，以便空出地方蓋公寓樓房。

從我們位於帖斯威奇耶（Teşvikiye）大街的樓房後窗看出去，在柏樹和菩提樹後方，你能看見突尼斯人海瑞汀帕夏（Tunisian Hayrettin）的官邸廢墟，這位來自高加索的索卡西亞人在俄土戰爭期間一度擔任過宰相。童年時代的他（一八三〇年代——福樓拜在文中提到他想「遷居伊斯坦堡，買個奴隸」的十年前）被帶往伊斯坦堡，賣去當奴隸，最後進突尼斯總督家，說阿拉伯語長大，而後前往法國度過他的少年晚期。他回突尼斯參軍時，官階一路高升，曾在指揮部、總督辦公室、外交使團和財政部任職高位。他最後退居巴黎，之後，就在他邁入六十歲之時，阿布杜勒哈米德二世（採納另一個突尼斯人扎非里〔Sheikh Zafiri〕的建議）召他回伊斯坦堡。在聘請他擔任短期的財政顧問之後，命他做宰相。這位帕夏於是成為首先留學海外的財政專家之一，由於奉命讓土耳其擺脫龐大債務，他超越了（像其他許多貧窮國家的財政專家）只想走西方改

革路線的階段。就像後任的許多人，大家對這位帕夏抱有很大期望，只因為與其說他是鄂圖曼人或土耳其人，不如說他是西方人。而正是基於同一原因——他不是土耳其人——他深感羞恥。據流言說，突尼斯人海瑞汀帕夏在宮廷裡講土耳其語開完會，搭馬車返家時寫阿拉伯文做筆記，之後說法文向秘書口授。給他致命一擊的，是有人打小報告，謠傳他的土耳其話說得很糟，而且暗中打算建立一個說阿拉伯語的國家：儘管知道這些傳言大都毫無根據，多疑成性的阿布杜勒哈米德仍對這些控訴予以聽信，撤去帕夏的宰相職位。由於讓一名落難宰相避居法國不成體統，帕夏被迫在伊斯坦堡度過餘生，夏天在位於庫魯色斯梅（Kuruçesme）的博斯普魯斯海岸別墅度過，冬天則在宅邸裡過著半囚禁的生活，其花園便是我們之後興建公寓樓房的所在地。他不為阿布杜勒哈米德寫報告時，便以法文撰寫回憶錄消磨光陰。其回憶錄（八十年後才譯成土耳其文）證明作者的責任感多過幽默感：他把書獻給他的兒子們，其中一人因涉嫌暗殺宰相塞夫凱特（Mahmut Sevket）未遂而被處死，此時阿布杜勒哈米德已為女兒薩蒂耶公主（Sadiye）買下這棟宅邸。

看著一棟棟帕夏官邸夷為平地，我的家人處之泰然，就像我們沉著鎮定地面對王子發狂、後宮妻妾抽鴉片、小孩被關在閣樓、女兒背叛蘇丹、帕夏遭放逐或謀殺的種種故事，以及帝國本身的衰亡。如同我們在尼尚塔石所見，共和國已廢除帕夏、王儲和高官，因此他們留下的空宅只成了老朽破舊的異常物。

儘管如此，此一垂死文明的哀婉愁怨依然包圍著我們。雖然西化和現代化的欲望強烈，但最急切的願望似乎是擺脫衰亡帝國的辛酸記憶：頗像被甩的情人扔掉心上人的衣物和照片。但因為沒有西方或當地的東西前來填補空缺，西化的強烈欲望通常相當於抹去過往；對文化產生縮減矮化的效應，導致像我們這類家庭，雖在各方

面樂見共和國的進步，卻把房子佈置得跟博物館一樣。我後來所謂的根深蒂固的憂傷和神秘，兒時的我覺得是枯燥和沮喪，一種呆板的煩悶，我將之設想成我祖母穿拖鞋的腳隨之踏節拍的「阿拉土喀」（alaturka）音樂。我藉築夢逃避此種情況。

唯有的另一種逃避之法是跟母親出門。因為當時的人還不習慣每天帶孩子去公園或花園呼吸新鮮空氣，因此跟母親出遊的日子是重大事件。「明天我要跟媽媽出門！」我會跟小我三歲的堂弟誇耀。我們走下迴旋梯後，停在面對大門的小窗前，管理員（當他不待在他的地下室公寓時）從窗裡看得見大家出入。我對著窗中倒影檢視衣著，母親確認我的每個鈕扣都扣上；一走出門，我便驚奇地叫道：「馬路！」

陽光，新鮮空氣，光線。我們的房子有時暗得很，跨出門就像在某個夏日驟然拉開窗簾——光線刺痛我的眼睛。我牽著母親的手，著迷地注視櫥窗裡的陳設：透過布滿水汽的花店櫥窗，仙客來花看起來像紅狼；在鞋店的櫥窗裡，幾乎看不見的鐵絲把高跟鞋吊在半空中；跟花店一樣水汽騰騰的洗衣店，是父親把襯衫送來漿燙的地方。但是我學到的第一課是從文具店櫥窗，窗內的學校筆記本跟我哥哥用的一模一樣：我們家的種種習慣和使用的東西並非獨一無二，我們公寓外還有其他人過著跟我們很相像的生活。我哥的小學——我也在一年後進這所小學——就在大家舉辦葬禮的帖斯威奇耶（Tesvikiye）清真寺隔壁。我哥在家興奮地大談「我的老師，我的老師」，導致我猜想，就像每個小孩都有自己專屬的奶媽，每個學生也有自己專屬的老師。因此當我隔年走進學校，發覺三十二個小孩擠在一間教室，而且只有一個老師時，我大失所望──發現自己實際上在外面的世界無足輕重，只是讓我更離不開母親以及日常家居的舒適。當母親進去當地的商銀分行時，我會沒有任何理由地拒絕陪她走上六個階梯到出納員那裡：木階之間有縫隙，我跟自己說我有可能掉下去，永遠消失。「怎麼不進來？」母親會從上面叫我，我則假裝自己是另一個人。我會想像母親不斷消失的情景：現在我在宮殿裡，現在在梯井底部……假如我們一直走到奧斯曼貝（Osmanbey）或哈比耶（Harbiye），經過街角加油站，覆蓋某棟公寓樓房整面側牆的廣告牌上的飛馬，就會進入這些夢裡。有個織補襪子兼賣皮帶和鈕扣的希臘老婦人；她也賣「村裡來的雞蛋」，像取珠寶似地從一只漆匣取出一個個蛋。在她的店裡有一口魚缸，在缸裡浮動的紅魚張開它們嚇人的小嘴，企圖咬我按在玻璃上的手

指，傻頭傻腦地舞來舞去，總是把我給逗樂。接下來是亞庫（Yakup）和瓦席（Vasil）開的小書報店，兼賣香煙和文具，店面又小又擠，多數時候我們一走進去就出來了。有一家叫「阿拉伯店」的咖啡屋（正如同拉丁美洲的阿拉伯人通常被稱做「土耳其佬」，伊斯坦堡的少數黑人被稱做「阿拉伯佬」；當店裏的巨型咖啡研磨機像家中洗衣機開始隆隆作響，使我躲開它的時候，「阿拉伯佬」就會對我的恐懼寬容地笑笑。當這些過了時的店舖一家家關門，讓位給一連串更現代的其他企業時，我和哥哥會玩一種遊戲，其靈感與其說出自懷舊之情，不如說是想測試我們的記憶，遊戲是這麼玩的：一個人說：「女夜校隔壁的店」，另一個人便列出它後來的化身：1.希臘婦人的糕餅店；2.花店；3.手提袋店；4.錶店；5.足球彩券商；6.畫廊書店；7.藥局。

在進入一家跟洞窟一樣、名叫阿拉丁（Alaaddin）的男人五十年來販售香菸、玩具、書報文具的店舖之前，我會設法請母親為我買個哨子或幾顆彈珠、著色本或溜溜球。她把禮物放進手提袋後，我立即迫不及待地要回家。但原因不單是新玩具的魅力。「讓我們一直走到公園吧，」我母親會說，但突然間我從腳到胸痛得厲害，知道自己再也走不下去。多年後，當我女兒在這個年齡跟我出外散步時，她也對極其相似的疼痛表示抱怨；我們帶她去看醫生，醫生判斷是一般性的疲勞以及成長的疼痛。一旦疲勞侵蝕我的身體，剛才令我著迷的街道和櫥窗便逐漸失去色彩，整個城市在我眼中開始變成黑白。

「媽咪，抱我。」

「讓我們走到馬曲卡（Maçka），」母親會說：「我們搭電車回家。」

電車道打從一九一四年就在我們那條街來回行駛，把馬曲卡和尼尚塔石跟塔克辛廣場、突內爾（Tünel）、卡拉達（Galata）橋和其他古老貧窮、似乎屬於另一個國家的歷史街區串連在一起。每天

就寢時，電車的憂鬱樂聲把我帶入夢鄉；我喜歡電車內的木頭裝潢，隔開駕駛艙與乘客區的靛藍色玻璃門；我喜歡我們在終點站上車等開車的時候駕駛員讓我玩的操作桿……在我們再度返家前，街道、公寓、甚至樹木都是黑白影像。

❶ 帕夏（pasha），土耳其高級官吏之尊稱。
❷ 謝里姆三世（Selim III），1789-1807在位。
❸ 馬赫穆二世（Mahmut II），1808-1839在位。
❹ 阿布杜勒哈米德二世（Abdülhamit II），1876-1909在位，阿布杜勒邁吉德（Abdulmecid I）之子。

05 黑白影像

由於習慣待在我們半昏暗的荒涼博物館房屋裡，我喜歡留在室內。底下的街道、遠處的馬路、城裡的貧困地區，似乎跟黑白警匪片當中同樣險惡。這個昏暗世界的吸引力讓我一向喜歡伊斯坦堡的冬季甚於夏季。我喜歡由秋轉冬的傍晚時分，光禿禿的樹在北風中顫抖，身穿黑大衣和夾克的人們穿過天色漸暗的街道趕回家去。我喜歡那排山倒海的憂傷，當我看著舊公寓樓房的牆壁，以及斑駁失修的木宅廢墟黑暗的外表：我只在伊斯坦堡見過這種質地，這種陰

影。當我看著黑白人群匆匆走在漸暗的冬日街道時，我內心深處便有一種甘苦與共之感，彷彿夜將我們的生活、我們的街道、屬於我們的每一件東西罩在一大片黑暗中，彷彿我們一旦平平安安回到家，待在臥室裡，躺在床上，便能回去做我們失落的繁華夢，我們的昔日傳奇夢。同樣地，當我看著暮色如詩般在蒼白的街燈中降臨，吞沒城裡的貧困地區時，知道至少在晚上，西方的眼光窺伺不到我們，外地人看不見我們城裡可恥的貧困，是令人寬慰的事。

古勒❶有幅攝影，捕捉我童年時代的僻靜街巷，街巷中的水泥公寓和木造屋並排而立，街燈空茫，明暗對照的黃昏——對我來說它代表這個城市——已然降臨。（如今水泥公寓雖已擠走老舊的木造房屋，氣氛卻不變。）這幅攝影吸引我之處不只在於使我憶起童年時代的卵石子路，也不在於卵石路面、窗子的鐵護欄，或搖搖欲墜的空木屋，而是因為它暗示著，隨著夜之降臨，這兩個走在回家路上、身後拖著細長影子的人，其實是在將夜幕披蓋在城市上。

在一九五〇和一九六〇年代，我跟每個人一樣，喜歡看全城各地的「電影攝製組」——車身兩側有電影公司標誌的麵包車；以發電機發動的兩盞巨燈；喜歡別人叫他們souffleurs（法文）的提詞人，他們在濃妝豔抹的女演員和羅曼蒂克的男主角忘了台詞時，得隔著發電機的轟鳴聲扯著嗓子叫喊；戲外跟小孩和好奇的圍觀民眾擠來擠去的工作人員。四十年間，土耳其的電影工業不再（大半由於導演、演員和製片人不稱職，但也因為無法跟好萊塢競爭）；電視依然播放這些黑白老片，而當我看見黑白影像的街道、老花園、博斯普魯斯的景色、傾頹的宅邸和公寓時，有時我竟忘了自己在看

電影。惆悵令我茫然，時而感覺自己彷彿在觀看自己的過往。

十五至十六歲的我，想像自己是描繪伊斯坦堡街道風貌的印象派畫家，畫一顆顆卵石是我的最大樂趣。在積極的區議會開始毫不留情地將卵石路上鋪上柏油之前，城裡的計程車和「多姆小巴」（dolmus，共乘出租車）司機對石子路面所造成的損害大表不滿。他們也抱怨為下水道、電力、一般維修而進行的挖路工程沒完沒了。挖路時得把卵石一顆顆撬掉，這讓工程無止境地拖下去——尤其底下若發現拜占庭時代的迴廊。完工時，我喜歡看工人把一顆顆卵石放回原位——以一種令人陶醉、充滿韻律的技術。

我童年時代的那些原木宅邸以及位於後街較為簡樸的小木房，處於一種斷垣殘壁的迷人狀態。由於貧困且無人照料，這些房子從不油漆，歲月、塵土和潮氣的結合使木頭顏色漸漸變深，賦予它那種特殊的顏色，獨特的質地，小時候我在後街區看見的這些房子十分普遍，我甚至以為黑色是它們的原色。有些房子是褐底色調，或許貧民區的房子根本不識油漆為何物。但十八和十九世紀中葉的西方旅人形容有錢人家的宅邸油漆鮮豔，認為這些私宅和其他的富裕風貌具有某種豐饒有力之美。小時候的我時而幻想為這些房子上漆，儘管如此，失去黑白布幕的城市仍教人心悸。到夏天的時候，這些老木屋乾透，變成一種黯淡、灰質、打火匣般的褐色，你能想像它們隨時都可能著火；在冬季漫長的寒流期間，雪和雨水同樣讓這些房子蒙上朽木的霉味。老舊木造的僧侶道堂情況亦同，共和國禁止這些地方作為朝拜場所之用，如今多已廢棄，除了街頭流浪兒、鬼魂和古物蒐藏者之外沒人會去。這些房屋使我產生相同程度的恐懼、擔憂和好奇；當我從頹垣斷壁外透過潮濕的樹叢探看破窗殘宇時，心頭便掠過一股寒意。

由於我是以黑白影像來理解這城市之靈魂，因此少數目光獨到的西方旅人的線條素描——例如科比意❷，以及任何一本以伊斯坦堡為背景、附黑白插圖的書都令我著迷。（我整個童年都在等待，卻始終不見漫畫家艾爾吉❸以伊斯坦堡作為丁丁歷險的背景。當第一部丁丁電影在伊斯坦堡拍攝時，某盜版出版社發行了一本名為《丁丁在伊斯坦堡》的黑白漫畫書，作者是本地漫畫家，他把自己從電影畫面的演繹，跟丁丁其他歷險的畫面拼湊在一起。舊報紙也使我著迷；每回讀到謀殺、自殺、或搶劫未遂的報導，我便嗅到一股長久壓抑的兒時恐懼。

在某些地方——帖佩巴絲（Tepebasi）、卡拉達（Galata）、法提（Fatih）、翟芮克（Zeyrek）、博斯普魯斯沿岸的幾個村落、于斯屈達爾（Üsküdar）❹的後街——也看得見我所描述的黑白之霧。在煙霧瀰漫的早晨，在刮風的雨夜，海鷗築巢的清真寺圓頂看得見它；在汽車排放的煙霧、煙囪冒出的裊裊煤煙、生鏽的垃圾桶、冬日裡空寂荒蕪的公園和花園、以及冬夜裡踩著泥雪趕回家的人群中也看得見它；這些都是黑白伊斯坦堡的悲之喜。幾百年沒再噴過水的殘破噴泉，貧民區裡被遺忘的清真寺，突然出現的一群身穿白領黑褂的學童，沾滿泥巴的老舊卡車，因歲月、灰塵且無人光顧而更加昏暗的小雜貨店，擠滿落魄失業男人的破落小店，跟許多被掀開的卵石子路一樣土崩瓦解的城牆，一段時間過後開始看起來大同小異的戲院門口，布丁店，人行道上的報販，三更半夜在街頭

閒蕩的醉漢，黯淡的街燈，往來於博斯普魯斯海峽的渡船以及船煙囪冒出的煙，被雪覆蓋的城市。

我的童年回憶少不了這一片覆蓋的雪。有些小孩等不及開始放暑假，我卻等不及開始下雪——不是因為我能出去玩雪，而是因為雪讓城市看起來煥然一新，不僅把泥巴、污穢、廢墟和疏忽掩蓋起來，也為所有的街道和景色提供某種驚喜，某種迫近凶險的甜美氣息。每年的平均下雪天數介於三至五天，積雪在地面停留一週至十天左右，但伊斯坦堡總是措手不及，每次下雪都像第一次迎接：後街封閉，接著是主要道路；人們在麵包店外排隊，有如戰時和國家發生災難的時候。我最愛雪的地方是它強迫人們團結在一起；與世界切斷連繫的我們患難與共。下雪天的伊斯坦堡像個邊遠的村落，但尋思我們共同的命運，使我們與我們輝煌的過去靠得更近。

有一年，異常的北極氣溫使黑地區域從多瑙河到博斯普魯斯海峽全面結冰。這在一個其實是地中海城市的眼中看來是件震驚的事，許多年後，大家依然像孩子似地興高采烈談論它。

觀看黑白影像的城市，即透過晦暗的歷史觀看它：古色古香的外貌，對全世界來說不再重要。即使最偉大的鄂圖曼建築亦帶有某種簡單的樸素，表明帝國終結的憂傷，痛苦地面對歐洲逐漸消失的目光，面對不治之症般必須忍受的老式窮困；認命的態度滋養了伊

斯坦堡的內視靈魂。

若想看黑白影像的城市，看籠罩它的霧氣，呼吸城裡居民共同擁抱的憂傷，你只需從某個富裕的西方城市飛過來，直奔熙來攘往的街道；若是冬天，走在卡拉達橋上的每個人都穿同樣黯淡的茶色衣服。我那時代的伊斯坦堡人已避免穿他們榮耀的祖先們穿的豔紅、翠綠、和鮮橘；在外國遊客的眼中，彷彿他們是刻意這麼穿著打扮，以達到某種道德目的。他們並非刻意——但在他們沉重的憂傷中帶有一絲謙遜。這是黑白城市裡的穿著打扮，他們彷彿在說：這是為一個衰落一百五十年的城市哀悼的方式。

此外還有一群群的狗，十九世紀每個路過伊斯坦堡的西方旅人都會提及，從拉馬丁❺和內瓦爾❻到馬克吐溫，這些狗群持續為城裡的街道增添戲劇。牠們看起來如出一轍，相同的皮毛顏色，沒有適當的字眼可以形容——某種界於灰白和木炭之間的顏色，也就是沒有一點色彩。牠們是市政府的一大憂患：軍方發動一場政變時，將領遲早都要指出狗造成的威脅；政府和學校一次次發起運動，驅逐街上的狗，但牠們依然在城裡東逃西竄。牠們雖然可怕，團結一致向政府挑釁，我卻不得不可憐這些瘋狂迷失的生靈依然死守著牠們的舊地盤。

假使我們眼中的城市是黑白影像，部份是由於我們從西方畫家留下來的版畫了解它：本地人從沒畫過它昔日的燦爛色彩。鄂圖曼沒有任何一幅繪畫能順應我們的視覺品味。當今世界上也沒有任何文章或作品能教我們欣賞鄂圖曼藝術，或影響了它的古波斯藝術。鄂圖曼的細密畫家從波斯人獲得靈感；就像古典詩人們（Divan

poets）歌頌的城市不是真實的地方，而是一個詞；他們就像製圖者納蘇❼，對這城市具有地圖般的了解；他們把它看作從眼前經過的東西。甚至他們的《儀式之書》關心的也是蘇丹的奴隸、臣民和他的金銀財寶；這座城市不是人們居住的地方，而是透過定焦鏡頭觀看的官方畫廊。

因此雜誌或教科書若需要伊斯坦堡的舊日影像，便採用西方旅人和畫家創作的黑白版畫。我的同輩們往往忽略梅林❽以膠彩畫出的色彩微妙的古伊斯坦堡帝國，我將在稍後更多地談到梅林；一方面聽天由命，另一方面圖方便，他們喜歡在容易複製的單色畫中看見他們的過去。因為在凝視一幅沒有色彩的影像時，他們看見他們的傷感得到印證。

在我的童年時代，高樓大廈少之又少；夜暮降臨時，城裡的房屋和樹木、夏日戲院、陽台和窗戶的第三度空間都一抹而去，賦予城裡歪斜的房舍、曲折的街道和起伏的山丘某種黑暗風采。我喜歡一八三九年阿羅姆❾旅行書中的這幅版畫，畫中的夜晚身負隱喻的任務。該畫把黑夜描繪成某種邪惡之源，記錄了伊斯坦堡所謂的「月光文化」。就像許多人紛紛湧向海邊欣賞月明之夜的簡單儀式、讓城市避免陷入一片漆黑的滿月、水面的月影、半弦月的微光、或（像在這裡的版畫）在雲層中若隱若現的月光：殺人犯也剛把燈火熄掉，以免有人看見他為非作歹。

不僅西方遊客才使用暗夜之語來描述這個城市難以捉摸的神秘：假使他們對宮廷恩怨略知一二，那是因為伊斯坦堡人也喜歡悄悄談論受害的後宮妻妾，屍體在夜幕掩護下被偷偷運到宮牆外，帶到海上，拋入金角灣（Golden Horn）。

著名的「薩拉札（Salacak）謀殺案」（發生在一九五八年，當時我仍不識字，但這宗案件引起我們家、而且是城裡家家戶戶的恐慌，因此我對每個細節都瞭若指掌）採用同樣熟悉的元素；這則駭人聽聞的報導加深了我對夜晚、划艇以及博斯普魯斯海域的黑白幻

想，至今仍是惡夢的材料。我父母起初向我講述的這名歹徒，是個窮困的年輕漁夫，但日子一長，大家便把他塑造成民間的凶煞惡鬼。他答應用他的划艇載一個婦女跟她的孩子們出海，在博斯普魯斯海峽航行，卻決定強姦她，於是把她的孩子們扔進海中；報紙給他起了個綽號叫「薩拉札魔頭」，而我母親因為害怕在我們位於黑貝里亞達的夏日別墅附近撒網捕魚的漁夫當中，可能躲著另一個殺人犯，於是禁止哥哥和我在外頭玩，即使在我們自己的花園。我在惡夢中看見漁夫把孩子們扔進海浪裡，孩子們的指尖死命抓住船身；我聽見他們的母親在漁夫用槳猛擊他們頭部時發出的慘叫聲。直到現在，當我瀏覽伊斯坦堡報上的謀殺案消息（我喜歡做這件事），我仍會透過黑白影像看見這些情景。

---

❶ 古勒（Ara Güler），1928-，土耳其攝影師。

❷ 科比意（Le Corbusier），1887-1965，原名Charles-Edouard Jeunneret，法國現代建築大師。

❸ 艾爾吉（Hergé），比利時漫畫家，於1926年創作《丁丁歷險記》，敘述主角丁丁在漫長艱辛的旅遊採訪中遊走世界各地，冒險犯難的故事。

❹ 伊斯坦堡的一部分，位於博斯普魯斯海峽的亞洲一側。

❺ 拉馬丁（Alphonse de Lamartine），1790-1869，法國浪漫派詩人、政治家。

❻ 內瓦爾（Gerard de Nerval），1808-1855，法國詩人、小說家，法國文學中最早的象徵派和超現實主義詩人之一。

❼ 納蘇（Matrakci Nasuh），十六世紀的土耳其禁衛軍士兵、畫家。

❽ 梅林（Antoine-Ignace Melling），1763-1831，德國畫家。

❾ 阿羅姆（Thomas Allom），1804-72，英國建築師和插畫家。

06 勘探博斯普魯斯

薩拉札謀殺案發生後，我哥哥和我未曾再跟母親乘划艇出遊。但前一年冬天，我哥哥和我患百日咳時，曾有一段時間她每天帶我們去博斯普魯斯作海上遊。我哥哥先病倒，我在十天後跟進。生病時有些事讓我很享受：母親待我更溫柔，說我愛聽的甜言蜜語，把我最心愛的玩具拿給我。但我發覺有件事比生病本身更難以忍受，那就是不能跟家人一塊兒吃飯，聽刀叉杯盤的碰撞聲，聽大夥談笑，但距離不夠近，因此不曉得他們談些什麼。

我們燒退後，兒科大夫阿爾伯——有關這男人的一切都令我們恐懼，從他的提袋到他的鬍鬚——指示母親每天帶我們去博斯普魯斯一次，呼吸新鮮空氣。土耳其語裡的「博斯普魯斯」跟「咽喉」

是同一個字，那年冬天過後，我總是把博斯普魯斯與新鮮空氣聯繫在一起。這或許可以說明，當我發現博斯普魯斯海岸的塔拉布亞（Tarabya）——過去是個寂靜的希臘漁村，如今是著名的海濱大道，兩旁有餐廳和飯店——在一百多年前詩人卡瓦菲❶兒時住此地時叫做「治療村」（Therapia），我並不感到驚訝。

假使這城市訴說的是失敗、毀滅、損失、傷感和貧困，博斯普魯斯則是歌詠生命、歡樂和幸福。伊斯坦堡的力量來自博斯普魯斯，但早先的時候無人予以重視：他們眼中的博斯普魯斯是水域，是風景區，而在過去兩百年來，是建造夏宮的絕佳地點。幾個世紀以來，她只是海岸邊的一串希臘漁村，但鄂圖曼名人政要們自十八世紀開始在郭克蘇、庫屈克蘇（Küçüksu）、別別喀（Bebek）、坎地利（Kandilli）、魯梅利堡壘（Rumelihisari）和坎勒扎（Kanlica）附近建造他們的夏日別墅，某種鄂圖曼文化於焉興起，亦即期待伊斯坦堡有別於世界其他地區。雅驪別墅（yalis）——十八至十九世紀期間由鄂圖曼大家族建造的海邊豪宅——隨著共和國和土耳其民族主義的興起，在二十世紀漸漸被視作過時的身分與建築範例。然而我們在《追憶博斯普魯斯》（*Memories of the Bosphorus*）的照片、原貌重現的梅林版畫、埃爾登❷仿建的別墅中看見的這些雅驪別墅：這些窗戶高而窄、屋簷寬、有凸窗和窄煙囪的豪宅不過就是這沒落文化的影子。

一九五〇年代，從塔克辛廣場到欸米甘（Emirgân）的公車路線仍行經尼尚塔石。跟母親搭公車去博斯普魯斯時，就在我們家外頭上車。若搭電車，最後一站是別別喀，我們沿海邊走一段路後，跟總是在同一時間同一地點等候我們的船夫碰面，爬上他的小船。

我們在划艇、遊船以及往城裡去的渡船、船身結了一層貽貝的駁船以及燈塔之間輕快滑行，離開別別喀灣的平靜水流，迎接博斯普魯斯的湍流，在船通過時掀起的尾波中左右搖晃，此時的我總會祈禱這些郊遊能持續到永遠。

在伊斯坦堡這樣一個偉大、歷史悠久、孤獨悽涼的城市當中遊走，卻又能感受大海的自由——這是博斯普魯斯海岸之行令人興奮之處。強勁的海流推著遊人向前進，令人精神煥發的海上空氣絲毫不見岸上城市的煙塵與喧囂，遊人開始覺得這兒終究仍是享受獨處、尋求自由之地。貫穿城市中央的水道有別於阿姆斯特丹或威尼斯的運河，或是把巴黎和羅馬一分為二的河流：強流穿過博斯普魯斯海，海風和海浪隨時掀動海面，海水深而黑。假如身後有海流，假如按照渡船排定的行程走，你會看見公寓樓房和昔日的雅驪別墅，陽台上看著你、品著茶的老婦人，坐落在登岸處的咖啡亭，在下水道入海處下水、在水泥地上曬太陽的穿內衣的兒童，在岸邊釣魚的人，在私家遊艇上打發時間的人，放學後沿海邊走回家的學童，坐在遇上塞車的公車裡眺望窗外大海的遊人，蹲在碼頭等待漁夫的貓，你從沒意識到如此高大的樹，你根本不曉得的隱密別墅和圍牆花園，直入山中的窄巷，在背後隱約出現的公寓樓房，以及慢慢地，在遠方浮現的混亂的伊斯坦堡——它的清真寺、貧民區、橋、宣禮塔、高塔、花園以及不斷增多的高樓大廈。沿博斯普魯斯

海峽而行，無論搭乘渡船、摩托艇或划艇，等於是在觀看城裡的一棟棟房子，一個個街區，也等於從遠方觀看它的剪影，一個變化萬千的海市蜃樓。

同家人到博斯普魯斯海遊覽，我最大的享受是看見處處留有豐富文化的痕跡，雖受西方影響，卻不失創意與活力。駐足觀看某棟油漆不再的雅驪別墅及其富麗堂皇的鐵門，注視另一棟別墅爬滿青苔的堅固厚牆，欣賞另一棟更豪華的別墅及其窗板和精美木工，並凝視高聳於別墅上方山丘的紫荊樹，走過常綠密林和幾世紀之久的梧桐樹遮蔽成蔭的花園——即使對小孩子來說，也知道一個偉大、今已消失的文明曾在此建立；大家告訴我，很久很久以前，像我們一樣的人曾過著跟我們大不相同的奢侈生活——讓跟隨其後的我們得更感寒酸、無力、更像鄉巴佬。

自十九世紀中葉起，帝國因連連戰敗而日漸衰弱，老城湧入大量移民，甚至於最宏偉的皇家建築都開始現出貧窮和敗落的痕跡，因此掌管現代而西化的鄂圖曼政府達官顯要們，當時時興避居在博斯普魯斯沿海岸興建的別墅，著手創造出與世隔絕的新文化。西方遊人無法打入這個封閉社會——沒有柏油路可通，即使渡船在十九世紀通航，博斯普魯斯卻未成為市區的一部分——安頓於博斯普魯

斯私家別墅的鄂圖曼人不願寫他們的生活，因此我們得依賴他們的子孫所寫的回憶錄而得知。

在這些回憶錄的作者當中，希薩爾（Abdülhak Şinasi Hisar, 1887-1963）最引人注目，其著作《博斯普魯斯文明》（*Boğaziçi Medeniyeti*）以普魯斯特式的感性長句連綴而成。在魯梅利堡壘某棟雅驪別墅長大的希薩爾，年輕時候住過巴黎，與詩人雅哈亞（Yahya Kemal, 1884-1958）為友，跟隨他一塊兒學政治；在《博斯普魯斯月景》（*Boğaziçi Mehtaplari*）和《博斯普魯斯的雅驪別墅》（*Yalilarin Boğazi*）當中，他嘗試「以舊時細密畫家的謹慎與細心編寫安排」，使消失的文化重現其神秘魅力。

他寫他們日間的例行公事和夜間的田園生活，晚上他們聚在一起划著小船，凝視水面上蕩漾的銀色月光，享受遠方划艇漂過海面傳來的樂聲；每捧讀他的《博斯普魯斯月景》便不無遺憾，為自己不曾有機會目睹其激情與沉寂而感傷，我也欣賞作者濃烈的懷舊之情，使他幾乎無視於他的失樂園中潛藏的邪惡暗流。在月明之夜，當划艇聚集在一片靜止的海面上，樂手靜下來的時候，就連希薩爾亦感受到這股暗流：「沒有一絲風的時候，水面有時彷彿由內震

顫，呈現水洗絲的表面。」

跟母親坐在划艇上，博斯普魯斯的山丘色彩在我看來並非某種外光的折射。據我看來，屋頂、梧桐和紫荊、海鷗迅速拍動的翅膀、船庫半塌的牆——全都閃耀著某種由內發出的微弱光芒。即便在最熱的時候，窮人家的孩子們從岸邊躍入海中，此地的陽光亦未完全駕馭景觀。夏日傍晚，當染紅的天空與黑色神秘的博斯普魯斯連在一起時，海水泛起飛濺的浪花，拖在劃過其中的船隻後頭。但緊鄰浪花的海面卻是風平浪靜，其色彩有別於莫內（Monet）的蓮花池那般變化萬千，起伏不定。

六〇年代中期我讀羅伯學院時，花了不少時間站在貝西克塔石（Beşiktaş）-薩瑞伊爾（Sariyer）公車的擁擠走道上，眺望亞洲那岸的山丘，看著如神秘之海熠熠閃耀的博斯普魯斯隨日出變換顏色。霧氣籠罩的春日傍晚，城裡的樹葉一動也不動；無風無聲的夏夜，一個人獨自走在凌晨時分的博斯普魯斯海岸只聽見自己的腳步聲，漫步於阿金提布努（Akintiburnu）附近，就在阿爾那烏特寇伊（Arnavutköy）另一邊的岬角，或走到阿席揚（Asiyan）墓園底下的燈塔，有那麼一刻你會聽見呼嘯的激流聲，惴惴不安地注意到似乎從天而降的晶瑩白浪，於是不得不像從前的希薩爾和現在的我一

樣，懷疑博斯普魯斯也有靈魂。

觀看柏樹、山谷裡的森林、無人照管的空別墅、以及外殼生鏽的破舊船隻，觀看——只有畢生在這些海岸度過的人才看得見的——船隻和雅驪別墅在博斯普魯斯譜成的詩句，拋開歷史的恩怨，如孩子般盡情享受，期望多知道這個世界，多去了解——一個五十歲作家逐漸了解這種狼狽的掙扎叫做喜悅。每當我發現自己談論博斯普魯斯和伊斯坦堡暗街的美與詩意，內心便有個聲音告誡我切莫誇大，此種傾向可能出於我不願承認自己的生活缺少美。如果我把我的城市看作美麗而迷人，那麼我的生活必也如此。許多早期作家在

書寫伊斯坦堡時往往養成這種習慣——在他們歌誦城市之美，用他們的故事迷惑我的同時，我卻想起他們已不住在他們描述的地方，反而偏愛伊斯坦堡西化後舒適的現代化設施。我從這些前輩得知，只有不再住那裡的人有權對伊斯坦堡的美大加頌揚，而且不無內疚：因為一個以城市的廢墟與憂傷為題的作家，永遠意識到幽靈般的光投灑在他的生命上。沉浸於城市與博斯普魯斯之美，就等於想起自己的悲慘生活和往昔的風光兩者差距甚遠。

跟母親乘船旅行，總是以同樣的方式結束：陷入急流一兩次，在船的尾渦中晃幾回後，船夫便在阿席揚的路底讓我們下船，就在魯梅利堡壘的岬灣之前，亦即海流拍打上岸之處。接著母親陪我們在岬附近走走，此為博斯普魯斯的最窄地段，哥哥跟我就在征服者麥何密❸圍城期間所用的大砲附近玩一陣子，這些大砲如今公開陳

列於城堡牆外，我們往這些巨大老舊的圓筒裡瞧，酒鬼和遊民晚上就在裡頭過夜；裡頭盡是排泄物、碎玻璃、破鐵罐和菸蒂，我們不得不覺得我們的「輝煌遺產」實在是──至少對住在這兒的人來說──莫測高深，教人納悶。

來到魯梅利堡壘渡船站時，母親會指著一條卵石路，和如今坐落著一家小咖啡屋的一段人行道。「從前這裡有一棟木造雅驪，」她會說道：「我還小的時候，你外祖父帶我們到這裡過暑假。」這棟被我想成老舊、廢棄、詭異的夏日別墅，在我心裡總是跟我所聽到的第一個關於它的故事聯繫在一起：屋主住在底層，是某帕夏的女兒，三〇年代中期，我母親在此避暑期間，屋主在不可思議的情況下遭竊賊殺害。母親見這黑色故事讓我如此震驚，便指給我看別墅遺址的船庫廢墟，改說另一個故事：她面帶哀愁的笑容追述往事，說當時外祖父不滿外祖母做的燉秋葵，一氣之下把鍋子扔到窗

外，掉進深邃湍急的博斯普魯斯海裡。

伊斯亭耶（Istinye）有另一棟雅驪別墅，俯瞰船庫，是某個遠親的住家，也是母親與父親不合時的去處；但就我記憶所及，這棟別墅後來亦成廢屋。在我的童年時代，這些博斯普魯斯別墅對於新富階級以及逐漸增多的中產階級來說毫無魅力可言。老宅邸難以抵禦北風與寒冬：由於座落在海邊，要使屋內溫暖既不容易且花費龐大。共和國時代的有錢人不像鄂圖曼帕夏一樣有權勢，而且他們覺得坐在塔克辛（Taksim）周圍地區的公寓裡遠眺博斯普魯斯比較西化，因此現已衰敗且家道中落的鄂圖曼世家──陷入貧困的帕夏子孫，希薩爾這些人的親屬──找不到人接收他們位於博斯普魯斯的雅驪老宅。因此我的整個童年時代，一直到七〇年代，在城市擴展的同時，雅驪別墅和宅邸若非陷入帕夏子孫與住在蘇丹後宮的瘋狂妻妾之間的遺產糾紛，便是隔成幾間公寓或單房出租；油漆剝落，木頭因濕冷而變黑，或被想蓋現代公寓的不明人士焚為平地。一九五〇年代末期，唯有父親或伯父駕著1952道奇（Dodge）載我們晨遊博斯普魯斯的週日才算得上週日。鄂圖曼逐漸消失的文化遺跡，無論多麼令人悲痛，卻未令我們裹足不前：畢竟，我們屬於共和國時代的新富階級，因此希薩爾《博斯普魯斯文明》的最後痕跡事實上是一種安慰。看見一個偉大文明延展下去，使我們感到欣慰，甚至自豪。我們總是去欸米甘的「梧桐樹下咖啡館」（Çinaralti Café）吃「紙包哈爾瓦」（paper halva），沿著欸米甘或別別喀附近的海岸漫步，看往來的船隻；到沿路某處，母親會叫我們停車，下車買個花盆或兩條大藍魚。

隨著年齡的增長，跟我父母和哥哥的這些出遊開始令我厭煩而沮喪。家人間起小口角，和哥哥的競爭每每讓遊戲變成打架，不知足的「小家庭」開車閒逛，希望暫時逃離公寓的禁錮──這一切都

在破壞我對博斯普魯斯的愛，儘管我也沒法子讓自己被留在家裡。後來幾年，當我在博斯普魯斯路上看見其他車裡坐著鬧哄哄、不開心、愛拌嘴的其他家庭同樣在週日出遊時，讓我印象最深刻的並非我和他人在生活上的共同點，而是對許多伊斯坦堡的家庭來說，博斯普魯斯是他們僅有的慰藉。

它們漸漸消失：一棟接一棟燒毀的雅驪別墅，我父親曾指給我看的捕魚器，划著小船到一戶戶雅驪兜售的水果販，母親帶我們游泳的博斯普魯斯沿岸沙灘，在博斯普魯斯海裡游泳的樂趣，在變成花俏的餐廳之前廢棄不用的渡船站；把船停靠在渡船站旁的漁夫，如今也走了。想租他們的船小遊博斯普魯斯已不可能。但對我來說，有件事始終不變：博斯普魯斯在我們心中佔據的位置。和我童年的時候一樣，我們仍將她視為我們的健康之泉、百病之藥、良善之源，支撐著這座城市以及城裡所有的居民。

「生活也沒什麼大不了的，」我不時會想：「無論發生什麼事，我隨時都能漫步在博斯普魯斯沿岸。」

❶ 卡瓦菲（Constantaine Carafy），1863-1933，出生於埃及亞歷山大城的希臘詩人，現代希臘詩歌的創始人之一。

❷ 埃爾登（Sedad Hakki Eldem），1908-，土耳其現代建築大師。

❸ 即麥何密二世（Mehmet II），1453年率軍佔領君士坦丁堡，並改名爲伊斯坦堡。

07 梅林的博斯普魯斯

為博斯普魯斯作畫的西方畫家當中，我認為梅林的畫最細緻入微、最具說服力。他所著的《君士坦丁堡與博斯普魯斯海岸風景之旅》（*Voyage pittoresque de Constantinople et des rives du Bosphore*）——甚至書名在我看來亦如詩如畫——於一八一九年出版；我姑丈拉多（Sevket Rado）是詩人也是出版人，他在一九六九年出版半開影印本，而因為當時的我對繪畫滿懷熱情，他便贈送我們一本。我花上幾個小時研究這些畫的各個部分，在其中發現我所認為鄂圖曼伊斯坦堡的輝煌本色。這種美好的幻覺並非得自他的膠彩畫（其對細節的注重無愧於建築師或數學家身分），而是得自膠彩作品翻製的版畫。有時我拚命想去相信一段光輝的歷史——我們這些太受到西方藝術和文學影響的人，的確經常屈服於此種大伊斯坦堡主義——我便覺得梅林的版畫令人寬慰。但是在我讓自己陶醉其中之時，我卻深知梅林的畫之所以如此美麗，有部分是因為知道畫中所繪不復存在而為之悲傷。或許我觀看這些畫正因為它們使我悲傷。

生於一七六三年的安東-伊格納斯・梅林是道地的歐洲人：有法國和義大利血統的德國人。在父親卡爾斯魯厄（Karlsruhe）——弗里德里希大公（Grand Duke Karl Friedrich）的宮廷雕刻家——手下習藝之後，他前往斯特拉斯堡（Strasbourg）跟叔父學繪畫、建築和數學。他十九歲起身前往伊斯坦堡，其靈感或許來自當時在歐洲逐漸蔚為風潮的浪漫主義運動。他到的那天幾乎沒想到自己會在這城市待上十八年。起初他在佩臘（Pera）的葡萄園當家庭教師，此地是在大使館區周邊逐漸擴展的一個都會，也是今日貝尤魯❶的雛形。當謝里姆三世的姐姐海蒂斯（Hatice）公主造訪前丹麥大使沃夫岡男爵（Baron de Hubsch）位於布約克迪爾（Buyukdere）的住家庭園時，她表示希望有個類似的庭院，他於是推薦了梅林。梅林先為海蒂斯設計一座種植相思樹和紫丁香的西式迷宮庭園。隨後在她位於岱特達布努（Defterdarburnu）——在博斯普魯斯的歐洲岸，介於今稱庫魯色斯梅與歐塔廓伊（Ortaköy）的兩鎮之間——的宮殿建造一座風格華麗的小樓閣。這座新古典主義的列柱建築不復存在，因此我們只能從梅林的畫中得知；它不僅展現博斯普魯斯的某種風貌，且樹立了小說家坦皮納（Ahmet Hamdi Tanpinar, 1901-62）後稱「複合風格」的標準，此種鄂圖曼新建築成功地結合西方和源自傳統的主題。梅林繼之為謝里姆三世的夏日別莊貝西克塔石宮殿的擴

建進行監工與裝潢，採用同樣通風的新古典風格，極適合博斯普魯斯的氣候。同時他也為海蒂斯擔任今日所謂的「室內設計師」。他為她購買花盆，監督為繡花餐巾縫上珍珠以及蚊帳的編織工作，並身兼週日帶大使夫人們參觀宮殿的導遊。

我們從兩人的通信得知這一切。在這些信裡，梅林和海蒂斯進行了一項小小的智性實驗：在土耳其國父凱末爾（Mustafa Kemal Atatürk,1881-1938）於一九二八年實施「字母改革」的一百三十年前，他們已使用拉丁字拼寫土耳其文。伊斯坦堡在他們的時代不時興撰寫回憶錄和小說，但多虧這些信件，我們得以一窺蘇丹之女的談話：

梅林大師，蚊帳何時送來？請告訴我是明天……跟他們說立刻動工，讓我早些見你……一幅古怪的版畫……那幅伊

斯坦堡的畫在運送途中，它沒褪色……我不喜歡那張椅子，我不要它。我要鍍金椅……我不要很多絲，但要很多很多絲線……我已看過銀匣的圖，但我不希望你照它的樣子做，請用舊圖吧，求你別把它搞砸……我會在Martedi（週二）把珍珠和郵票錢交給你……

從這些信可清楚看到海蒂斯不僅精於拉丁字母，對義大利文亦稍有掌握。她與梅林開始通信時尚未及三十歲。她丈夫阿梅德（Seyyid Ahmed）帕夏是埃爾祖魯姆❷總督，因此難得待在伊斯坦堡。拿破崙遠征埃及❸的消息傳到城裡後，在宮廷圈內掀起一股強烈的反法情緒；約在同時候，梅林娶了個熱那亞女子，從他寫給海蒂斯的訴苦信中，我們看得出他莫名奇妙地失寵：

公主殿下，您謙卑的僕人我於週六派男僕前去領取我的月薪……他們跟他說已停發我的薪餉……在見識過殿下的仁慈善良，我難以相信是您下的命令……這必定是一些嫉賢妒能的流言蜚語……因為他們看見公主殿下寵愛她的臣民……寒冬將至，我將前往貝尤魯，但如何去？我身無分文。房東討房租，我們需要煤炭、木柴、廚房用品，而我太太患了天花，大夫索費五十庫魯，我去哪裡籌錢？無論我央求多少次，無論我打算不管花多少錢搭船或搭車，卻仍未獲得任何肯定的回答……我懇求您，我已身無分文……公主殿下，求您勿把我遺棄……

海蒂斯並未回應他的最後懇求，梅林於是準備返回歐洲，並開始思索其他的賺錢方式。他似乎靈機一動，想到或許可從他與宮廷

的密切聯繫得到益處，只要將他已畫了一段時間的大幅膠彩細密畫變成一本版畫書即可。在法國駐伊斯坦堡代辦兼東方專家胡方（Pierre Rufin）的協助下，他開始與巴黎的出版商通信。梅林雖在一九〇二年返回巴黎，書的出版卻是在十七年之後（他五十六歲時）；他得以跟最優秀的版畫家同輩合作，而打從一開始即堅決在形式容許的情況下盡可能忠於原畫作。

我們觀看這本大書當中的四十八幅版畫時，首先打動我們的是他的精確。當我們從一個失去的世界審視這些風光景物，欣賞精美的建築細部以及對透視法的嫻熟掌握時，我們對逼真的渴望充分得到滿足。甚至後宮場景亦是如此——在四十八幅版畫當中，它是最天馬行空的一幅，卻仍展現出精確的繪圖，對「哥德式」透視法的種種可能性進行研究，冷靜而優雅地描繪場景，與西方對後宮老是過分渲染的性幻想大相逕庭，其嚴肅態度甚至使觀看其畫的伊斯坦堡人信服。梅林將畫中稍具的學術氣息，與悄悄放入邊緣的人性化細節保持平衡。在後宮底層，我們看見兩個女子挨著牆站；她們親熱地擁抱，唇貼唇，然而梅林跟其他西方畫家不同，他並未把這些女子放在畫的中心來渲染她們或是她們之間的親密關係。

梅林描繪的伊斯坦堡風光幾乎看不到中心。此一性質以及他對細節的注重或許是他畫的伊斯坦堡吸引我之處。梅林在書的結尾附了一張地圖，一一指出四十八幅場景的所在位置，表明是從哪個角度觀察，由此表露出對觀點的執著；然而，正像中國畫卷或寬銀幕電影的攝影技巧一樣，觀點似乎不斷在變動。由於梅林一向不把人生戲劇擺在畫的中心位置，看這些畫對我來說頗像我小時候乘車沿博斯普魯斯海岸行駛：某個海灣突然從另一個海灣後頭出現，在海岸路上每拐一個彎便出現從出人意表的新角度看到的景色。因此翻

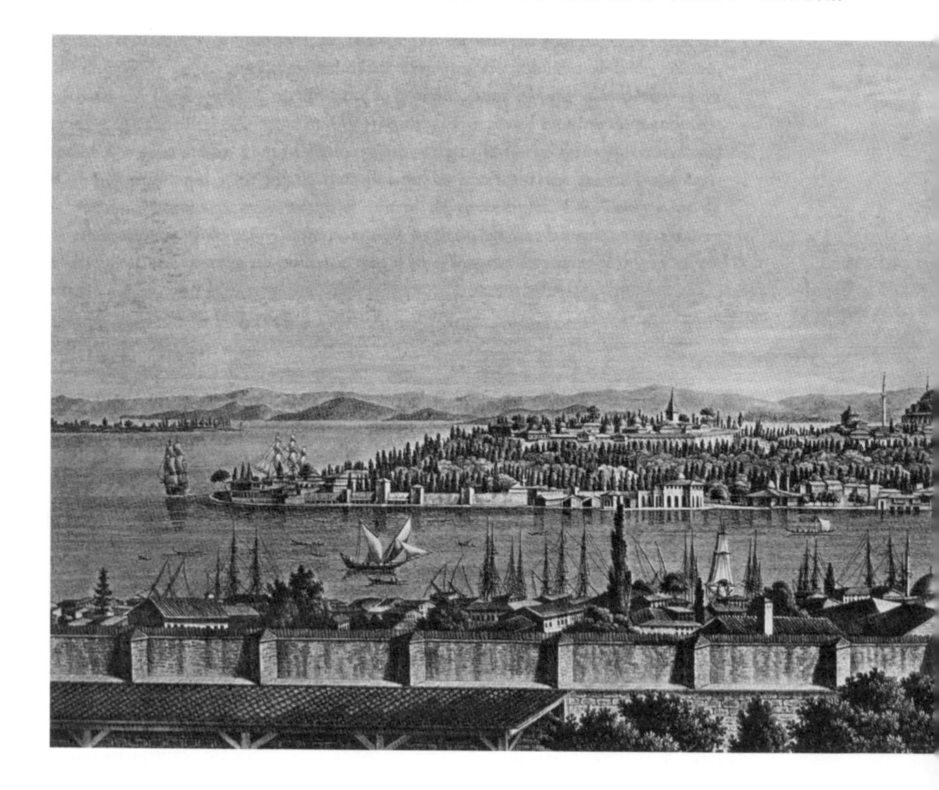

閱此書的同時，我開始認為伊斯坦堡沒有中心、無邊無際，感覺自己身在小時候熱愛的故事當中。

看梅林畫中的博斯普魯斯風光，不僅使我憶起初次看見博斯普魯斯的情景——當時尚未大興土木的山坡、谷地和岡巒，對未來四十年內即將出現的醜陋建築來說難以喚回的純淨。當我翻閱他的書，只要想到這座失去的天堂還留給我這輩子熟悉的一些風光與房子，某種狂喜之情便油然而生。正是悲喜交加之時，我留意到唯有熟知博斯普魯斯的人才看得出來的少許連續性。當離開這座失去的天堂，回到現實生活的時刻到來，同樣的效應也以反方向起作用。是的，我會告訴自己——正當你要離開塔拉布亞（Tarabya）灣時，

海不再平靜，從黑海狂颼而來的北風使海面掀起波紋，在倉皇急促的浪頭上有著同樣在梅林畫中出現的細小、憤怒、急躁的泡沫。是的，夜晚時分，別別喀丘上的樹林正是退到那種黑暗中，而唯有像我或梅林這樣在此地至少住上十年的人，才知道這是怎麼地一種由內而發的黑暗。柏樹在伊斯蘭庭園以及伊斯蘭的天堂畫中異常醒目，而柏樹在梅林的畫中也具有它們在波斯細密畫中的功能：像一大堆深色污點靜靜矗立，把畫帶向詩情畫意。梅林畫博斯普魯斯彎曲捲翹的柏樹時，他拒絕走其他西方畫家的路線，亦即誇大樹枝，以便製造戲劇張力或提供一個框架。從此一意義上來說，梅林跟細密畫家一樣：正像他從遠處看樹，他也看他所畫的人，即使是在情緒高漲的時刻。沒錯，他不太擅長描繪人體姿態，而他畫裡的船在博斯普魯斯海上的所在位置有時也顯得笨拙（它們看似迎面朝我們來）；儘管他對建築物和人物極其注重，有時卻像孩子般把它們畫得不成比例，但我們正是在這些缺陷當中看見梅林的詩情；他的詩

情意境使他成為一個對當代伊斯坦堡人發言的畫家。當我們發覺海蒂斯宮中許多女子跟蘇丹的後宮妻妾相貌雷同有如姊妹時，梅林的純真視野使我們露出微笑，他同細密畫家的親密關係使我們感到自豪。

他使我們了解這座城市的輝煌時期，忠實於建築、地形與日常生活的細節，是深受西方表現手法觀念影響的其他西方畫家所不曾企及。他在地圖裡指出他從佩臘畫克茲塔❹和于斯屈達爾的地點所在——距離此刻我寫下這幾行字的這間位於奇哈格的書房僅四十步之遙；他畫托卡比皇宮是從托普哈內（Tophane）山坡上某家咖啡館遙望窗外的它，從埃郁普（Eyüp）的坡地畫伊斯坦堡的天際線。他在我們熟知並熱愛的這些風光中提供我們一幅天堂景象，在這天堂中，鄂圖曼人不再把博斯普魯斯看成一串希臘漁村，而是他們聲明自己所擁有的地方。當建築師們受西方牽引的同時，這些風光亦反映出純正之失去。由於梅林提供給我們的過渡文化之影像如此精

確，謝里姆三世之前的鄂圖曼帝國似乎十分遙遠。

尤瑟納❺曾描述她在觀看皮拉內西❻十八世紀的威尼斯與羅馬蝕刻版畫時，「手持放大鏡」；我也願意這麼觀看梅林伊斯坦堡風光中的眾生相；就從托普哈內廣場和托普哈內噴泉的這幅畫開始——梅林經常來此參觀，不斷仔細觀察，細至厘米；我看著左方的西瓜販，愉快地發現今日的西瓜販仍以相同方式陳列其商品。多虧梅林的明察秋毫，讓我們得以看見這座噴泉在梅林的時代高於街面；而今，在噴泉周圍的街道鋪以卵石、後又鋪以層層瀝青許久之後，噴泉坐落在坑裡。每一座花園，每一條街上，我們都看見母親緊緊握住孩子的手（五十年後哥提耶❼斷定梅林喜歡畫帶小孩的婦女，認為她們較不惹人心煩，而且比獨行的婦女值得尊敬）；他畫的城市（跟我們的一樣）到處可見叫賣衣服和食物的小販，把貨物陳列在三腳桌上；一個年輕小伙子在貝西克塔石的舊捕魚站捕魚（喜愛梅林如我，可不會說貝西克塔石的海始終不像他刻畫的那般風平浪靜）；距離小伙子僅五步之遙有兩個神秘男子，他們出現在《白色

城堡》(*Beyaz Kale*)土耳其文版的封面；在坎地利的山丘上有個男子和一隻會跳舞的熊，他的助手搖著鑼鼓；在蘇丹阿密(Sultanahmet)廣場中心(根據梅林的畫，此為拜占庭大劇場〔Hippodrome〕)，一名男子似乎無視於人群和古蹟，以真正的伊斯坦堡人姿態，與馱著貨物的驢子緩緩並列而行；同一幅畫中坐著一個背對人群的男子，出售至今仍叫「芝米」(simit)的芝麻圈餅，而他的三腳桌就跟今天某些「芝米」小販還在使用的三腳桌一模一樣。

無論歷史古蹟多麼偉大，景致多麼壯觀，梅林絕不讓這些東西在他的畫裡占首要地位。雖然梅林跟皮拉內西一樣喜用透視法，他的畫卻不具戲劇性(即便當托普哈內的船夫跟人起口角！)。在皮拉內西的版畫中，其建築垂線的戲劇性暴力落在人物身上，使他的人物淪落為怪胎、乞丐、瘸子、和衣衫襤褸的奇人。梅林的風光則給予我們某種水平的動感，沒有任何東西躍入眼中；借助於伊斯坦

堡無限可能的地理與建築，他提供了我們一個奇妙的天堂，邀請我們隨意漫遊。

梅林離開的時候已在此地度過半生。因此把他在伊斯坦堡度過的時光視為某種「訓練」並不正確；他在這些年發現他具備的特質；這裡是他開始謀生的地方，謀生的同時創作出他最早期的作

品。如同本地居民觀看伊斯坦堡的細節與素材，梅林無心採用許多畫家和版畫家的方式將場景異國化或東方化，例如巴特利❽的〈博斯普魯斯之美〉（*The Beauties of the Bosphrus*，1835）、阿羅姆的〈君士坦丁堡與小亞細亞七座教堂之風光〉（*Constantinople and the Scenery of the Seven Churches of Asia Minor*，1839）和法藍丁❾的

〈東方〉(*L'orient*)。梅林認為沒必要賦予他的畫《一千零一夜》人物;他對此時大為風行的西方浪漫主義運動絲毫不感興趣;從不耍弄光與影、霧與雲,或把城市和居民畫得比實際上弧形些、起伏些、胖些、窮些、或「阿拉伯風格」些,以求增添氣氛。

梅林的觀點是箇中人士的觀點。但由於他那時代的伊斯坦堡人不曉得如何畫他們自己或他們的城市——其實是不感興趣——因此他從西方帶來的技巧仍賦予這些坦率的畫作某種外國風情。梅林像個伊斯坦堡人看這座城市，卻又以西方人的銳利眼光畫它，因此梅林的伊斯坦堡不僅裝點著我們認得出的山丘、清真寺與古蹟，也是個絕美之地。

❶ 貝尤魯（Beyoĝlu）：伊斯坦堡的新城區。

❷ 埃爾祖魯姆（Erzurum）：土耳其東北部亞美尼亞高原上的城市。

❸ 一七九八年拿破崙遠征英屬埃及，艦隊被英國海軍上將納爾遜摧毀，部隊被困於埃及。

❹ 克茲塔（Kizkulesi）：十二世紀建於博斯普魯斯海峽南部出口處的一個小島上。

❺ 尤瑟納（Marguerite Yourcenar），1903-87，法國的小說家和散文家，第一位被選爲法蘭西學院院士的婦女。

❻ 皮拉內西（Giambattista Piranesi），1720-78，義大利銅版畫家，建築家。

❼ 哥提耶（Théophile Gautier），1811-72，法國作家、詩人、評論家。

❽ 巴特利（William Henry Bartlett），1809-54，英國插圖家。

❾ 法藍丁（Eugene Flandin），1803-76，法國插圖家。

08 母親、父親，和各式各樣的消失

父親常去遙遠的地方。我們會一連幾個月都見不到他。奇怪的是，我們在他已離開好一陣子之後才會發現他不在家。屆時，我們早已習慣他的不在——頗像是遲來地發覺一部難得騎的單車遺失或遭竊，或者有陣子沒來學校的某個同學不再回來上學。沒人解釋過父親沒跟我們在一起的原因，也沒人跟我們說他預計何時回來。我們沒想去探問消息：我們住在一棟擁擠的公寓大樓裡，叔伯姑嫂、祖母、廚子、女僕包圍著我們，因此很容易忽略他的不在，且不加過問，也幾乎很容易忘記他不在這裡。有時從我們的女僕哈妮姆過份熱情的擁抱、祖母的廚子貝吉爾（Bekir）對我們說的話做過多的解讀，還有伯父艾登周日早晨開著他的1952道奇沿博斯普魯斯兜圈時過分的虛張聲勢，會感受到並未被我們完全遺忘的悲哀境況。

有時從我母親早上跟我的姨媽們、她的朋友們和外婆的電話長談，我便曉得哪兒不對勁。母親穿著她那件印有朵朵紅色康乃馨的

乳黃色長袍，雙腿交叉而坐，長袍的摺層披瀉在地板上，使我迷惑；我看得見她的睡衣和她美麗的肌膚，也看得見她美麗的頸子，想爬到她腿上，依偎在她身邊，靠近她頭髮、頸子和胸脯之間的美麗三角地帶。我母親多年後親口告訴我，在餐桌上跟我父親大吵一架過後，籠罩在我們家的災難氣氛確實很令我甘之如飴。

等待母親留意到我的時候，我坐在她的梳妝台前把弄她的香水瓶、口紅、指甲油、古龍水、玫瑰香水和杏仁油；我會翻遍抽屜，玩著各式各樣的鑷子、剪刀、指甲銼刀、眉筆、刷子、梳子以及其他各種尖頭用具；注視塞在桌上玻璃板底下的我和哥哥的嬰兒照。一張照片中的我坐在高腳椅上，穿著同一件長袍的她正餵我吃一口「媽媽」，我們兩人露出的笑容是廣告中才看得見的那種微笑，我邊看著照片邊想，可惜現在誰都聽不見我快樂的叫嚷。

百無聊賴的時候，我會玩一種跟我後來在小說中玩的十分類似的遊戲來取悅自己。我會把瓶瓶罐罐和各類刷子推到梳妝台中央，還有我從未見母親打開過的上鎖花飾銀匣，接著我把頭向前傾，以便看見自己的頭出現在三聯鏡的中央鏡板上，我把鏡子的兩翼往裡或往外推，直到兩邊的鏡子映照彼此，於是我看見幾千個奧罕在深邃、冰冷、玻璃色的無垠當中閃閃發光。當我看著鏡中最近的倒影時，我陌生的後腦勺使我震驚，首先是我的耳朵——它們的尖端在後方變圓，一耳比另一耳突出，就跟我父親一樣。更有趣的是脖子後面，讓我覺得自己的身體彷彿是伴隨著我的一個陌生人——此想法依然教人不寒而慄。困在三面鏡之間的千百個奧罕，隨著每回我稍加更動鏡板的位置而有所改變；雖然每個新的後繼者都與眾不同，看見鏈條的每一環都依樣畫葫蘆地仿效我的姿勢，使我感到驕傲。我試驗各種姿勢，直到肯定他們是我的完美奴隸。有時我在鏡中的綠色無垠中尋找最遠的奧罕；有時我忠實的模仿者當中有些手

或頭的動作似乎不跟我同時，而是慢半拍。最可怕的時刻是在我扮鬼臉——鼓臉頰、揚眉毛、吐舌頭、從千百個奧罕挑出角落的八個時，然後（沒留意到我已移動自己的手）看見我以為的另一群很小很遠的叛徒逕自比畫了起來。

沉醉在我自己的倒影中，漸漸成為「消失遊戲」，或許我玩這遊戲是在為自己最害怕的事做準備：雖不清楚母親在電話裡講些什麼，也不知道父親人在何處或何時回來，我卻很肯定總有一天母親也會永遠消失。

有時她確實消失。但在她消失時，大家會給我們理由，像是「你母親病了，在奈里蔓姨媽家休養」。看待這些解釋，我就像看待鏡中倒影：雖知他們是幻影，卻照樣相信，任憑自己被愚弄。幾天過後，我們被交給廚子貝吉爾或管理員伊斯梅爾照顧。我們跟隨他們一路搭船和公車越過伊斯坦堡——到住在位於亞洲城區的埃倫寇伊（Erenköy）親戚家或博斯普魯斯岸伊斯亭耶鎮的其他親戚家——看望母親。這些看望並不讓人難過：感覺像在歷險。因為有哥哥作伴，我認為他能應付一切危險。我們造訪的房子或雅驪別墅都住了母親的遠近親；這些慈悲的老姨媽和渾身毛茸茸的可怕舅舅們親完我們、掐完我們的臉頰，給我們看他們家吸引我們注意的任何怪東西——我曾以為城裡每個西化家庭都有的德國晴雨表（一對身著巴伐利亞服裝的夫妻，依據天候的冷暖進出他們的家），或是每隔半小時繞軸轉動、突然縮進籠裡自動報時的布穀鳥鐘，或者回應機械鳥而高聲鳴唱的真金絲雀——之後，我們便去母親的房間。

透入窗內的一大片燦爛海洋以及美麗的光線令人目眩（或許這是我一向喜愛馬諦斯南向窗景的原因），使我們悲傷地想起母親離開我們到這陌生美麗的地方，但我們放心地發現她的梳妝台上擺著我們熟悉的東西——同樣的鑷子和香水瓶，同樣的髮梳，梳背的漆半剝落，還有空氣中飄蕩著的，她那無比的香氣。我記得每個細節：她如何把我們輪流放在腿上，熱烈地擁抱我們，她如何跟我哥哥詳細指示如何應對進退，去哪裡找我們下回過來給她帶的東西——母親向來喜歡下達指示。她做這些事的時候，我看著窗外，對她

的指示毫不理會，只等輪到我坐在她腿上。

某回在母親消失期間，父親有天帶個保姆回家來。她個頭矮、皮膚白、並不美、豐滿、總是面帶笑容；她照管我們的時候用一種似乎頗感自豪的自以為是的派頭跟我們說，我們要像她一樣聽話。跟我們在別人家看見的保姆不同，她是土耳其人；這使我們大失所望，待她從不友善。我們知道的保姆多是新教派的德國人，而這位保姆對我們來說毫無權威；她會在我們打架時說：「乖一點安靜點，拜託乖一點安靜點。」我們在父親面前模仿她時，父親總是呵呵笑；不久，這位保姆也消失了。多年後，在父親的幾次消失期間，當我和哥哥打得你死我活、母親著實發火的時候，她就會說出「我要走了！」或是「我要從窗口跳下去！」之類的話（有回甚至把她的一條美腿跨出窗沿），卻都無濟於事。但每當她說：「你爸就可以把別的女人娶回家！」我想像中的新媽媽人選不是她一時憤怒下衝口說出名字的女人之一，而是那位蒼白、豐滿、好心、困惑的保姆。

由於這些戲劇都在同一個小舞台上演，而且因為（我後來猜想每個真實的家庭都是這樣）我們幾乎總是講同樣的事情，吃同樣的東西，即使爭執也能夠死氣沉沉（日常生活是幸福的源泉、保證，亦是墳墓！），因此我開始對這些突然的消失表示歡迎，藉以免除可怕的無聊之咒；跟母親的鏡子一樣，這些消失是有趣、令人迷惑的毒花，為我打開通往另一個世界的路。它們帶我進入一個黑暗之地，使我記起自己並且使我恢復我曾試著遺忘的孤獨，因此我沒為這些消失浪費什麼眼淚。

這些口角大多在餐桌上開始。然而後來，在父親的1959歐寶（Opel）裡吵起架來更是方便，因為要讓交戰雙方從一輛快速移動的車子裡抽身而出，比要他們離開餐桌難度更高。有時我們展開一場計畫好幾天的開車旅行，或只是沿博斯普魯斯海岸行駛，離開家門不出幾分鐘便爆發口角。這時哥哥和我便打起賭來：過第一座橋或是過第一個加油站之後，父親會突然剎車，把車掉頭，然後（像個怒氣沖沖的船長把船貨運回原產地）把我們送回家，自己再開車去別處？

早年有回爭吵由於具有某種詩意的莊嚴之氣，而對我們產生深刻影響。某天傍晚在我們位於黑貝里亞達的避暑別莊吃晚飯時，父母兩人都離開飯桌（我喜歡這件事發生，因為這意味著我可以希望怎麼吃就怎麼吃，用不著聽從母親訂定的規矩）。哥哥跟我坐在餐桌前盯著我們的餐盤好一會兒，聽我們的父母在頂樓衝著彼此叫喊，而後，幾乎是出於本能，我們也上樓加入他們。（就像幾乎是出於本能，我發現自己開了這個括弧，表明我根本不願回想這件往事。）我母親見我們想加入這場混戰，便把我們趕到隔壁房間，關上門。房間雖暗，卻有一道強光透過兩扇毛玻璃大門的新藝術圖案直射進來。哥哥和我隔著明亮的玻璃，注視我們父母的影子互相走近又分開，再次走向前碰彼此，怒吼時合成一個影子。這齣皮影戲時而失去控制，使布幕（毛玻璃）微微顫動——就像我們去卡拉格茲❶皮影劇場的時候——一切都以黑白影像進行。

❶卡拉格茲（Karagöz）：土耳其語意爲「黑眼睛」「吉普賽人」，最受歡迎的土耳其皮影玩偶戲主角。

09 另一棟房子：奇哈格

有時爸爸和媽媽會一塊兒消失。因此在一九五七年冬，我哥哥被送往兩層樓上方的姑媽和姑丈家住一陣子。至於我——另一個姑媽某日傍晚來到尼尚塔石，把我帶往她位於奇哈格的家裡。她極力確保我不難過——我們一坐進車裡（一輛一九五六年雪弗蘭轎車，在六〇年代的伊斯坦堡很受歡迎）她就說：「我已經叫塞丁（Çetin）今晚帶酸乳酪給你。」我記得我對酸乳酪毫無興趣，倒是對他們有個車夫興味盎然。當我們抵達他們的公寓大樓（是我祖父蓋的樓房，後來我將住進樓裡的一間公寓），我發現既沒有電梯也沒有暖氣，而且公寓很小，使我大感失望。更糟的是，隔天我悶悶不樂地想讓自己習慣新家，卻再一次被嚇得六神無主：在我穿著睡衣像個備受嬌寵的好孩子被安頓去睡午覺之後，我跟在家的時候一樣呼喚

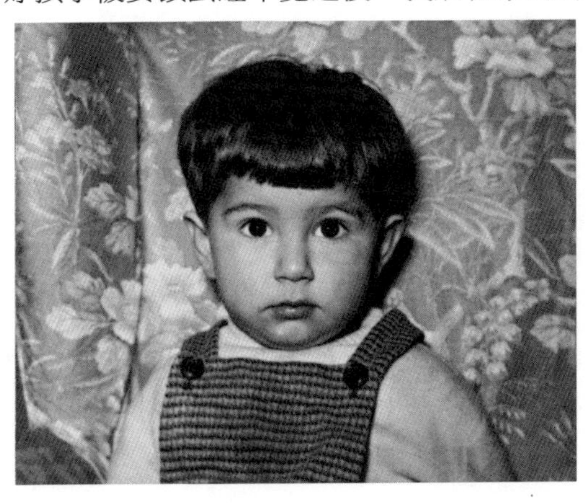

女僕：「阿敏娥（Emine Hanim），過來抱我起來，幫我穿衣！」得來的卻是嚴厲的指責。或許正因為如此，待在那兒的期間，我的舉止嘗試比實際年齡成熟，而且有點裝腔作勢。某晚，我跟姑媽、姑丈拉多（詩人兼出版人，出版梅林的影印本）和我十二歲的表哥梅米特一道吃晚飯，而當我那令人不安的分身正從掛在牆上的白框複製相中低頭凝視之時，我隨便提到首相阿德南·曼德勒斯（Adnan Menderes）是我的伯父。我說的話沒有像我希望的那樣受到尊重；餐桌上每個人都笑了起來，這使我覺得深受委屈。因為我真的相信首相就是我伯父。

但是我只在心中某個加密的角落相信這件事。我伯父歐茲罕（Özhan）和首相阿德南兩人的名字都是五個字母，結尾兩個字母一樣；首相才剛去美國，而我伯父住在美國多年；我天天看見他們的照片（首相刊在報上，伯父的照片則遍佈我祖母的客廳），而且某些照片裡的他們看起來非常相像——因此錯覺在我心中紮根並不奇怪。日後，我對這種心理機制的覺悟未能使我免於其他許多似是而非的信念、想法、偏見和審美偏好。比方說，我真心相信兩個人名字相似個性必也相似，一個陌生詞彙（無論是土耳其語或外語）在詞義上必然跟拼法接近的辭彙相似，一個有酒窩的女子，必然有著我過去認識的有酒窩的另一女子身上具有的某種氣質，所有的胖子都一樣，所有的窮人都屬於某個我一無所知的團體，豌豆和巴西之間必然有某種聯繫——不僅土耳其語的巴西叫Brezilya，而豌豆叫bezelye，還因為巴西國旗看起來就像上面有顆大豌豆：我看過許多美國人也把土耳其和火雞之間設想成具有某種關聯。至今我心中仍把伯父和首相串聯在一起：此種聯繫一旦確立，便難以截斷，因此當我想到我曾在餐廳看見某個遠房親戚吃著菠菜炒蛋（童年時代的一大樂事是，無論去城裡哪個地方，都能跟親戚與熟人不期而遇），我內心有一部分相信這位親戚在半個世紀之後，仍在同一家餐廳吃菠菜炒蛋。

藉幻想撫慰並美化生活的才能，在這間我不受重視且無歸屬感的屋子裡對我很有用；過不久我便展開大膽的新試驗。每天早上，表哥去德國中學上學後，我便把他那些又大又厚又美的書（我想是布羅克豪斯❶版的百科全書）翻開一本，坐在桌前，抄下一行行文字。由於不懂德文，更談不上閱讀，我是不解其意地做這件事，可說是把面前的文章描畫下來。我畫下每一行每一句的確切圖像。在完成某個含有難寫的哥德字母（g或k）的字之後，我會跟細密畫家將一棵大梧桐的數千片葉子一片片畫下來之後所做的一樣，讓眼睛休息：透過公寓樓房之間的縫隙、空地和通向大海的街道，注視往來於博斯普魯斯海上的船隻。

我在奇哈格（我們家在財產逐漸減少之際亦將搬來此地）首先

知道伊斯坦堡不是眾多千篇一律的牆內生活——對左鄰右舍的婚喪喜慶毫不過問的公寓叢林——而是由鄰里組成的群島，人人認識彼此。我從窗戶向外看時，不僅看見博斯普魯斯以及在熟悉的航道上緩緩移動的船隻，也看見房屋之間的花園、尚未拆毀的老宅、在老宅傾頹的牆間玩耍的孩子。正如面向博斯普魯斯的許多房子一樣，樓房前面有條陡峭崎嶇的卵石巷，一路通往大海。在下雪的黃昏裡，我跟姑媽和表哥站在窗邊，與街坊鄰居們一同眺望喧鬧歡樂的孩子們乘坐雪橇、椅子和木板從這條巷子滑下去。

土耳其電影業——當時每年出產七百部電影，排名世界第二，僅次於印度——的大本營位於貝尤魯的耶希爾街（Yeşilçam Street），僅十分鐘路程，由於演員多住奇哈格，因此此區到處可見

在他們拍的每部戲中反覆扮演同一角色的「大叔」以及疲倦而濃妝的「阿姨」。當孩子們認出只從陳腐的電影角色中認識的演員（例如奧茲〔Vahiöz〕總是扮演又老又肥的玩牌高手，專門誘拐年輕無知的女傭），便纏住他們在街上追趕。在陡巷頂端，雨天時，汽車在潮濕的卵石路面上打滑，卡車則得費勁爬上去；晴天時，一輛麵包車突然出現，演員、燈光師和「攝製組」蜂湧而出；十分鐘拍完愛情場面後，又飄然而去。多年後，我碰巧在電視上看見其中一部黑白片，才發現影片的真正主題不是前景中的風流韻事，而是在遠處瑩瑩閃爍的博斯普魯斯。

透過奇哈格公寓樓房之間的縫隙眺望博斯普魯斯之時，我對街坊生活另有所知：必有某個大本營（往往是某家商店）匯集、詮釋並評估街談巷議。在奇哈格，這個大本營位在我們公寓樓房底層的雜貨店。老闆是希臘人（像住在樓上公寓裡的多數人家）；若想跟笠哥（Ligor）買任何東西，你只需從頂樓垂下籃子，然後往底下高喊你的訂單。後來我們家搬進同一棟樓房，母親覺得每回買麵包或雞蛋就得朝樓下店老闆大喊大叫很失體面，情願把訂單寫在紙上，放在一個比左鄰右舍用的籃子漂亮得多的籃筐裡送下去。姑媽調皮的兒子打開窗戶時，通常是為了把口水吐在奮力爬上巷頂的車子頂上，或把釘子與巧妙繫在繩子上的爆竹扔下去。直到現在，每當我從高處的窗戶往外看街道，仍不免想知道朝行人吐口水的滋味。

我的姑丈拉多早年嘗試成為詩人卻希望落空；他後來成為雜誌人和編輯。我住他那裡時，他正在編土耳其當時最受歡迎的週刊〈生活〉(*Hayat*)，但五歲的我對此或對姑丈結交的許多後來影響我自己心目中的伊斯坦堡的詩人與作家都不感興趣。他的朋友圈包括雅哈亞、坦皮納和突格庫（Kemalettin Tuğcu），後者創作情節誇張、狄更斯式的兒童故事，生動而鮮明地描寫了貧民區街頭生活的情景。讓五歲的我感到興奮的，反而是姑丈出版、在我識字後當禮物送我的數百本童書——《天方夜譚》節略本、《獵鷹兄弟》（*Falcon Brother*）系列、《發現與發明百科全書》（*The Encyclopedia of Discoveries and Inventions*）。

姑媽每星期帶我回一次尼尚塔石看我哥哥，他會跟我說他在帕慕克公寓有多快活，早餐吃鳳尾魚，晚上嘻笑玩耍，從事我非常想念的家庭活動：跟伯父踢足球，周日搭伯父的道奇去博斯普魯斯兜風，收聽體育廣播和我們最喜愛的廣播劇。他儘可能言過其實地詳述這一切。而後塞夫凱特會說：「別走，從今以後你該待在這裡。」

該回奇哈格時，總是和哥哥難分難捨，甚至向公寓鎖起的悲傷之門道別。有一回我嘗試迴避離去的時刻，便死命抱住門廳裡的散熱器，大家試著扳開我的手，我哭得更大聲；雖然我為這行為感到難為情，卻久久賴著不走——我覺得自己像漫畫書裡的主人公，緊緊抱住懸崖邊的孤枝。

或許因為我依戀這屋子？五十年後，我確實回到同一棟樓房。但屋裡的房間或屋內美好的事物都對我無關緊要。那時就像現在，家是我內心世界的中心——作為一種逃避的工具，無論就積極或消極而言。我不去學習正視眼前的困難，無論是察覺父母的爭執、父親的破產、我們家永無休止的財產紛爭或是我們日漸減少的財富，而是以心理遊戲來自娛，在其中轉換焦點、欺騙自己、完全忘掉困擾我的事情、或是讓自己籠罩在神祕之霧中。

我們可將此種混亂、朦朧的狀態稱為憂傷，或者叫它的土耳其名稱「呼愁」（hüzün），指的是某種集體、而非個人的憂傷。「呼愁」不提供清晰，而是遮蔽現實，它帶給我們安慰，柔化景色，就像冬日裡的茶壺冒出蒸氣時凝結在窗上的水珠。蒙上霧氣的窗子使我感到「呼愁」，我依然喜歡起身走向這樣的窗戶，用指尖在窗上寫字。當我在佈滿水汽的窗上寫字畫圖時，我內心的「呼愁」便消散而去，心情得以放鬆；在我寫完畫完後，我可以用手背抹去一切，望向窗外。但景色本身可能引發它自己的「呼愁」。是該對伊斯坦堡城註定背負的此種感覺有更進一步了解的時候了。

❶ 布羅克豪斯（Brockhaus）：德國著名出版商，《布羅克豪斯百科全書》創辦者。

10 「呼愁」

「呼愁」（hüzün）一詞，土耳其語的憂傷，有個阿拉伯根源：它出現在《可蘭經》時（huzn出現兩次、hazen三次），詞義與當代土耳其詞彙並無不同。先知穆罕默德指他妻子哈蒂潔（Hatice）和伯父塔里浦（Ebu Talip）兩人過世的那年為Senettul huzn，即憂傷之年；證明這詞彙是用來表達心靈深處的失落感。但「呼愁」起先的詞義若是指失落及伴隨而來的心痛與悲傷，我自己所讀的書卻指出，伊斯蘭歷史在接下來幾百年間有一小條哲學斷層線逐漸形成；隨著時間的推移，我們看見兩個迥然不同的「呼愁」出現，各自喚起某種獨特的哲學傳統。

根據第一個傳統，當我們對世俗享樂和物質利益投注過多時，便體驗到所謂「呼愁」：其含意是「你若未對這無常人世如此投入，你若是善良誠實的回教徒，便不會如此在意世間的失落。」第二個傳統出自蘇非（Sufi）❶神秘主義思想，為「呼愁」一詞以及失落與悲傷的生命定位提供一種較積極、較悲憫的認識。對蘇非派來說，「呼愁」是因為不夠靠近真主阿拉、因為在這世上為阿拉做的事不夠而感受到的精神苦悶。真正的蘇非信徒不關注死亡之類的凡俗之事，更不用說身外之物：由於與真主阿拉永遠不夠接近、對阿拉領悟得不夠深刻，使他倍感哀痛、空虛、欠缺。此外，給他帶來痛苦的，不是「呼愁」的存在，而是它的不存在。他由於未能體驗「呼愁」而感知到它的存在；他受苦，是因為他受的苦不夠；遵照此一邏輯，得以斷定「呼愁」深受伊斯蘭文化推崇。假如過去兩百年來「呼愁」是伊斯坦堡文化、詩歌和日常生活的核心所在，肯定部分是因為我們以它為榮。但如欲了解「呼愁」過去一百年來的意義，如欲傳達其經久不衰的力量，便不能只提蘇非傳統帶給這詞的榮耀。若想表達近百年來「呼愁」對伊斯坦堡音樂的精神影響，了解「呼愁」何以主宰土耳其現代詩歌的基調及其象徵意義，何以跟古典詩歌的偉大象徵一樣，遭人濫用甚至誤用；若想了解「呼愁」作為文化概念重要問題所表達的世俗失敗、疲塌懈怠和心靈煎熬，便不能只去理解這個詞的歷史以及我們附加的榮耀。若欲傳達伊斯坦堡讓兒時的我感受到的強烈「呼愁」感，則必須描述鄂圖曼帝國毀滅之後的城市歷史，以及——這點尤其重要——此一歷史如何反映在這城市的「美麗」風光及其人民身上。伊斯坦堡的「呼愁」不僅是由音樂和詩歌喚起的情緒，也是一種看待我們共同生命的方式；不僅是一種精神境界，也是一種思想狀態，最後既肯定亦否定人生。

欲探索這詞的多重含意，我們得回頭看一些思想家，他們不將「呼愁」視為一種詩學概念或獲得真主恩寵的狀態，而是視為一種疾病。根據金迪❷的說法，「呼愁」不僅是關於喪失或死去親人，亦是關於其他的精神磨難，像是憤怒、愛、怨恨和莫須有的恐懼。（醫師哲學家希納❸亦以同樣廣義的角度看待「呼愁」，他之所以建議診斷陷入無助戀情的年輕人，應當在把脈之時向男孩詢問女孩的名字，正是因為如此。）這些古伊斯蘭思想家列舉的方式類似於十七世紀初柏頓❹在其神秘而有趣的巨著《憂鬱的剖析》（*The Anatomy of Melancholy*）當中所提出的。（其篇幅約一千五百頁，使希納的大作《憂傷》（*Fi'l Huzn*）看起來像本小冊子。）和希納一樣，柏頓對於此種「黑色痛苦」採取廣義的觀點，將怕死、愛、失敗、惡行以及各種各樣的飲料和食物列為可能原因，而他所列舉的療法，範圍亦同樣廣泛；他結合醫學與哲學，規勸讀者從理性、工作、聽從、美德、紀律和齋戒當中尋求慰藉——齋戒一項又一次指出文化傳統截然不同的兩本著作所強調的有趣共同點。

因此「呼愁」起源於和憂傷一樣的「黑色激情」，其語源歸因於亞里斯多德時代最早提及的基本體液（melan khole——黑膽質），並指出通常與此種感覺聯繫在一起的顏色及其暗指的滯塞之苦。但我們在此看見兩個詞的本質區別：以病痛為榮的柏頓認為憂傷通往愉快的孤獨；由於病者的想像力因之增強，有時憂傷是一種歡喜的確認；憂傷是孤獨的結果或原因皆無關緊要；在這兩種情況下，柏頓都將孤獨視為憂傷的核心、精髓所在。但對於把「呼愁」視為既是神秘狀態（因我們與阿拉合而為一的共同目標遭受挫折而引發）且是一種疾病的金迪而言，其關注之中心事物就和所有的古伊斯蘭思想家一樣，是「社瑪」(cemaat)，即信徒社群。他根據「社瑪」的處世準則判斷「呼愁」，提出回歸社群的方法。基本上，他把

「呼愁」視為某種與社群目標相互牴觸的體驗。

我的起始點是從一個小孩透過佈滿水汽的窗戶看外面所感受的情緒。現在我們逐漸明白「呼愁」不是某個孤獨之人的憂傷，而是數百萬人共有的陰暗情緒。我想說明的是伊斯坦堡整個城市的「呼愁」。

在我描繪伊斯坦堡所獨有、將城內居民連結在一起的此種感覺之前，別忘了風景畫家的首要目標是在觀看者心中，喚醒畫家內心激起的相同感受。這一觀念在十九世紀中葉的浪漫主義者間尤為風行。當波特萊爾（Charles Baudelaire）斷定德拉克洛瓦❺畫中對他最具影響的是其憂傷之氣，正如他們之後的浪漫派和頹廢派，他是以一種全然正面的方式道出這詞彙，作為讚譽。在波特萊爾闡述對德拉克洛瓦的想法（一八四六年）後六年，他的作家兼評論家朋友戈蒂埃（Théophile Gautier）訪問伊斯坦堡。戈蒂埃關於這城市的著述給後來的雅哈亞和坦皮納等作家留下深刻的印象；因此值得注意的是，戈蒂埃將城裡某些景色形容為憂傷至極，亦為讚譽之意。

但此刻我想描述的不是伊斯坦堡的憂傷，而是反映出我們的「呼愁」，我們自豪地承擔並作為一個社群所共有的「呼愁」。感受這種「呼愁」等於觀看一幕幕景象，喚起回憶，城市本身在回憶中成為「呼愁」的寫照、「呼愁」的本質。我所說的是太陽早早下山的傍晚，走在後街街燈下提著塑膠袋回家的父親們。隆冬停泊在廢棄渡口的博斯普魯斯老渡船，船上的船員擦洗甲板，一隻手提水桶，一隻眼看著遠處的黑白電視；在一次次財務危機中踉蹌而行、整天惶恐地等顧客上門的老書商；抱怨經濟危機過後男人理髮次數減少的理髮師；在卵石路上的車子之間玩球的孩子們；手裡提著塑膠購物袋站在偏遠公車站等著永遠不來的公車時不與任何人交談的蒙面婦女；博斯普魯斯老別墅的空船庫；擠滿失業者的茶館；夏夜在城裡最大的廣場耐心地走來走去找尋最後一名醉醺醺主顧的皮條客；冬夜趕搭渡輪的人群；猶是帕夏官邸時木板便已嘎嘎作響、如

今成為市政總部嚮得更厲害的木造建築；從窗簾間向外窺看等著丈夫半夜歸來的婦女；在清真寺中庭販售宗教讀物、念珠和朝聖油的老人；數以萬計一模一樣的公寓大門，其外觀因髒污、鏽斑、煙灰、塵土而變色；霧中傳來的船笛聲；拜占庭帝國崩潰以來的城牆廢墟；傍晚空無一人的市場；已然崩垮的道堂「泰克」（tekke）；棲息在生鏽駁船上的海鷗，駁船船身裹覆著青苔與貽貝，挺立在傾盆大雨下；三九嚴寒從百年別墅的單煙囪冒出的絲絲煙帶；在卡拉達橋兩旁垂釣的人群；寒冷的圖書館閱覽室；街頭攝影人；戲院裡的呼氣味道；曾因金漆頂棚而粲然閃耀的戲院如今已成害羞靦腆的男人光顧的色情電影院；日落後不見女子單獨出沒的街道；南風襲來的熱天裡聚集在國家管制的妓院門口人群；在商店門口排隊購買減價肉的年輕女子；每逢假日清真寺的尖塔之間以燈光拼出的神聖訊息，燈泡燒壞之處缺了字母；貼滿髒破海報的牆壁；在任何一個西方城市早成古董的五〇年代雪弗蘭、此地成為共乘出租車「巴

姆」，喘著氣爬上城裡的窄巷和髒街；擠滿乘客的公車；清真寺不斷遭竊的鉛板和排雨槽；有如通往第二個世界的城市墓地，以及墓園裡的柏樹；傍晚搭乘卡迪廓伊（Kadiköy）往卡拉廓伊（Karaköy）的船上看見的黯淡燈光；在街頭嘗試把同一包面紙賣給每個過路人的小孩；無人理睬的鐘塔；孩子們讀起鄂圖曼帝國豐功偉業的歷史課本，以及同樣這些孩子在家裡挨的打；人人得待在家中以便彙編選民名單的日子；人人得待在家中接受戶口普查的日子；突然宣布宵禁以便搜找恐怖份子，於是人人誠惶誠恐地坐在家裡等候「官員」的日子；報上無人閱讀的一角刊載的讀者投書，說在附近矗立三百七十五年的清真寺，圓頂漸漸塌陷，問何以未見國家插手干涉；繁忙的十字路口設置的地下道；階梯破敗的天橋；在相同地點賣了四十年明信片的男子；在最不可能的地方向你乞討、以及在同一個地方日復一日發出相同懇求的乞丐；在摩肩擦踵的街上、船上、通道和地下道裡陣陣撲鼻的尿騷味；閱讀土耳其通俗報〈自由日報〉

（*Hürriyet*）上古金（Güzin）大姐專欄的女孩們；在夕陽照耀下窗戶橘光閃爍的于斯屈達爾；人人尚在睡夢中、漁夫正要出海捕魚的清晨時分；號稱動物園的古爾韓（Gülhane）公園，園內僅有兩隻山羊和三隻百無聊賴的貓懶洋洋地待在籠子裡；在廉價的夜總會裡賣力模仿美國歌手和土耳其名歌星的三流歌手，以及一流的歌手們；上了六年沒完沒了、厭煩的英文課後仍只會說「是」和「不」的中學生們；等在卡拉達碼頭的移民；散落在冬夜冷落的街頭市場上的蔬果、垃圾、塑膠袋、紙屑、空布袋和空盒空箱；在街頭市場怯生生講價的美麗蒙面女子；帶著三個孩子辛苦地沿路行進的年輕母親；十一月十日清晨九點零五分，整個城市停頓下來為紀念土耳其國父而致敬，同時在海上鳴笛的船隻；舖了許多瀝青而使台階消失的卵石樓梯；大理石廢墟，幾百年來曾是壯觀的街頭噴泉，今已乾涸，噴頭遭竊；小街上的公寓，我童年時代的中產階級家庭——醫生、律師、老師和他們的妻子兒女們——傍晚坐在公寓裡聽收音機，如今同樣的公寓中擺滿針織機和鈕扣機，擠滿拿最低工資徹夜工作以交付緊急訂單的年輕姑娘們；從卡拉達橋望向埃郁普的金角灣風光；在碼頭上等顧客上門時凝望風景的「芝米」小販；所有損

壞、破舊、風光不再的一切；近秋時節由巴爾幹半島和北歐、西歐飛往南方的鸛鳥，飛過博斯普魯斯海峽和馬爾馬拉（Marmara）海

上諸島時俯瞰整個城市；國內足球賽後抽煙的人群，在我童年時代這些球賽始終以悲慘的失敗告終：我所說的正是這一切。

看見「呼愁」，並對表現在城市街頭、景色、人民身上的種種型態表達敬意，於是我們終於處處察覺到它：隆冬之晨，當陽光忽然落在博斯普魯斯海上，微微的水霧從海面升起時，你幾乎觸摸得到深沉的「呼愁」，幾乎看得見它像一層薄膜覆蓋其居民與景觀。

因此「呼愁」與柏頓所謂孤獨個體的憂傷之間有一大段形而上的距離；然而「呼愁」與李維史陀（Claude Lévi-strauss）在《憂鬱的熱帶》（*Tristes Tropiques*）所描述的另一種憂傷形式卻很相近。李維史陀的熱帶城市不太像位於北緯四十一度線、氣候較溫和、地勢較熟悉、生活較不艱苦的伊斯坦堡；但伊斯坦堡人民脆弱的生命，他們對待彼此的方式，以及他們感受到的與西方各大重鎮之間的距離，都讓剛到的西方人不知如何了解伊斯坦堡這一城市，由於不知如何是好，他們認為它具有「神秘感」，因而將「呼愁」等同於李維史陀的「憂鬱」。「憂鬱」不是某種牽動孤獨個體的痛苦；「呼愁」和「憂鬱」兩者皆表明某種集體的感覺、某種氛圍、某種數百萬人共有的文化。可是這兩個詞及其描述的感覺並不完全相同，而我們若要指出其差異，不能光是說伊斯坦堡遠比德里（Delhi）或聖保羅（São Paolo）富有。（若去貧民區一窺，這些城市及其貧窮型態事實上相似得很。）差異在於伊斯坦堡輝煌的歷史和文明遺蹟處處可見。無論維護得多麼糟，無論多麼備受忽視或遭醜陋的水泥建築包圍，清真大寺與城內古蹟以及帝國殘留在街頭巷尾的破磚碎瓦——小拱門、噴泉以及街坊的小清真寺——都使住在其中的人為之心痛。

這些東西可不像在西方城市看見的大帝國遺蹟，像歷史博物館一樣妥善保存，驕傲地展示眾人。伊斯坦堡人只是在廢墟間繼續過他們的生活。許多西方作家和旅人感到這點妙不可言。但對於比較敏感的居民而言，這些廢墟提醒人們眼前貧窮雜亂的城市甭想再創相同的財富、權力和文化高峰。就像兒時眼見美麗古老的木造房屋一棟棟焚毀，這些與四周的塵土泥巴合而為一、無人照管的院落也同樣無法讓人引以為傲。

杜思妥也夫斯基到瑞士旅行時，嘗試領會日內瓦人對其城市的過度自豪。「他們甚至凝視最簡單的物件，像是路燈杆，彷彿這些燈杆是世界上最出色最美好的東西。」這位仇恨西方的愛國狂在一封信中寫道。日內瓦人相當以他們的歷史名城為榮，甚至在被問到哪條路最容易走時會這麼說：「順著這條街直走，先生，經過那座典雅華麗的青銅噴泉時……」假使伊斯坦堡的居民也這麼做，他可能會跟名作家拉西姆（Ahmet Rasim）的故事《貝迪亞與美麗的艾麗尼》（*Iki Güzel Günahkâr Bedia - Güzel Eleni*）當中一樣這麼給人指路：「路過易卜拉欣帕夏的「哈曼」❻，再往前走。在你右手邊，隔著你剛剛經過的舊址（「哈曼」）眺望過去，會看見一間破房子。」今天的伊斯坦堡人對外地人在這些悲街慘巷看見的一切感到不安。

足夠自信的居民或許更喜歡用城裡的雜貨店和咖啡館作地標，如今已成慣例，因為這些東西被視為現代伊斯坦堡的瑰寶。但若想快速逃開廢墟的「呼愁」，便得對一切歷史古蹟視而不見，對建築物的名稱或其建築特徵不予理睬。對許多伊斯坦堡居民而言，貧窮和無知在這方面很適合他們。歷史成為沒有意義的詞彙；他們把城牆的石塊拿來加到現代材料中，興建新的建築，或以水泥翻修老建築。但「呼愁」並不放過他們：由於忽略過去並與之斷絕關係，卑鄙而虛空的努力使他們的「呼愁」感更強烈。「呼愁」源自他們對失去的一切感受的痛苦，但也迫使他們創造新的不幸和新的方式以

表達他們的貧困。

李維史陀所描述的「憂鬱」，是一個西方人在審視熱帶地區的貧困大城市，注視熙熙攘攘的人群及其悲慘的生活時可能的感受。但他不是通過他們的眼睛看城市：「憂鬱」意味一個滿懷內疚的西方人，不讓陳腔濫調和種種偏見歪曲他的印象，藉以撫慰他的痛苦。但「呼愁」卻非旁觀者的感覺。鄂圖曼古典音樂、土耳其流行音樂、尤其是一九八〇年代廣受歡迎的「阿拉貝斯克」（arabesk），都不同程度地表達這一情緒，是一種介於肉體痛苦與悲傷憂慮之間的感覺。來這座城市的西方人往往沒留意到，連內瓦爾❼——他自己的憂傷終將逼他自殺——亦說這城市的色彩、街頭百態、暴力和種種儀式使他倍感清新；他甚至敘述在墓地聽見女人的笑聲。或許因為他是在伊斯坦堡尚未開始追悼過去的鄂圖曼輝煌時期造訪此地，又或許他必須逃離自己的憂傷，促使他在〈東方之旅〉（*Voyage en orient*）當中以大量筆墨書寫燦爛的東方幻想。

伊斯坦堡所承載的「呼愁」不是「有治癒之法的疾病」，也不是「我們得從中解脫的自來之苦」，而是自願承載的「呼愁」。於是走回柏頓斷言「快樂皆空／甜蜜唯憂傷」的憂傷 ；它呼應其自貶的智慧，敢於誇耀它在伊斯坦堡生活中占有的重要地位。同樣地，共和國創立後的土耳其詩歌，當中的「呼愁」亦表達了無人能夠或願意逃離的同一種悲傷，最終拯救我們的靈魂並賦予深度的某種疼痛。對詩人而言，「呼愁」是霧濛濛的窗戶，介於他與世界之間。他投映在窗扇上的生活是痛苦的，因為生活本身是痛苦的。對於逆來順受的伊斯坦堡居民而言亦是如此。依然受到它在蘇非文學中獲取的榮譽所影響，「呼愁」為他們的聽天由命賦予某種尊嚴之氣，卻也說明了他們何以樂觀而驕傲地選擇擁抱失敗、猶豫、挫折和貧窮，顯示「呼愁」不是生命中種種辛酸與失落導致的結果，而是其主要原因。這也適用於我小時候土耳其電影裡的主角們，以及同時期我心目中的許多英雄：他們都給人一種印象，那就是由於生來便把這「呼愁」掛在心上，他們在面對金錢、成功或所愛的女人時不能顯出渴望。「呼愁」不僅麻痺伊斯坦堡的居民，也提供他們麻痺的誇張手法。此種感覺不出現在巴爾札克（Honore de Balzac）筆下的拉斯蒂涅❽身上，拉斯蒂涅雄心勃勃地傳達並頌揚現代都市的精神。伊斯坦堡的「呼愁」不是主張個人反抗社會；反倒是表明無意反抗社會價值與習俗，鼓舞我們樂天知命，尊重和諧、一致、謙卑等美德。「呼愁」在貧困之時教人忍耐，也鼓勵我們逆向閱讀城市

的生活與歷史。它讓伊斯坦堡的人民不把挫敗與貧窮看作歷史終點，而是早在他們出生前便已選定的光榮起點。因此我們從中獲取的光榮有可能引起誤解。但它確實表明伊斯坦堡承擔的「呼愁」不是瀰漫全城的絕症，不是像悲傷一樣得去忍受的永恆貧窮，也不是黑白分明的失敗難題：它是倍感榮幸地承擔其「呼愁」。

早在一五八〇年，蒙田（Michel de Montaigne）即認為他所謂「憂鬱」的情緒毫無光榮可言。（儘管知道自己是憂鬱患者，他仍用這個詞；多年後，同樣被診斷有憂鬱症的福樓拜亦這麼做。）蒙田認為「憂鬱」是獨立自主的理性主義和個人主義的敵人。按照他的觀點，「憂鬱」不配跟智慧、美德、道德等高尚品德並列在一起，他亦贊成義大利人把「憂鬱」跟萬惡之源的各種瘋狂和傷害聯繫在一起。

蒙田本身的憂愁如服喪般孤單，咬噬著這個與書獨處的男人內心。但伊斯坦堡的「呼愁」卻是全城共同感受且一致肯定的東西。

正如坦皮納（Ahmet Hamdi Tanpinar）描述伊斯坦堡的長篇鉅著《和平》（*Huzur*）當中的主人公們：源於城市歷史的「呼愁」使他們一文不名，注定失敗。「呼愁」注定使愛情沒有和平的結局。就像黑白老片中，即便最感人最真實的愛情故事，若以伊斯坦堡為背景，一開始便能看出男孩生來背負的「呼愁」將把故事導入通俗劇。

在這些黑白片中，就像在《和平》這類「精緻藝術」當中，認同的時刻始終相同。當主人公退避到自己的世界，當他未能表現出足夠的決心或膽識，而是屈服於歷史及社會加在他身上的環境時，我們才擁抱他們，同時整個城市也擁抱他們。展現在劇中的黑白大街風光無論多麼美麗、多麼馳名，依然閃耀著「呼愁」。有時我轉換著電視頻道，偶然發現已播放一半的片子，腦海裡便閃現某種不尋常的想法。當我看見主人公走在某貧民區的卵石路上，仰望某間木屋窗內的燈光，想著他那理所當然快嫁給別人的心上人，或者當主人公帶著謙卑的驕傲回答一位有錢有勢的廠主，決定接受生活的原貌，而後轉身注視黑白影像的博斯普魯斯，我便覺得「呼愁」並非來自主人公殘破的痛苦經歷，亦非來自他未能娶到他心愛的女子；反倒像是，充塞於風光、街道與勝景的「呼愁」已滲入主人公心中，擊垮他的意志。於是若想知道主人公的故事並分擔他的憂傷，似乎只需看那風景。對這些電影主人公來說，就像對坦皮納的「精緻藝術」小說《和平》當中的主人翁而言，面對絕境只有兩種方式：沿著博斯普魯斯海岸行走，或者去城裡的後街凝望廢墟。主人公唯一的辦法是求諸群體。但對於受西方文化刺激並希望接觸當代世界的伊斯坦堡作家和詩人而言，問題更為複雜。除了「呼愁」帶來的群體感之外，他們亦渴望蒙田的理性主義和梭羅（Henry David Thoreau）的心靈孤寂。在二十世紀的前幾年當中，一些人參

考這些影響所創造出的伊斯坦堡形象，我們必須承認，與伊斯坦堡不可分割，因此也與我的故事不可分割。寫這本書，我不停地——時而激烈地——與四位孤獨作家對話（在經過貪婪的閱讀、遲疑的長久討論以及充滿巧合的漫遊之後），這四位作家將憂傷賦予現代的伊斯坦堡。

❶ Sufism，蘇非主義，伊斯蘭教內的一種神秘派別，爲回教徒經由個人對眞主的親身體驗，來尋求神愛與神知的眞理。

❷ 金迪（Yaqub ibn Ishaq as-Sabah al-Kindi），801?-870，回教世界第一位哲學家，號稱「阿拉伯人的哲學家」。

❸ 希納（Ibn Sina），亦稱阿維森納（Avicenna），980-1037，穆斯林哲學科學家中最有影響的波斯人，在亞里斯多德哲學和醫學方面有卓越貢獻。

❹ 柏頓（Robert Burton），1577-1640，英國聖工會牧師，學者和作家，所著《憂鬱的剖析》發表於1621年，以生動、高雅、有時不失幽默的風格描述憂鬱症的種類、病因、症狀及治療方法，是經典學識和奇聞的寶庫。

❺ 德拉克洛瓦（Eugene Delacroix），1798-1863，法國浪漫主義畫家。

❻ 哈曼（hamam），土耳其的公共澡堂。

❼內瓦爾（Gérard de Nerval），法國文學中最早的象徵派和超現實主義詩人之一。

❽ 拉斯蒂涅（Rastignac）是巴爾札克《人間喜劇》（*Comedie Humaine*）中的一個主角，描寫窮大學生在巴黎大都市的誘惑下一步步走向利令智昏的過程。

11 四位孤獨憂傷的作家

小時候我對他們所知甚少。我最知道的是胖子大詩人雅哈亞：他的詩聞名全國，我讀過幾首。我從報上的「歷史版」得知另一位，是著名的歷史學家科丘（Resat Ekrem Koçu）——我對他隨文附上的鄂圖曼酷刑圖很感興趣。我到十歲已知道他們每個人的名字，因為父親的書房裡有他們的書。但我對伊斯坦堡逐漸生成的看法尚未受他們影響。我出生時，四位都很健康，都住在離我家走路半小時的地方。到我十歲的時候，除一位以外都死了，他們本人我一個也沒見過。

後來，當我在腦海中以黑白影像重新創造我童年時代的伊斯坦堡時，這幾位作家筆下組成伊斯坦堡的元素都交織在一起，不考慮他們四位，就不可能去想伊斯坦堡，甚至我自己的伊斯坦堡。三十五歲時我有陣子夢想寫一部《尤里西斯》（*Ulysses*）風格的偉大小說，描寫伊斯坦堡，那時我喜歡想像這四位作家就在我小時候閒晃的大街小巷漫遊。比方說，我知道胖詩人常去貝尤魯的阿凡提（Abdullah Efendi）餐廳用餐，有段時間我祖母也是每週去那兒吃一次飯，每回返家總是老大不高興地抱怨食物糟糕。我喜歡想像名詩人吃中飯時，正為《伊斯坦堡百科全書》（*Istanbul Ansiklopedisi*）搜尋資料的歷史學家科丘從窗前路過。這位歷史學家兼記者對美少年情有獨鍾，因此我想像一個青春可愛的報童賣給他一份報紙，報上有篇小說家坦皮納寫的文章。我想像與此同時，《博斯普魯斯記

事錄》的作者希薩爾（Abdülhak Şinasi Hisar）戴著白手套——一個難得出門、有潔癖的瘦小男子——正跟一個沒把他買給貓吃的內臟包在乾淨報紙裡的肉販起口角。我想像我的四位英雄在同一時刻站在同一個街角，在同一場暴雨中走同一條巷弄，彼此擦身而過。

我會打開克羅埃西亞人佩維提屈（Pervitich）為貝尤魯-塔克辛-奇哈格-卡拉達地區繪製的著名保險地圖，查看我的英雄們經過的每一條街、每一棟建築，若一時記不起來，我便幻想他們可能出入的每家花店、咖啡館、布丁店、酒館的詳細情況。我想像店裡的食物氣味，酒館裡的粗話、煙霧和酒氣，咖啡館裡讀皺的報紙，牆上的海報，街頭的小販，塔克辛廣場邊某棟公寓大樓（今已拆除）樓頂的一串新聞標題字母——這些是我這幾位英雄們的共同參考點。每當同時想起這些作家，我便認為一個城市的特性不僅在其地形或建築，而是在其居民五十年來住同一條街——如同我一樣——之後，翻騰在記憶中的每個巧遇、每個記憶、字母、顏色和影像的總合。

這時候我幻想自己童年的某個時刻，也巧遇過這四位憂傷作家。

我最早和母親漫遊塔克辛期間，必曾與小說家坦皮納擦身而過，他是我覺得跟我關係最密切的作家。我們常去位於突內爾的阿歇特（Hachette）法文書店，而他也是。這位小說家（他有個「落魄小子」的外號）碰巧就住在這家書店正對街的納爾曼利（Narmanli）樓房裡的一個小房間。我剛出生時，帕慕克公寓仍在興建中，那時我們住在阿雅茲帕薩（Ayazpasa）的翁岡（Ongan）公寓，街對面的公園飯店，是坦皮納的良師益友雅哈亞安度晚年之處。我住公園飯店對街時，坦皮納是否常在傍晚去飯店拜訪雅哈亞？後來我們搬到尼尚塔石之後，我也可能曾與他們擦身而過，因為我母親常去公園飯店的糕餅舖買蛋糕。《博斯普魯斯記事錄》作者希薩爾常去貝尤魯購物用餐，名歷史學家科丘亦然。我也可能曾與他們擦身而過。

我不是不知道自己像個明星迷，對心愛偶像的生活和電影所知甚詳，用以幻想巧合與偶遇。但這四位我將在本書中時而提起的英雄，他們的詩、小說、故事、文章、記事錄和百科全書使我認識到我居住城市的靈魂。這四位憂傷作家取得的力量來自過去與現在、或西方人稱之為東方與西方之間的緊張關係；因此他們教我如何將

我對現代藝術與西方文學的愛，和我所居住城市的文化融合在一起。

這些作家都曾在人生某個階段著迷於西方（法國尤然）藝術與文學的光采。詩人雅哈亞在巴黎度過六年，從馬拉美（Stephane Mallarmé）和魏倫（Paul Verlaine）的詩引出「純詩」之概念，日後

在他尋找「民族主義」詩學的時候將適合他本身的用途。幾乎把雅哈亞當作父親一樣尊敬的坦皮納，亦同樣仰慕這些詩人以及梵樂希（Paul Valéry）。而希薩爾，與雅哈亞和坦皮納一樣，最敬佩紀德（André Gide）。坦皮納從另一個深受雅哈亞敬仰的作家戈蒂耶身上學習到以文字描繪風光的手法。

這些作家在青年時代對法國文學和西方文化的——有時幾乎是孩子似的——大力推崇，為他們本身作品的現代—西方手法賦予了活力。他們想寫得跟法國人媲美，這點無庸置疑。但他們的內心一角也明白，若寫得跟西方人完全相同，就不會跟他們仰慕的西方作家一樣獨樹一幟。因為他們從法國文化和法國現代文學觀當中學到，偉大的作品必須自成一格、原汁原味、忠實無欺。這些作家為這兩條訓諭——順應西方的同時，卻又得原汁原味——之間的矛盾甚感苦惱，可在他們的早期作品中聽見此種不安的心聲。

他們借鑒戈蒂耶和馬拉美等作家的其他東西，亦即「為藝術而藝術」或「純詩」的概念，幫助他們努力達成忠實無欺和獨樹一幟的目標。他們同代的其他詩人和小說家同樣著迷於其他法國作家，但他們從中學得的不是原汁原味的價值，而是文以載道的作品價值。這同樣有危險，因為這讓作家不是走入說教式文學就是投身混亂雜蕪的政治中。但後一類作家耍弄的是從雨果（Victor Hugo）和左拉（Emile Zola）悟出的理想，而雅哈亞、坦皮納和希薩爾這類作家則是自問如何從魏爾倫、馬拉美和普魯斯特（Marcel Proust）的想法中受益。這樣的追求主要受制于國內政局——他們在青年時代目睹鄂圖曼帝國的崩潰，土耳其似乎注定要成為西方殖民地的時期繼之而來，而後是共和國和民族主義時代的到來。

從法國學得的美學讓他們瞭解到，他們在土耳其永遠達不到跟馬拉美或普魯斯特同樣有力而道地的敘述方式。但在慎重思索後，他們找到一個重要而道地的主題：他們出生時的大帝國步入衰亡。他們對鄂圖曼文明及其必然之衰微的深刻了解，使他們避免跟同時代許多人一樣，陷入稀釋過的懷舊之情、簡單的歷史自豪或惡意的民族主義和社群主義當中，亦成為展開某種往昔詩學的基礎。他們居住的伊斯坦堡是個廢墟遍佈的城市，卻也是他們的城市。他們發現，若獻身於與失落和毀壞有關的憂傷之詩，便可找到自己的聲音。

在〈創作哲學〉（*The Philosophy of Composition*）一文中，愛倫坡（Edgar Allan Poe）遵循跟柯立芝（Samuel Taylor Coleridge）同樣冷靜的論述模式，表示他創作〈烏鴉〉（*The Raven*）時最關注的是製造某種「憂傷氣息」。「我自問——各種憂傷的題材中，基於我們對人類的普遍認識，什麼最為憂傷？顯然是死亡。」接著他以精明的實用角度說明，正因為如此，他選擇把美人之死放在詩的中心。

與我在幻想的童年時代多次擦身而過的四位作家，從未有意識地遵循愛倫坡的邏輯，但他們確實相信只有去看城市的過去，並以文字描述撩起的憂傷，方可找到自己真正的聲音。他們回顧伊斯坦堡的舊日光輝，他們的眼光落在攤倒在路旁的死去之美，他們寫週遭的廢墟，於是賦予過去某種燦爛的詩意。這種我稱之為「廢墟的憂傷」的折衷視野，使他們的民族主義適合當時的壓迫情勢，讓他們免於像同時代對歷史有同等興趣的人，面臨漫天蓋地的威權法令。我們之所以欣賞納博科夫的回憶錄，而不為他出身完美富裕的貴族家庭感到沮喪，是因為他明白表示作家的聲音是來自另一個時代的另一種語言：我們始終知道那個時代早已消失，一去不復返。時間與記憶的遊戲如此符合柏格森（Henri Bergson）式的時代風格，至少就美的享受而言，可暫時喚起往昔依然存在的錯覺；運用相同的技巧，我們的四位憂傷作家從廢墟中喚回舊日的伊斯坦堡。

的確，他們將這種錯覺描述為一種遊戲，將痛苦和死亡跟美結合在一起。但他們的出發點是，昔日之美已然逝去。

希薩爾在哀悼他所謂的「博斯普魯斯文明」時，有時突然頓住（好像他才剛剛想到似的）說：「一切文明皆如今已作古之人一般短暫無常。就像我們不免一死，我們也得接受來而復離的文明一去不回。」這四位作家以這種認識及其伴隨的憂傷所創造的詩句，把他們聯繫在一起。

在第一次世界大戰剛結束期間，雅哈亞和坦皮納去尋找「鄂圖曼土耳其」伊斯坦堡的憂傷形象——由於在土耳其無先例可循，他們追隨西方旅人的腳步，在貧窮城區的廢墟四處漫遊——當時的伊斯坦堡人口僅五十萬。到五〇年代末，我開始上學時，約莫增長一倍；到二〇〇〇年已增加到一千萬。如果我們把舊城、佩臘和博斯普魯斯放在一邊，今天的伊斯坦堡比這些作家所知道的要大上十倍。

然而大部分居民的城市印象多仰賴這些作家創造的形象。因為與之競爭的伊斯坦堡形象不曾出現，無論來自當地居民或五十年來居住在博斯普魯斯、舊城和歷史街區以外的新來移民。你常聽人抱怨「那些地區的小孩從沒見過博斯普魯斯海」，而據研究顯示，住在大片新城郊的人不覺得自己是伊斯坦堡人。這座城市夾在傳統文化與西方文化之間，居住著少數的富豪與多數的窮人，為一波波外來移民所侵占，族群眾多分歧而始終分裂，過去一百五十年來，伊斯坦堡是個誰都不覺得像家的地方。

我們的四位憂傷作家因為在共和國前四十年期間，為昔日的鄂圖曼憂心忡忡而遭受攻擊，按同一些批評者的說法，他們應當構築朝西方看齊的烏托邦才是。為此，他們被烙上「反動派」的稱號。

事實上，他們的目的是同時從兩種傳統中獲取靈感——被新聞工作者粗略地稱作東方與西方的兩種偉大文化。他們可以擁抱城市的憂傷以分享社群精神，同時透過西方人的眼光觀看伊斯坦堡，以求表達這種群體憂傷、這種「呼愁」，以顯出這座城市的詩情。違反社會和國家的旨意、當人們要求「西方」時成為「東方」、當人們期待「東方」時反倒「西方」——這些舉止或許出自本能，但他們打開了一個空間，給予他們夢寐以求的孤獨，以保護他們。

記事錄作者希薩爾，詩人雅哈亞，小說家坦皮納，記者歷史學家科丘——我們的四位憂傷作家都終生未娶，獨自生活，獨自死去。除雅哈亞以外他們死時都未能實現夢想。他們不僅留下未完成的書，生前出版的書也未曾觸及他們針對的讀者群。至於伊斯坦堡最偉大、最有影響力的詩人雅哈亞，終其一生拒絕出版任何書。

12 我的祖母

若有人問起，她會說她贊成土耳其之父凱末爾的西化政策，但事實上——這一點她跟城裡每個人一樣——東方或西方都提不起她的興趣。畢竟她難得出門。就像在城裡過著舒適生活的人，她對古蹟、歷史、或「美景」興味索然。儘管她學的是歷史。她跟我祖父訂婚後，婚前做了一件在一九一七年的伊斯坦堡頗為勇敢的事：她跟他上館子吃飯。因為他們面對面坐在餐桌兩旁，並有飲料供應，我猜他們是在佩臘的某家餐館；我祖父問她想喝點什麼（指的是茶或檸檬汁），她以為他要給她酒精類的飲料，便厲聲說道：

「我得讓您知道，先生，我從不碰酒。」

四十年後，當她在新年家宴上喝了啤酒而稍有醉意時，總有人又把這事講一遍，她便會不好意思地縱聲大笑。若是在某個平常日子，她坐在她客廳裡平常坐的椅子上，就笑一會兒，然後為那位我僅從相片集認識的「非凡」男子英年早逝而悽然淚下。她哭泣時，我嘗試想像我的祖父母在街上漫步，卻很難把這位雷諾瓦（Pierre-Auquste Renoir）筆下豐滿舒泰的婦女，想像為莫迪里阿尼（Franco Modigliani）畫中高瘦的神經質女子。

在我祖父發了大財，死於白血病之後，我的祖母成為我們一大家子的「頭兒」。這是她的廚子兼莫逆之交貝吉爾，每回聽厭了她沒完沒了的命令和抱怨時略帶挖苦的用詞：「悉聽尊便，頭兒！」但我祖母的權威並未超出她帶著一大串鑰匙視察的屋子。當我父親

和伯父斷送了年紀輕輕時繼承的工廠，當他們參與建築工程，輕率投資，終告失敗，迫使我們的頭兒將家產逐一變賣時，我這幾乎足不出戶的祖母便又潸然淚下，而後跟他們說下回得謹慎點。

她上午在床上度過，蓋著厚重的被子，靠在一堆羽絨大枕頭上。每天早晨，貝吉爾用大托盤給她端上煮嫩的蛋、羊奶酪和烤麵包，小心翼翼地擱在他疊在棉被上方的枕頭上（若以實用為主，在繡花枕頭和銀托盤之間放張舊報紙，那可是大煞風景）；我祖母慢條斯理地吃早餐，看報，接見當天的首批客人。（我從她那兒學會享受嘴裡含一塊羊乾酪喝甜茶。）先摟摟祖母才去上班的伯父每天一大早來看望她。我伯母送他上班後也抓著手提包來了。我上學前有短短一段時間，大家決定我該識字，我便照哥哥做的：每天上午拿著筆記本過來，靠在祖母的被子上，跟她學習字母的奧秘。我上學後發現，跟其他人學東西很沒意思，我看見一張白紙的第一個念頭不是寫東西，而是在紙上畫滿黑糊糊的圖畫。這些讀寫課程進行到一半時，廚子貝吉爾便進來以同樣的話問同樣的問題：

「今兒個我們招待這些人吃什麼？」

他問這問題時一本正經，彷如掌管某大醫院或兵營的伙食。我祖母與她的廚子討論誰從哪間公寓過來吃飯，該做什麼菜，然後祖母拿出她了不得的曆書，內有許多神秘資料和時鐘圖片；他們在「當日菜單」中找靈感，我則看著一隻烏鴉從後花園的柏樹枝頭飛過。

廚子貝吉爾儘管工作繁重，卻從未喪失他的幽默感，為家中每個人取綽號，上至祖母，下至她最小的孫子。我的綽號是「烏鴉」。多年後，他對我說因為我老是看著隔壁屋頂上的烏鴉，也因為我非常瘦小。哥哥跟他的玩具熊很要好，上哪兒都帶著它，因此對貝吉爾而言，他是「媬姆」。某個瞇瞇眼的堂兄叫「日本」，另一個很固執的叫「山羊」。某個早產的堂弟叫「六月」。多年來，他就這麼叫我們，憐憫之情緩解了溫和的嘲弄。

在祖母的房間裡——就像在母親房間裡——有一張雙翼鏡梳妝桌；我很想打開鏡板，迷失在倒影中，但這鏡子我不准碰。大半天都待在床上未曾起身的祖母這麼擺桌子，讓她能沿著長廊一路看過去，經過廚房通道、玄關，通過客廳，一直到眺望大街的窗戶，監督家中發生的一切——進進出出的人，角落的對話，遠處鬥嘴的兒孫——卻用不著下床。因為屋裡總是很暗，鏡子裡某些特定活動經常暗得看不見，因此祖母得喊著問，比方說在客廳那張嵌花桌旁發生什麼事，貝吉爾隨即跑進來報告誰做了什麼。

沒看報或（偶爾）繡枕頭套時，我祖母下午就跟尼尚塔石其他年齡相仿的女士一起抽煙，玩玩比齊克牌（bezique）。我記得她們有時也玩撲克。她放撲克籌碼的柔軟鮮紅絨布包裡另放有鄂圖曼的穿孔古幣，邊緣呈鋸齒狀，刻有帝國時期的字母，我喜歡把這些古幣拿到角落玩。

牌桌上有位女士來自蘇丹後宮；帝國瓦解後，鄂圖曼家族——我不忍用朝代這詞——被迫離開伊斯坦堡，於是將後宮關閉，這位女士從後宮出來後嫁給我祖父的同事。我哥和我常取笑她的談吐過分客氣：儘管她是祖母的朋友，她倆卻互稱「夫人」，但在貝吉爾從烤箱給她們端來油膩的牛角麵包和奶酪吐司時，她仍會興高采烈地撲上去。兩人都胖，但因為她們所處的時代和文化並不以此為忤，因此處之泰然。假若——像是每四十年發生一次——我的胖祖母必須外出或有人邀她出去，準備工作得持續好幾天——直到最後一步，祖母向管理員太太卡梅求救，叫她上樓來使出全身力氣拉緊她的胸衣繫帶。綁胸衣的場景在屏風後進行，看得我毛骨悚然——拉啊扯的，叫著：「慢慢來，姑娘，慢慢來！」美甲師同樣使我迷惑；。這女人早幾天來訪，坐在那兒幾個小時，一盆盆肥皂水和多種古里古怪的用具聚集在她周圍；她為我敬愛的祖母塗上大紅色的腳趾甲油時，我站在那裡呆若木雞，見她把棉花球放在我祖母的胖腳趾之間，使我既著迷又厭惡。

二十年後，當我們住在伊斯坦堡其他地區的其他房子，我經常去探望住帕慕克公寓的祖母，上午去的話，我會看見她待在同一張床上，身邊圍繞著相同的袋子、報紙、枕頭和暗影。室內的味道——由肥皂、古龍水和木頭混合而成——亦從未改變。我祖母身旁始終帶著一本薄頁皮面記事本，每天在本子裡寫些東西。這本她記錄帳單、回憶、膳食、開銷、計畫和氣象變化的本子像一本奇異特殊的禮節書。或許因為讀的是歷史，她有時喜歡按照「官方禮儀」行事，但她的語氣中始終帶著譏諷；她對禮節和鄂圖曼禮儀的興趣有另一個實際結果——她每個孫子都是根據某位戰勝的蘇丹而命名。

每回見她，我都親吻她的手；而後她給我錢，我靦腆地（但亦欣然地）塞進口袋裡，在我對她說我母親、父親和哥哥的近況後，祖母有時把她寫在本子裡的東西念給我聽。

「我的孫子奧罕來訪。他很聰明，很乖巧。他在大學讀建築。我給了他十里拉（liras）❶。願神賜福，有一天他會功成名就，讓帕慕克的家族名聲再度受到尊重，如同他祖父在世的時候。」

念完之後，她透過眼鏡盯看著我，白內障的眼睛看起來更令人生畏，然後衝我冷淡而嘲弄地一笑，使我懷疑她是否在嘲笑自己，還是因為如今她已明白生命的荒唐，而我也竭力做出相同的笑容。

---

❶ 里拉（liras），土耳其貨幣單位。

13 歡樂單調的學校生活

我在學校學到的第一件事是，有些人是白癡；第二件則是有些人比白癡更糟。我年紀太小，未能理解有教養的人應當對這種根本差距視而不見，同樣的禮數亦適用於宗教、種族、性別、階級、經濟和（近來的）文化差異可能引發的懸殊差別。因此每逢老師問問題，天真的我便舉起手來。

這情況持續數月後，老師和我的同學們肯定多少察覺我是好學生，但我仍感到一種舉手的衝動。現在老師已很少叫我，寧可讓別的小孩也有說話的機會。儘管如此，我的手還是不由自主地舉起來，無論我是否知道答案。如果說我是在裝腔作勢，就像一個人雖是日常裝束，卻配戴一件華麗的首飾，那麼也可以說我是因為崇拜老師而急於討好。

我在學校很高興發現的另一件事是，老師的「權威」。在家裡，在擁擠雜亂的帕慕克公寓，事情從未如此分明；在坐滿人的飯桌旁，大家同時發言。我們的家務事，我們對彼此的愛，我們的對話、用餐和廣播時間；這些事情未曾有過爭論——它們自行發生。我父親在家沒有明顯的權威地位，而且經常不在。他從未罵過哥哥和我，也從未皺起眉頭表示不滿。後來他把我們介紹給朋友時稱我們是他的「兄弟」，我們認為他有這麼說的權利。我母親是我在家唯一承認的權威。但她可稱不上陌生或外來的暴君：她的威權來自被她疼愛的渴望。因此，我的老師對她二十五個學生的影響力使我

迷醉。

或許我把老師看成母親，因為我一味想討好她。「把兩手這樣併攏，安靜坐下。」她說道，我的手臂便緊貼胸脯，耐心地坐著聽一整堂課。但新鮮感慢慢消退，過不了多久，比別人先有答案或解出數學題不再令人興奮；時間開始慢得使人厭煩，甚至完全停止流動。

我的眼睛避開寫黑板的傻胖女孩，她對每個人——老師、學校門房和她的同學們——都露出同樣平淡而信任的笑容，我的眼光飄到窗外，飄到聳立在公寓建築之間的栗樹樹梢。烏鴉落在樹枝上。因為我從底下看，因此看得見後方的一小片浮雲，雲移動時不斷改變形狀：先是狐狸的鼻子，然後是一個頭，接著是一條狗。我希望一直像狗，但是它繼續趕路，變成祖母始終鎖在陳列櫃裡的四腳銀糖罐，使我渴望待在家中。一旦召回家中令人心安的寂靜暗影時，父親便從暗影中走出來，像是夢一樣，然後我們全家到博斯普魯斯小遊。就在這時，對面公寓樓房的某扇窗子打開了，一個女僕抖著撢子，心不在焉地注視我從我座位上看不見的街道。街上發生了什麼事？我心想。我聽見馬車從卵石子路輾過去的聲音，刺耳的聲音叫道：「艾斯克希———」女僕看著舊貨商沿街走去，然後把頭收回屋裡，關上窗子，但是之後，就在這扇窗子旁邊，我看見第二片雲，跟第一片雲走得一樣快，卻是反向而行。但現在我的注意力被喚回教室，見大家都舉手，我也迫不及待地舉起我的手：在根據同學們的回答猜測老師的問題是什麼之前，我已經隱約肯定自己知道答案。

了解同學是不同的個體，並發現他們與我之間的差異，既使我興奮，有時卻又痛苦。一個憂鬱的男生，每回在土耳其語課上朗讀，便隔行跳著念；這可憐男生犯的錯是不自覺的，正如同班上同學的哄笑也是不自覺的。讀一年級時，班上有個把紅髮紮成馬尾的女生曾坐在我隔壁。她的書包裡雖雜七雜八堆放著咬一半的蘋果、「芝米」（simits）、芝麻、鉛筆和髮帶，在她四周卻總是挾帶著一股薰衣草的香味，很讓我喜歡；她公開談論日常生活的小禁忌，此種天賦也很吸引我，週末沒看見她，使我心生想念，儘管另一個嬌小纖弱的女生同樣令我心醉神迷。那個男生為何不斷說謊，明明知道沒人相信他？那個女生為何隨隨便便告訴別人她家發生的事？另一個女生念那首關於國父的詩，是真的在掉眼淚嗎？

就像我有看車頭和觀察鼻子的習慣，我也喜歡端詳我的同學，看他們長得像哪種動物。尖鼻子的男生是狐狸，他隔壁那個大個兒像大家說的，是熊，頭髮濃密的那個是刺蝟……我記得有個叫瑪麗的猶太女生告訴我們關於逾越節的一切——她祖母家裡有幾天誰都不准碰電燈開關。還有一個女生說某天傍晚她在房間裡，很快地轉過身來，瞥見了天使的影子——這可怕的故事跟隨著我。一個長腿女生穿很長的襪子，老是一副要哭的模樣；她父親是政府部長，當他死於飛機失事，首相卻安然脫險時，我很肯定她因為預先知道會發生什麼事而一直在哭。很多小孩牙齒有毛病；幾個人戴牙箍。建築物頂樓是宿舍和體育館，就在保健室隔壁據說有個牙醫，老師們發脾氣時揚言要把調皮的小孩送去那裡。罪行稍輕時，老師便罰學生站在黑板和門之間的角落，背對全班，有時單腳而立，但因為我們都巴不得看一條腿能站多久，害得課也上不成，因此此種懲罰很少發生。

拉西姆（Ahmet Rasim, 1865-1932）在其回憶錄《法拉卡與黑夜》（*Gecelerim ve Falaka*）當中鉅細靡遺地描寫他的學生時代，當時鄂圖曼的學校老師手持長長的籐條，用不著從座位上站起來便打得到他們的學生；老師鼓勵我們讀這些書，或許是要讓我們知道我們逃過共和國之前、土耳其國父之前的「法拉卡」（笞刑）時代是何其幸運。但即使在富裕的尼尚塔石區，在得天獨厚的伊席克中學（Isik Lisesi），鄂圖曼遺留下來的老教師卻在某些「現代」技術革新中找到壓迫弱者的新工具：我們用的法國製尺，尤其是嵌進兩側的細而硬的雲母條，拿在他們純熟的手中，就跟「法拉卡」與藤條同樣奏效。

每當有人因為懶惰、沒教養、愚蠢或蠻橫而遭受懲罰時，我便忍不住覺得愉快。看到一個有司機開車接送的合群女生受到懲罰，著實讓我愉快；她是老師的寵兒，常常站在我們面前呱啦呱啦演唱英文版的「聖誕鈴聲」（*Jingle Bells*）——她被判作業做得馬虎時，可得不到從寬處理。總有些人沒寫作業卻假裝寫了，裝出一副就在

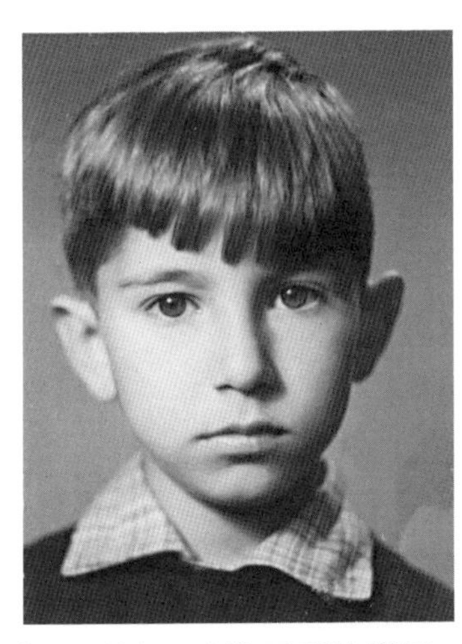

作業簿裡的某個地方、只是一時找不到的樣子。他們會叫道：「老師，我現在找不到！」僅僅想拖延注定的命運，卻只是被老師揍得更兇，耳朵被扯得更猛。

從低年級時代可愛慈祥的女老師，換成高年級教我們宗教、音樂和體育的憤怒憂傷的老男人之後，這些羞辱儀式變得更加完善，有時課程枯燥得很，使我對課堂上提供的短暫娛樂感到高興。

有個女生，我從遠處愛慕著她，或許因為嬌小迷人，或因為嬌嫩——她受罰時，我看見她眼裡噙著淚水，臉脹得通紅，使我渴望去援救她。課間休息時間折磨我的金髮胖男生，因講話被抓而遭毒打的時候，我便冷靜無情地欣然觀看。有個我斷定是絕頂傻瓜的孩子——無論對他的處罰有多麼嚴厲，這男生都會予以抵抗。有些老師叫學生去黑板前，似乎不是為了測驗他們的知識，而是為了證明他們的無知；而有些無知者似乎甘於受辱。有些老師看見作業本的包書紙顏色不對就會發飆；有些老師動不動就生氣，孩子只是講悄悄話便被打；有些學生即使對簡單的問題回答正確，也會像被車頭燈逮到的兔子般手足無措；有些——我最佩服這些人——即使不曉得答案，也會告訴老師他們知道的別的東西，愚蠢地希望這能挽救他們。

我看著眼前的動靜——先是一頓指責，接著是驟雨般憤怒落下的書和作業本，班上其他人則冷冷坐著不敢出聲——慶幸自己不是這些被打上恥辱烙印的倒楣學生之一。我和班上三分之一的同學分享好運。假使這是一所小孩來自各種背景的學校，幸運兒的與眾不同可能更為明顯，但這是一所私立小學，每個孩子都是有錢人家出身。在課間休息的操場上，我們的童稚情誼使我們不分彼此，但每回看著同學被痛打被羞辱，我就像坐在教師書桌前那位令人生畏的人物，不免自問為什麼有些孩子如此懶惰、品行不端、意志薄弱、麻木不仁或呆頭呆腦。我開始閱讀的那些漫畫書無法回答這隱密的道德探索：漫畫總是把壞人畫成歪嘴；我幽暗的童心深處同樣找不到答案，只好讓問題慢慢淡去。我漸漸領悟所謂的學校回答不了深奧的人生問題，其主要功能毋寧是為了使我們面對「現實生活」中全面的政治暴行而做準備。因此在我進中學前，我寧可舉起我的手來，乖乖做個好學生。

儘管如此，我在學校主要學到的是，光是全盤接受現實生活是不夠的——你還得為現實生活的美而驚嘆。讀低年級時，老師一找到藉口便停止上課，教我們唱遊。我跟著這些英法文歌做口形——我不懂也不喜歡這些歌，儘管我喜歡觀察同學們（我們用土耳其語唱，歌詞大致像是：警衛爸爸，警衛爸爸，今天放假，吹哨子吧）。半小時前才因為又把作業簿忘在家中而淚眼汪汪的矮胖男生，此刻正樂呵呵地唱，嘴巴張得老大。一天到晚把長髮撩到耳後的女生，在唱歌時也不擔心她的頭髮了。就連在下課時間毆打我的胖鬼，還有他隔壁那狡猾惡毒的朋友，他對那道秘密分界瞭若指掌，也讓自己做個好學生——就連他們也像天使一樣笑咪咪地沉浸在飄動的音樂中。在歌唱途中，愛整潔的女生轉頭察看她的鉛筆盒和作業簿依然有條不紊。休息時間結束後，兩個兩個排隊回教室上課時，在我請她跟我搭檔時會默默伸出手讓我握的那個聰明用功的女生——連她也大唱特唱；總是像給嬰兒餵奶般伸著胳臂圍住試卷，以免被別人看見的小氣胖男生——也手舞足蹈。甚至每天挨打的那個無可救藥的傻蛋也自動自發一起歌唱。我發覺綁馬尾的紅髮女生也注意到了，於是我們相視而笑地唱著。我不會唱這首歌，但當我們唱到啦啦啦的部份，我便加入大家，盡我所能高聲大唱，我往窗外望去，召喚著未來：再過一會兒，就一會兒，下課鈴響，全班一湧而出。我拿著書包逃到外面，見我們的公寓管理員正等著；我牽住他的大手，他陪我和哥哥走回家，我心想回到家時我已累得記不起班上每個人了，即便如此，一想到馬上就能見到母親，我便加快了步伐。

14　痰吐止禁

自識字後，我腦袋裡的虛幻世界便增添了一堆字母。這些文字並未傳達任何意義也未講述任何故事：它們只是發出聲音而已。我看見的每個字彙，無論是菸灰缸上面的公司名稱或是海報、新聞標題、廣告、商店、飯館或卡車兩側的招牌、交通標誌、飯桌上的一包肉桂、廚房裡的油罐、浴室裡的肥皂、我祖母的香煙、她的藥包……我都不假思索地閱讀。有時候我把這些文字大聲重複一遍，即使我不懂它們的意思也無關緊要。彷彿我腦中的視覺和認知部位之間有一架機器，準備把字母轉換成音節和發音。就像咖啡館裡的收音機，人聲鼎沸，誰也聽不見，我的機器有時也在我不知不覺中悄悄運作。

從學校走回家，即使非常累，我的眼睛也會尋找文字，腦袋裡的機器會說：**「為保障您的財富與未來」**、**「招手停車電車站」**、**「阿皮正宗土耳其臘腸」**、**「帕慕克公寓」**。

一回到家，改看祖母報紙上的標題：**「塞浦路斯非亡即分」**、**「土耳其第一所芭蕾學校」**、**「美籍人士當街親吻土耳其姑娘，險遭群眾處死」**、**「市街禁止呼拉圈」**。

有時字母的排列方式怪得很，彷彿回到第一次學字母表的神奇時光。位於尼尚塔石的總督官邸距離我們家三分鐘路程，官邸四周某些水泥舖道上的條文便是其中之一。我跟母親和哥哥從尼尚塔石往塔克辛或貝尤魯走去的時候，我們就在字母之間的空舖板玩跳房子遊戲，按照我們看見的順序唸出來：

痰吐止禁

這項神秘條文鼓動我公然反抗，並立即往地上吐痰，但警察局就在總督官邸前方僅兩步之遙，於是我只是不安地盯著它看。這下我可開始擔心從喉嚨噴出痰來，落在地上，即使我不情願。但如我所知，有吐痰習慣的成年人跟一天到晚被老師處罰的那些愚蠢、怯弱、任性的小孩多半同出一轍。是的，我們時而看見有人隨地吐痰或咳出一口濃痰，只因為沒帶面紙，但這情況不常發生，不值得用上如此嚴厲的條文，即使是在總督官邸外頭。後來我從書上得知中國的痰盂，發現吐痰在全世界各地是尋常之事，於是自問他們在伊斯坦堡何以想盡辦法勸阻吐痰。（儘管如此，每逢有人提起法國作家維昂〔Boris Vian〕，大家想到的不是他的最佳作品，而是他寫的一本書名叫《我在你墳上吐痰》〔*I Spit on Your Graves*〕的可怕著作。）

或許尼尚塔石舖道上的警句銘刻在我記憶中的真正理由是，自動閱讀機器內建在我腦中的同時，母親開始積極地教我們外面生活的行為準則，也就是如何與陌生人應對。比方她勸我們別跟僻巷的骯髒攤販買東西吃，在飯館別點「考夫特」（köftes）肉丸，因為他們用的是最劣質、最油膩、最硬的肉。這類警告跟閱讀機器印在我腦子裡的各種告示全混在一起：**「本店的肉皆放在冰箱保存」**。還有一天，母親再一次提醒我們與路上陌生人保持距離。我腦子裡的機器說：**「十八歲以下不得入內」**。在電車後面有個告示寫著：**「禁止吊在欄杆外，危害安全」**，這也跟母親的想法不謀而合；看見她說的話出現在官方通告中，並未使我困惑，因為她也曾說我們這等人想都沒想過吊在電車尾搭霸王車。市區渡船的船尾告示亦然：**「禁止靠近推進器，危害安全」**。當母親「不可亂丟垃圾」的告誡成為官方公告時，字體歪七扭八的非官方塗鴉**「亂丟垃圾者的媽」**卻使我困惑。當大家囑咐我只能親吻母親和祖母的手，不可吻別人的，我便想起鳳尾魚罐頭上面的字：**「非手工製作」**；**「請勿攀折花木」**或**「請勿碰觸」**這兩項告示都呼應了母親在街頭巷尾灌輸的

指令，而這些禁令與她不許我們用手指指點點的禁令兩者之間或許有某種聯繫。但我哪能了解**「請勿飲用池水」**的告示，明明所指的水池不見半滴水；或「**勿踐踏草皮」**，在只見泥污、不見一葉綠草的公園裡？

欲了解體現在這些告示中的「教化使命」，讓城市成為充斥著公告、威嚇與譴責的叢林，我們便得看一看本市的報紙專欄作家，以及他們的「城市通訊員」前輩。

15 拉西姆與都市專欄作家

一八八〇年代末的某天清晨——阿布杜勒哈米德（Abdülhamit）展開他為期三十年的「專制統治」後不久——一名二十五歲的記者坐在巴比阿里（Babiali）小報〈幸福報〉的報社桌前，忽然間門倏地打開，一個戴紅氈帽的高個子男人，身穿紅色厚呢料衣袖的「某種軍裝」，大步跨入室內；他看了年輕記者一眼，喊道：

「過來！」年輕記者誠惶誠恐地站起身來。「戴上你的氈帽！走吧！」記者跟著穿軍裝的男人坐上等在門口的馬車，一同離去。

他們默默地過卡拉達橋。才走一半，容貌俊美的年輕記者鼓起勇氣問他們上哪兒去，然後靜候答案。

「去見巴司瑪貝因席（Başmabeyinci，蘇丹的首席秘書）！他們叫我立刻去帶你！」年輕記者在宮廷接待室待了一段時間後，坐在大桌前、鬍子花白的憤怒男人看了他一眼。「過來！」這男人叫道。他面前攤著一份〈幸福報〉。他怒沖沖地指著報紙問道：「這是什麼意思？」年輕記者不懂問題何在，男人於是喊了起來：

「叛徒！忘恩負義！我們該把你的頭扔進臼裡，搗成肉醬！」

雖然怕得半死，記者注意到惹麻煩的文章是一位已故詩人的詩；詩中的疊句是「春天是否永遠不來？春天是否永遠不來？」他想解釋，說：「閣下……」

「他還不肯閉嘴……去站在門口！」蘇丹的首席秘書說道。記者站在外面渾身顫抖了十五分鐘，再次被領進裡面。但年輕人每回嘗試開口說明他不是詩的作者，便再一次遭受憤怒的抨擊。

「自大狂！畜生！混帳！無恥之徒！媽的！都去死吧！」

當年輕記者領會到他不許發言，便鼓足勇氣，拿出口袋裡的印鑑，放在桌上。蘇丹的首席秘書讀了印鑑上的名字，立即明白是一場誤會。

「你叫什麼名字？」

「拉西姆。」

四十年後拉西姆在回憶錄《作家與詩人》當中講述這件事，他提及當首席秘書意識到屬下帶錯了人，態度隨即改變。「請坐吧，小兄弟，」他說：「你不介意我這麼叫你吧？」他拉開抽屜，示意要拉西姆走近，遞給他五里拉，說：「得了。這件事別說出去。」如此打發了他。拉西姆以他一貫的活力與幽默道出這一切，以日常小事增添故事的文采，成為他的特點。

他對生命的熱愛、他的機智以及專業帶給他的喜悅——這一切使拉西姆成為伊斯坦堡的名作家之一。他能使吞沒小說家坦皮納、詩人雅哈亞和記事錄作者希薩爾的後帝國憂傷，與他用之不竭的精力、樂觀與興致保持平衡。跟熱愛伊斯坦堡的每一位作家一樣，他對其歷史很感興趣，也寫過相關著作，但由於他謹慎約束自己的憂傷，因此不曾懷念「失落的黃金時代」。他不把伊斯坦堡的過去看做神聖的寶庫，也不去挖掘歷史，尋找可能讓他寫出一部西式鉅作的真實聲音，他寧願像城裡大多數人一樣，侷限在當下；伊斯坦堡是個有趣的居住之地，不過如此而已。

正如他的大部分讀者，他對東方西方的問題或是「推動我們的文明改造」不感興趣。對他而言，西化產生了新一批裝腔作勢者，其矯揉造作的新姿態是他樂於揶揄的對象。他本身在青年時代的文學活動——他寫過小說和詩，但兩項努力皆未成功——使他對任何暗示賣弄或狂妄的事物皆表懷疑，開尖刻的玩笑。他嘲弄自命不凡的伊斯坦堡詩人念詩的種種方式，他們模仿高蹈派和頹廢派詩人，甚至攔下路人做即興演出，他的文人同胞們有辦法把任何對話直接引到他們自己的生涯問題，於是你立即感覺到他在他自己與西化的精英之間劃上某種距離，這些精英跟他一樣，大半駐在巴比阿里出版區。

但拉西姆卻是擔任報社專欄作家——或以當時流通的法文字feuilletoniste稱之——並找到自己的聲音。除了心血來潮的牢騷，政治的虛假作態，他對政治不感興趣；說到底，國家的壓迫和審查制度使政治成為一種棘手、時而不可能成立的主題（他喜歡詳述他的專欄有時遭受的審查非常嚴厲，僅留下空白處）；他反而讓城市成為他的主題。（「假使政治禁令與其偏狹意味著找不到東西談論，那就談談市議會和城市生活，因為大家向來喜歡讀這些東西！」出自一位伊斯坦堡專欄作家的此一忠告，已有上百年歷史。）

就這樣，拉西姆花了五十年的時間書寫伊斯坦堡的種種現象，從各個種類的醉漢到貧民區的攤販，從雜貨商到雜耍藝人，從博斯普魯斯沿岸的美麗城鎮到喧鬧的酒館，從每日新聞到貿易展，從遊樂園到草原和公園，市集日和每個季節的獨特魅力，包括冬季樂陶陶地打雪仗滑雪橇，還有出版情況、八卦消息和飯館菜單。他愛搞列表及分類法，他擅於觀察人們的習慣和癖好。好比植物學家對森

林裡的各種草木感到振奮，拉西姆對推動西化的種種表現、移民問題和歷史巧合亦有相同感受，這一切每天都提供他新奇古怪的寫作材料。他勸年輕作家在城裡閒逛時「隨時帶著筆記本」。

拉西姆在一八九五至一九〇三年間所寫的專欄佳作收錄於《城市通訊》（*City Correspondence*）一書。他從不自稱為「城市通訊員」，除非以嘲弄的口吻道出；他借用一八六〇年代法國的做法，抱怨市議會，觀察日常生活，為城市診脈。一八六七年，納默克·凱馬爾❶——他的名字將成為現代土耳其最重要的準繩之一，他不僅崇拜雨果的戲劇與詩，亦讚賞其浪漫的好鬥心——在〈藍圖報〉（*Tasvir-i Efkar*）上發表一系列的信，述說伊斯坦堡齋戒期間的日常生活。他的信，或稱「城市專欄」，為後人定下基調，跟他一樣採用平常書信所用的信任、親密、同謀的口吻。於是，將全體伊斯坦堡人稱呼為親戚、朋友、愛人，使他們成功地把城市從一串村子變成臆造的整體。

其中一名記者號稱「有見識的」艾豐迪（Ali Efendi），因身為〈見識報〉(*Kavrama*) 的發行人而被如此稱呼（他在宮廷贊助下發行報紙，因此當報社因隨意刊載一篇事後被認為令人不快的文章而關閉，他有一段時間被稱做「沒見識的」艾豐迪）。他毫不留情地直擊日常生活，經常勸告讀者，也常責備他們，雖然枯燥無味，他卻當之無愧地作為他那時代最嚴謹的伊斯坦堡「書信作家」而被人們懷念。

這些首先記述伊斯坦堡的城市專欄作家捕捉了城市的色彩、氣味、聲音，加進趣聞軼事和幽默見解，他們還幫忙建立伊斯坦堡街道、公園、花園、商店、船、橋、廣場、電車的禮儀。由於批評蘇丹、國家、警察、軍隊、宗教領袖或權力更大的議員皆屬不智之舉，文學精英的嘲笑目標只有一個可能，那就是身不由己的普通

人，走在街上關心自己的事、為養家糊口而艱苦奮鬥的市井小民。我們之所以熟知這些教育程度不及專欄作家和報刊讀者的伊斯坦堡不幸之人——他們一百三十年來在街上做的事，他們吃的東西，說的話，他們發出的聲音——都得歸功於這些屢屢憤怒、時而慈悲、不斷批評的專欄作家，他們以寫下這些為己任。

學會識字的四十五年後，我發現每當我的眼光落在報紙專欄上，無論是威脅我走回傳統或加倍西化，我便馬上想起母親說的**「不要指指點點」**。

❶ 納默克・凱馬爾（Namik Kemal），1840-1888，土耳其詩人、作家，通曉阿拉伯語、波斯語和法語，對土耳其民族主義運動影響極大，對土耳其文學西方化做出廣泛貢獻。

16 不要張著嘴巴走在街上

現在我舉出幾段隨機取樣的摘錄，出自理念不一的專欄作家一百三十年來所寫的幾十萬頁文字：

我們的馬曳公車，或許靈感來自法國的公共馬車，但由於我們的馬路狀況不良，這些公車得像鷓鴣一樣碎步踩過一個個石頭，從貝亞茲特（Beyazit）一路顛到依德內卡匹（Edirnekapi）。（1894）

我們已厭倦每次一下雨，城裡的廣場就全部淹水。無論誰該想辦法解決，趕緊解決吧。（1946）

首先是房租和稅不斷上漲，接著，因移民之故，市內滿是刮鬍刀販、「芝米」販、填餡貽貝販、面紙販、拖鞋販、刀叉販、雜貨販、玩具販、水販和汽水販，好像這還不夠似的，布丁販、甜食販和多納肉餅販（döner）如今已入侵本市渡輪。（1949）

有人提議若要美化本市，就讓馬車司機穿同一套服裝；這主意若能實現，將是多麼別緻。（1897）

戒嚴令的一大功勞是確保「多姆小巴」在指定的站牌停車。可別忘了昔日的混亂狀態。（1971）

市議會決定正確，冰鎮果汁（şerbet）製造商禁止再使用未獲市議會批准的色素或水果。（1927）

在街上看見美女時，切勿帶著敵意瞧她，彷彿要殺了她，也不要顯露出過度的渴盼，只要對她微笑，移開目光，繼續走下去。（1974）

最近巴黎著名的雜誌〈早晨〉（Matin）刊登一篇文章，討論在城裡走路的適當方式，它給了我們啓發，而我們也應當對那些尚待學習如何在伊斯坦堡街上舉手投足的人，清楚表明我們的感覺，告訴他們：不要張著嘴巴走在街上。（1924）

我們希望司機和乘客都能善加利用軍方安裝的新計程車計程表，讓市內再也見不到二十年前瀰漫本市的討價還價、吵吵鬧鬧、跑警察局，當時在最後的計程表裝上去後，本市計程車司機開始說：「老兄，盡量給我們多點兒吧。」讓本市大傷腦筋。（1983）

當乾豆販與口香糖販准許孩子們買東西時付鉛塊而不付錢，不僅是鼓勵他們偷竊，也鼓勵他們扒走伊斯坦堡每座噴泉的石塊，切斷噴泉的龍頭，並把墓塔和清真寺圓頂的鉛取走。（1929）

以擴音器叫賣馬鈴薯、蕃茄和罐裝瓦斯的卡車，以及難聽的叫賣聲，使本市變成人間地獄。（1992）

我們曾展開清除街頭流浪狗的運動。若是慢悠悠地進行——而不是快速的一兩天掃蕩——若把全部的狗捉起來，送到可怕的海伊斯札達（Hayirsizada）島，若驅散所有的狗群，本市將永遠擺脫狗的騷擾……但目前走在街上想不聽見狗吠是不可能的。（1911）

搬運工依然不公地考驗馱馬的耐力，讓牠們馱負重載，在市中心鞭打這些可憐的動物。（1875）

只因為是窮人討生活的工具，我們看見馬拖車進佔本市最出色的地區——而伊斯坦堡卻一點也不管——破壞他們無權眺望的景觀。（1956）

我們等不及第一個下船或離開任何交通工具，因此沒辦法制止那些從甚至還沒靠岸的海達巴沙（Haydarpasa）渡船跳下去的人，無論我們喊多少次：「第一個下船的就是驢

子。」。（1910）

因為有些報社開始為土耳其飛行基金承辦樂透彩以擴大其發行量，於是我們注意到開獎當天，不雅觀的隊伍和人群聚在報社周圍。（1928）

金角灣不再是金角灣；它已成為被工廠、車間和屠宰場包圍的一池髒水：來自工廠的化學物質、來自車間的焦油、船的排放物以及廢水，都對灣水造成污染。（1968）

你們的城市通訊員收到不少投訴，抱怨本市的守夜人不巡邏本市的市場與鄰里，倒喜歡在咖啡館裡打瞌睡消磨時間；不少城區難得聽見守夜人的棍棒聲。（1879）

法國名作家雨果常乘坐公共馬車的頂層，橫越巴黎，僅為觀看同胞們在幹什麼。昨天我們也做相同的事，我們能夠證實，伊斯坦堡有大量居民走在街上時不在乎自己在幹什麼，而且老是彼此相撞，把票根、冰淇淋包裝紙和玉米殼扔在地上；到處可見走在馬路的行人，爬上人行道的汽車，而且——不是出於貧窮，而是出於懶惰和無知——每個市民都穿得很差。（1952）

唯有捨棄過去在街頭和公共場所的舉止方式，唯有跟西方人一樣遵守交通規則，我們才能擺脫紊亂的交通。但你如果問這城市有多少人知道什麼是交通規則，噯，這可完全是另一碼事……（1949）

就像點綴本市公共空間的每一座時鐘，卡拉廓伊橋上兩旁的大時鐘與其説是報時，不如説是猜時間：有時表示仍繫在碼頭上的渡船早已開船，有時卻又表示早已開船的渡船仍繫在碼頭上，這兩座大鐘用希望折磨著伊斯坦堡居民。（1929）

雨季已到來，市內的雨傘——願真主保佑——全力出動，但請告訴我，有多少人撐雨傘的時候能不戳到他人的眼睛，跟遊樂園裡的碰碰車一樣撞上他人的雨傘，在人行道上轉來轉去像個蠢蛋，只因為雨傘阻礙了他們的視線？（1953）

真可惜，成人電影院、人群、公車和廢氣使我們不可能

再去貝尤魯了。（1981）

每當傳染病在城裡任何地區爆發，我們的市政局就這兒那兒灑石灰，但穢物卻無所不在……（1910）

市議會將按照對狗和驢子的制裁，展開清除街頭乞丐與遊民的運動。我們很快便看清這不僅不會發生，而且一群群假證人開始成群結黨地炫耀他們的流浪。（1914）

昨天下雪，本市可有任何人由前門上車或敬老尊賢？令人遺憾的是，我們注意到這城市快速遺忘社會的文明規範，首先知道的居民就很少。（1927）

在我弄清楚今夏我們每晚在伊斯坦堡大街小巷看見的那些毫無意義、浮華絕倫的煙火表演花費了大量金錢之後，我必須自問那些辦喜事的人會不會比較樂意看見——沒忘了我們目前是人口一千萬的城市——把錢花在窮人孩子的教育上。我說的對不對？（1997）

特別在近幾年，我們摻水的假法蘭克「現代」建築——受到所有最活躍最寬容的法蘭克藝術家由衷痛恨——如白蟻般蛀蝕伊斯坦堡的名勝古蹟。再沒多久，尤克塞卡帝林（Yüksekkaldirim）和貝尤魯除了大批醜陋建築，將拿不出任何值得自豪的東西，假使我們無法光以貧窮、衰弱、受火災破壞的理由來自圓其說——還因為都市更新讓我們著了魔。（1922）

OTEL

17 繪畫之樂

我上學後不久，發現繪畫的樂趣。或許「發現」不是正確用詞——它暗示什麼東西有待發現，如同新大陸。如果說我內心潛藏著對畫畫的熱愛與天賦，那也是在我上學後才察覺。更正確的說法是，我畫畫是因為它使我無憂無慮。我的繪畫才能是後來的事——一開始沒這回事。

或許我真有天賦，但重點不在這兒。我只是發現畫畫讓我快樂。這才重要。

多年後有一晚，我問父親他們如何知道我有藝術天賦。「你畫了一棵樹，」他告訴我：「然後在樹枝上畫了一隻烏鴉。你母親和我面面相覷，因為真的烏鴉正是這麼停在樹枝上。」

雖然這不全然回答我的問題，也可能不太確實，我卻很喜歡這故事，很樂意相信。很可能我畫的烏鴉在一個七歲男孩來說並不特別成功。顯然，始終樂觀、過度自信的父親有一種本領，打心底相信他兒子做的每一件事都很了不起。此一見解具有感染力，於是我也開始認為自己別具藝術天賦。

我畫圖時博得的讚揚，使我猜想我得到一部機器，讓大家不得不愛我、親吻我、崇拜我。因此每當覺得無聊，我便把機器打開，趕出幾張圖來。他們不斷給我買紙和筆，我不斷地畫，輪到炫燿這些圖畫時，父親是我的首選。他總是給我我所希望的回應——先是驚訝而讚賞地看著畫，這每每使我為之屏息，而後予以詮釋：「看看你把這漁夫站的樣子畫得多好。他心情不好，海水才這麼黑。站在他旁邊的肯定是他兒子。魚和鳥看起來也像在等待。真聰明。」

我跑進去再畫一張。漁夫旁邊的男孩本該是他的朋友，但我把他畫得太小了點。但此時我已知道如何接受讚美：我把畫拿給母親看，說：

「看我畫了什麼。漁夫和他兒子。」

「畫得很好，寶貝，」母親說道：「但家庭作業做了沒？」

有天在學校畫了一張畫之後，人人都圍在我身邊看。暴牙老師甚至把畫掛到牆上。我覺得自己像個從袖筒裡拉出兔子和鴿子的魔術師——我只需畫出這些奇景，炫耀它們，賺取讚美。

此時我的技藝日漸純熟，足稱有天賦。我密切關注課本、漫畫書和報上漫畫的簡單線條畫，留意如何畫房子、樹、站著的人。我的畫不是素描寫生：我把在別處看見的圖畫畫下來，熟記在心。能讓我長時間記住以便複製的圖畫非簡單不可。油畫和攝影太複雜，我不感興趣。我喜歡著色本，跟母親去阿拉丁的店買新本子，但不是為了上色，而是為了研究這些圖片後再自己畫。一旦畫下房子、樹或街道，這些東西便留在我的記憶裡。

我畫樹，孤零零、獨自矗立的一棵樹。儘可能快快地畫枝葉，接著是枝葉間看見的山巒。我在枝葉後方畫一兩座高山，而後——我看過的日本畫給我的靈感——在這些山巒後方畫一座更高更富戲劇性的山。此時我的的手已具備自己的意志。我畫的雲和鳥看起來就跟我在別的畫中看見的一樣。完成一張，便來到最精采的部份：在背景最高的山頂，我畫下積雪。

我驕傲地凝視我的創作，腦袋左右搖晃，仔細瞧著細節，然後往後站，飽覽一番。是的，我畫了這件美的事物。沒錯，它並不完美，然而總是我畫的，而且很美。畫畫是一種樂趣，而此刻隔著一段距離假裝自己是另一個人從窗外欣賞我的畫，也是一種樂趣。

但有時通過他人的眼睛觀看自己的畫，我會注意到某些缺點。不然就是有一股強烈衝動，想讓我畫它時享受的快感延續下去。最快速的作法是補上一朵雲、幾隻鳥、一片樹葉。

後來，我有時覺得這些進一步的潤飾破壞了我的畫。但無可否認，這些潤飾能讓我回到創作初始的幸福感，因此我阻止不了自己。

畫畫給了我何種樂趣？在此，你們這位五十歲的回憶錄作者，得讓他自己跟孩提時代的他，保持一小段距離：

一、我以畫畫為樂，是因為畫畫讓我創造瞬間的奇蹟，使周圍的人嘆為觀止。早在畫完之前，我就期待著我的畫將得到稱讚與喜愛。隨著期待的加深，期待也成為創作本身的一部分，以及創作之樂的一部分。

二、一段時間過後，我的手變得跟眼睛一樣嫻熟。因此我畫一株細緻的樹時，感覺彷彿我的手未聽使喚便自己動了起來。看著鉛筆在紙上飛奔，我便驚異地觀望，彷彿畫畫證明了有另一種東西存在，彷彿有另一個人進駐我的身體。正當我驚嘆於他的作品，渴望實力與他相當的同時，我另一部份的腦袋也忙於檢視樹枝的曲線，山巒的配置，整體的構圖，尋思這幅景象被我畫在白紙上。我的心思放在筆尖上，行動先於思考，同時卻又能審視我已畫好的部分。這第二道感知，這種對我的進展予以分析的能力，是這位小畫家在觀看他發現的勇氣和自由時所感受的喜悅。跳出我自己，認識進駐我裡面的另一個人，即是重新畫上鉛筆滑過畫紙時所出現的分界線，就像在雪地裡滑雪橇的男孩。

三、我的腦和手之間的分歧，手自己動起來的感覺，跟我腦袋靜止不動時躲入夢境的感受有共同之處。但是——可不像我奇異夢境裡的種種幻想——我的畫無須保密，反倒拿給每個人看，預先期待讚賞。畫畫即是找到第二個世界的存在，卻免去難堪。

四、我畫的東西，無論房子、樹、雲多麼虛幻，都有物質現實的基礎。我若畫房子，便感覺那是我的房子；我覺得我畫的每件事物都屬於我。探勘這個世界，住在我畫的樹和風景當中，畫出一個真實世界給其他人看，便等於從眼前的沉悶逃了出來。

五、我喜歡紙、鉛筆、素描簿、油彩和其他美術用品的味道和樣子。我喜歡撫摸空白畫紙。我喜歡保存我的畫，我喜歡它們的**物性**（thingness），它們的物質存在。

六、發現這一切小小的樂趣，並借助於我取得的一切讚賞，我敢於相信自己與眾不同，才華超群。我不喜歡誇耀自己，但我確實想讓別人知道。通過畫畫創造的世界，就像我藏在腦袋裡的第二個世界，豐富了我的生活；更重要的是，畫畫讓我名正言順地逃脫日常生活的灰暗世界：我的家人不僅接受我這項新嗜好，也接受我享有的權利。

18 科丘蒐集的史實與奇事

祖母的客廳裡有個書櫃，在難得打開的玻璃門後頭，在積了灰塵的《生命百科全書》、一排泛黃的少女小說以及我美國伯父的醫學書籍當中，有一本與報紙一般長寬的書，我在學會閱讀不久後發現它。它的書名是《從奧斯曼一世到土耳其國父：六百年鄂圖曼通史》（*From Osman Gazi to Atatürk: A Panorama of Six Hundred Years of Ottoman History*），我喜歡它挑選的主題及其豐富神秘的插圖。我們的公寓和洗衣店在同一層樓的那段日子，或每當生病無法上學，或無緣無故曠課，我便上樓去祖母的公寓，坐在伯父的寫字桌前，將這本書裡的每一行字連續閱讀多次；後來當我們住出租公寓，每逢去探望祖母，我都會把這本書取出來讀。

我尤其喜歡描述鄂圖曼歷史的手繪黑白圖片：在我的教科書當中，這些歷史是沒完沒了的戰爭、勝仗、敗仗與條約，以自豪的民族主義口吻講述出來的歷史，可是在《從奧斯曼一世到土耳其國父》當中，卻是一連串奇珍異物和奇人怪事——羅列了叫人毛髮倒豎、驚心動魄、時而令人作嘔的圖片。在此意義上，這本書就像鄂圖曼儀典書裡的遊行隊伍，隊員在行經蘇丹面前時進行一連串的奇特表演；也好像走入給這些軼著配插圖的細密畫中，坐在蘇丹身旁，從今天的易卜拉欣帕夏宮殿眺望窗外的蘇丹阿密廣場，審視帝國的財富、色彩與奇觀，多種多樣的工匠，每個人身穿自己的工作服。我們喜歡說自己在共和國成立、土耳其成為一個西方國家之後便切斷

了鄂圖曼的根基，成為更「理智而科學」的民族。或許正因為如此，坐在現代化的窗口注視我們理應遺忘的鄂圖曼先人們種種奇怪、陌生、人性的現象，是如此激動人心。

就這樣，我讀著雜技藝人走在兩艘船的桅杆之間拉起的鋼索橫越金角灣，以慶祝蘇丹阿麥特三世（Ahmet III）之子穆斯塔法（Mustafa）王子舉行割禮，研究這件事蹟的黑白插圖。我還發現，我們的「父輩們」認為把平常人與靠殺人為生的人葬在同一個墓地不成體統，於是在埃郁普的卡亞第巴宜里（Karyağdi Bayiri）特別為劊子手設置一處墓地。我讀到奧斯曼二世時代的一六二一年是個寒冬，整個金角灣和部分博斯普魯斯海全結了冰；正如同書中的許多插圖，我從未想過小船繫在雪橇上和大船困在冰中的圖片反映出畫家的想像能力甚於歷史事實；我對它們百看不厭。描繪阿布杜勒哈米德二世時代兩個著名瘋子的插畫亦饒有興味。第一個瘋子是男人，習慣光屁股走在街上，儘管文雅的畫家把他描繪成因羞愧而披上衣服；另一個則是被人叫做「尤潑辣（Upola）夫人」的女瘋子，找到什麼就穿什麼。根據作者的說法，瘋男人和瘋女人每回撞上彼此便展開激烈的爭鬥，因此規定他們禁止過橋。（**那座**橋：當時沒有任何橋橫跨博斯普魯斯，只在金角灣上有一座橋——卡拉達橋，一八四五年建造於卡拉廓伊與埃米諾努（Eminönü）之間；到二十世紀末，橋已重建三次，但原來的木橋簡稱為「那座橋」。）就在這時，我的眼光落在一個男子背著籃子被繩子綁在樹幹上的圖片，我繼續讀下去，發現一百年前有個流動麵包販把他的馬和貨物拴在樹幹後，自己在咖啡館裡玩牌，一個名叫貝伊（Hüseyin Bey）的市政官員於是把麵包販拴在樹上，懲罰他折磨無辜的牲畜。

這些故事有許多出自「當代的報紙」，其真實性有多少？比方書裡告訴我們，十五世紀有個麥合特（Kara Mehmet）帕夏因試圖鎮壓一起暴動而丟了腦袋，他的部下因看見他的斷頭而終止叛亂。這件事或許是真的，也或許，就像許多相同處境的人，他們把大臣的頭扔來扔去以表示憤怒。但這些人可真如插圖中所做的——拿帕夏的頭當足球踢？我不曾多想這些問題，寧可往下讀十六世紀的「收稅官」綺拉（Ester Kira），據說也是薩菲耶（Safiye）蘇丹的「收賄官」；她在另一起叛亂中慘遭碎屍萬段，曾賄賂她的每個人都在門上釘了她的一小塊身體部位。我略帶惶恐地檢視釘在一扇門上的一隻手。

科丘——我稍早介紹過的四位憂傷作家之一——著墨最多的是另一個主題，其怪異可怕的細節亦使西方旅人為之顫動：伊斯坦堡施虐者與劊子手的行刑手法。埃米諾努有個地方專為所謂「吊鉤」而修建。滑輪把一絲不掛的犯人吊起來，以鉤子串起，繩索一鬆，便墜落下去。還有個近衛步兵，愛上一個伊瑪目（祭司）的妻子，綁架了她，剃光她的頭髮，將她打扮成男生，帶著她在城裡走；逮到他時，他們打斷他的手腿，將他塞進添了破油布和火藥的砲筒裡，射向空中。「保證令人膽顫心驚的行刑法」是《百科全書》對另一種可怕刑罰的描述方式：赤條條、臉朝下的犯人被綁在十字架上，藉著鑽入他肩膀和臀部的蠟燭光線遊街示眾。我對裸身犯人的反應不無帶著某種性的顫慄，而把伊斯坦堡歷史看成是陳列死亡、毒刑與恐怖的黑白圖畫，也頗為有趣。

一開始，科丘並未考慮寫一本書。一九五四年，〈共和國〉（*Cumhuriyet*）報紙四頁內含「本國歷史上的奇風異俗」的副刊裝訂成冊。在這些奇人怪事、歷史和百科知識的細節背後，科丘本身也有個古怪而悲慘的經歷。他熱愛的事業，始於十年前的一九四四年，貧困迫使他於一九五一年在第四卷的第一千頁歇手，當時仍在字母B——這便是《伊斯坦堡百科全書》(*Istanbul Ansiklopedisi*)。

七年後，科丘開始進行第二部《伊斯坦堡百科全書》，他不無道理而自豪地稱它為「世上第一部城市百科全書」，從字母A重新開

REŞAD EKREM KOÇU

ANSİKLOPEDİSİ

始。時年五十二歲的他擔心他的偉大事業將再次半途而廢，於是決定縮減為區區十五卷，並使詞條更「受歡迎」。這次他更有自信，看不出有什麼理由不該在他的《百科全書》中進行個人喜好的探索。他於一九五八年出版第一卷；到一九七三年，他已進行到第十一卷，卻仍只在字母G——正如他的擔心，他被迫放棄這項努力。儘管如此，這第二部《百科全書》對於二十世紀伊斯坦堡所提供的新奇繽紛的詞條，是城市靈魂的最佳指南。為了理解何以如此，必須對科丘本人有所認識。

科丘是充滿「呼愁」情感的人，這些人將二十世紀的伊斯坦堡塑造成一個為憂傷所苦的半完成城市形象。「呼愁」定義了他的生命，為他的作品賦予其隱藏的邏輯，確立他孤寂的航向，僅能導致他最終的失敗——跟同一類的其他作家一樣，他並未將「呼愁」視為重心，也沒想太多。事實上，科丘並不認為他的憂傷來自他的歷史、家庭或城市，而是視之為與生俱來。至於伴隨而來的避世，相信人生必須一開始就接受失敗——他不認為這些是伊斯坦堡的遺產，正相反，伊斯坦堡是他的慰藉。

科丘一九〇五年出生於公教家庭。他母親是某帕夏之女，父親長期擔任記者。科丘在整個童年時代目睹戰爭、敗戰和移民潮毀滅鄂圖曼帝國，迫使伊斯坦堡陷入數十年來難以擺脫的貧困。他在後來的著作和文章中經常回到這些主題，就像回到他從小看到的城裡最後幾場大火、消防員、街頭械鬥、鄰里生活和酒館。他說起兒時住過博斯普魯斯海岸後來燒毀的一棟「雅驪」。科丘二十歲時，他父親在哥茲塔比（Göztepe）租下一棟鄂圖曼老別墅。年輕的科丘在伊斯坦堡的木造樓閣（köşk）過著傳統生活，長時間待在此處，得以眼見他的大家庭四散分飛。如同許多這類家族，日漸貧困和家族不和迫使科丘家變賣木造樓閣，此後科丘仍待在哥茲塔比，但與家人分居，住過多處水泥公寓。或許最能明白顯示科丘憂傷、保守心態的選擇，莫過於決定——當時帝國已瓦解，土耳其共和國的意識形態蒸蒸日上，朝西方看齊的伊斯坦堡已開始排斥、遏制、揶揄並懷疑與鄂圖曼時代有關的一切——在伊斯坦堡學歷史，畢業後擔任他敬愛的老師、歷史學家勒菲克（Ahmet Refik）的助理。

勒菲克生於一八八〇年，比科丘年長二十五歲，是《鄂圖曼的歷代生活》系列叢書的作者；此叢書分冊出版（如同科丘的《百科全書》亦將如此），逐漸受人歡迎，終而使他成為伊斯坦堡首位現代通俗歷史學家。他不在大學授課時，便在鄂圖曼檔案雜亂無章的「污垢與塵埃」中（當時稱做「文書寶藏」）查找編年史家的手寫記錄；他盡己所能地搜括，而由於——就像科丘——妙筆生花的散文（他喜愛抒情詩，業餘時間寫詩）；他在報上發表的文章廣受人們閱讀，後結集成書。融合歷史與文學，將奇特豐富的檔案轉換成報刊上的文章，在一家家書店遊逛，讓歷史成為易於吸收的東西，晚上與朋友們在酒館喝酒對話——這些都是科丘承襲自其導師勒菲克的愛好。可惜的是他們的關係為時短促，一九三三年在伊斯坦堡大學教育改革期間，勒菲克被撤除教職。據大家所知，他與反對土耳其國父凱末爾的「自由協商黨」意氣相投，但是對鄂圖曼歷史與文化的強烈興趣，更是使他斷送顯赫職位的原因（我的外祖父亦是在同時期遭法學院撤職）。導師丟了工作，科丘亦然。

科丘憂傷地目睹其導師失去國父與國家的垂青後日漸衰弱：一文不名、無人知曉且無人照料，他必須一點一點地變賣藏書以支付醫藥費。經過五年的掙扎，他在貧困中死去。那時，他生前著作的九十本書多已絕版。（四十年後，科丘亦是如此。）

勒菲克死後，科丘在一篇悼念其導師生前目睹自己遭世人遺忘的文章中，沉溺於某種孩子似的抒情主義：「在我遊手好閒的童年時代，我就像繫在魚鉤上的鉛塊，在我們博斯普魯斯『雅驪』對面碼頭的海水中出出入入，好似一條鱗魚。」他回憶初次讀勒菲克，當時的他是個無憂無慮的十一歲孩子，城市尚未使他和鄂圖曼歷史一樣憂傷。但科丘的愁苦不僅滋生於浪蕩不羈、貧困不堪的城市，而是來自於二十世紀上半葉，他以同性戀身分在城市生存所做的抗爭。因此看見他在他奔放暴力的通俗小說、甚至更大膽地在《伊斯坦堡百科全書》中表達他的性慾，便愈加顯得不凡。實際上，科丘在這方面比同時代任何人勇敢許多。從百科全書的最初幾卷，隨著每新的一卷而更加強調，他從不放過任何讚揚俊美青少年的機會。這兒有個阿軋（Mirialem Ahmed Ağa），是蘇萊曼（Suleyman）大帝收容並供他讀書的一個少年（「面容清新的少年，人龍一體，臂膀粗壯，有如梧桐樹幹」……），或者理髮師卡菲（Cafer），由讚美技藝工匠的十六世紀詩人艾弗里雅❶所提及（「以俊美馳名的小伙

子」)。還有關於「賣舊貨的美男子阿梅德」的詞條：「他是個赤腳男生，褲管肥大，有四十處打了補釘，透過襯衫的裂口看得見他的皮膚，但從他的外表看，他是一口清泉，氣宇軒昂，有如蘇丹獨有，捲曲的亂髮，黝黑的皮膚金光閃耀，目光羞怯，談吐風流，體格高壯修長。」儘管科丘的文風令人屏息，他卻跟古典詩人一樣，忠實於細節的插畫家在畫這些想像中的赤腳英雄時謹守社會禮儀傳統及法規。但傳統與現實之間的緊張關係依然存在。名為「近衛新兵」的一條，他誇耀「趾高氣揚的痞子近衛兵」在嘴上無毛的年輕男子首次參軍時如何庇護他們。在「年輕美男子」一條，他說「古典詩歌最常歌詠的美即男性之美」。愛慕的對象「往往是面容清新的年輕小伙子」，而後他深情地述說此一用語的起源。在最初幾卷當中，美少年在他們所闡明的歷史、文化和社會事件中巧妙地出現，但在後來的幾卷，科丘無須再找藉口讚賞美少年的美腿──或對他們的破相發表評說。我們在「水手杜布里洛維奇（Dobrilovitch）」讀到「英俊非凡」的克羅埃西亞少年，是海利耶（Hayriye）公司的水手，一八六四年十二月十八日，他的船接近卡貝塔斯（Kabataş）

的時候，他的雙腿被夾在船和碼頭中間（城裡每個人共有的深刻恐懼）；他的一條腿和腿上的靴子一同落入海中，克羅埃西亞少年卻只說：「我丟了靴子。」

在最初幾卷，科丘筆下出自鄂圖曼歷史的美男子、美少年和俊美的赤腳英雄若非完全屬實，至少有部分靈感來自「城市書」（şehrengiz）、民間傳說以及在被人遺忘的市圖館內找到的寶藏：包括手稿、詩集、算命書籍、軼著以及尤其充滿可能性的十九世紀報紙檔案（他正是在這當中發現克羅埃西亞的美少年水手）。

隨著年齡增長，科丘悲傷而氣憤地意識到他無法限定他的《百科全書》篇幅在十五卷以內，且注定無法完成，於是覺得不該再自限於歷史上記載的美少年。他開始藉故巧妙地載入他打著各種幌子在街頭、酒館、咖啡館、夜總會（gazinos）和橋上遇見的各式各樣青少年，更不用說報童，他對每個人都十分感興趣，乃至為土耳其飛行基金販售玫瑰勳章的整潔美少年。於是，例如在《百科全書》的第十年，科丘六十三歲時出版的第九卷當中，他在第四七六七頁收錄了「一九五五至一九五六年間邂逅的一個十四、十五歲，技藝精湛的賣藝孩子」。科丘回憶一天晚上在哥茲塔比——他在此區度過大半生——的「安德」（And）夏日戲院見到他：「身穿白鞋白褲，胸前有顆星星和月牙的法蘭絨汗衫，表演技藝時脫掉衣服，只剩下一條白短褲，面容乾淨可人，風度翩翩，他的表現立即證明自己與同齡的西方人地位平等。」作者繼續描述表演結束後，雖然看見男孩手持托盤繞場收錢使他難過，卻很高興看到這孩子並不貪心，亦不逢迎。科丘繼續述說賣藝孩子給觀眾他的名片，五十歲的作家與這男孩之後便相識了。儘管作家寫了許多信給這孩子及其家人，兩人的關係卻在戲院的初次會面和《百科全書》的詞條記載之間的十二年間終止；他繼續哀嘆未曾收到回信，不清楚這孩子情況如何。

一九六〇年代期間，科丘的作品仍分卷出版，他耐心的讀者們並未把《伊斯坦堡百科全書》當作查閱這座城市的實質性參考，而是更把它當作融合本市奇聞異事與日常生活的雜誌來讀。我記得去別人家作客，見過有人把這些書冊跟週刊擺在一起。儘管如此，科丘並非家喻戶曉的人物。他《百科全書》裡的憂傷城市與一九六〇年代伊斯坦堡的社會習俗大相逕庭，而且沒有多少讀者能夠容忍、更甭說是領會他的性嗜好。但五十年來，他的第一部《伊斯坦堡百科全書》以及第二部的最初幾卷，有一批忠實的支持者，特別是作家和學人，渴望了解伊斯坦堡的迅速西化及其被燒毀、拆除並抹去的過去，他們將最初幾卷判定為「嚴謹」且「科學」。但是對我而言，只有在翻閱後來的幾卷——由一組人數大為減少的作家創作，給予科丘的個人癖好充分的施展空間——我的思緒才像插上了翅膀，在現在與過去之間飛舞。

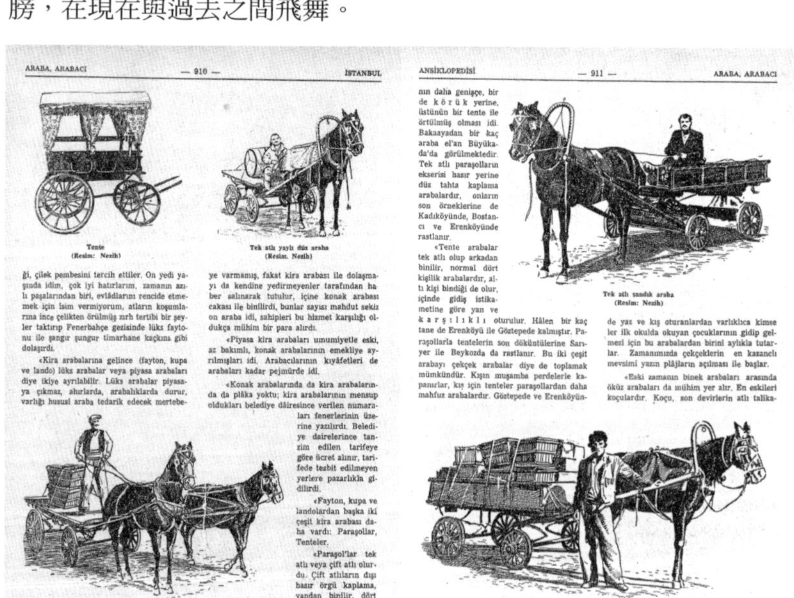
ARABA, ARABACI — 910 — İSTANBUL

Tente
(Resim: Nezih)

Tek atlı yaylı düz araba
(Resim. Nezih)

ği, çilek pembesini tercih ettiler. On yedi yaşında idim, çok iyi hatırlarım, zamanın azılı paşalarından biri, evlâdlarını rencide etmemek için isim vermiyorum, atların koşumlarına ince çelikten örülmüş zırh tertibi bir şeyler taktırıp Fenerbahçe gezisinde lüks faytonu ile şangır şungur timarhane kaçkını gibi dolaşırdı.

«Kira arabalarına gelince (fayton, kupa ve lando) lüks arabalar veya piyasa arabaları diye ikiye ayrılabilir. Lüks arabalar piyasaya çıkmaz, ahırlarda, arabalıklarda durur, varlığı hususi araba tedarik edecek mertebeye varmamış, fakat kira arabası ile dolaşmayı da kendine yedirmeyenler tarafından haber salınarak tutulur, içine konak arabası cakası ile binilirdi, bunlar sayısı mahdut sekiz on araba idi, sahipleri bu hizmet karşılığı oldukça mühim bir para alırdı.

«Piyasa kira arabaları umumiyetle eski, az bakımlı, konak arabalarının emekliye ayrılmışları idi. Arabacılarının kıyâfetleri de arabaları kadar pejmürde idi.

«Konak arabalarında da kira arabalarında da plâka yoktu; kira arabalarının mensup oldukları belediye dâiresince verilen numaraları fenerlerinin üzerine yazılırdı. Belediye dairelerince tanzim edilen tarifeye göre ücret alınır, tarifede tesbit edilmeyen yerlere pazarlıkla gidilirdi.

«Fayton, kupa ve landolardan başka iki çeşit kira arabası daha vardı: Paraşollar, Tenteler.

«Paraşol'lar tek atlı veya çift atlı olurdu. Çift atlıların dışı hasır örgü kaplama, yandan binilir, dört kişilik faytondan farkı ön kısmı-

Çift atlı yaylı düz araba
(Resim: Nezih)

ANSİKLOPEDİSİ — 911 — ARABA, ARABACI

nın daha genişçe, bir de k ö r ü k yerine, üstünün bir tente ile örtülmüş olması idi. Bakaayadan bir kaç araba el'an Büyükada'da görülmektedir. Tek atlı paraşolların ekserisi hasır yerine düz tahta kaplama arabalardır, onların son örneklerine de Kadıköyünde, Bostancı ve Erenköyünde rastlanır.

«Tente arabalar tek atlı olup arkadan binilir, normal dört kişilik arabalardır, altı kişi bindiği de olur, içinde gidiş istikametine göre yan ve k a r ş ı l ı k l ı oturulur. Hâlen bir kaç tane de Erenköyü ile Göztepede kalmıştır. Paraşollarla tentelerin son döküntülerine Sarıyer ile Beykozda da rastlanır. Bu iki çeşit arabayı çekçek arabalar diye de toplamak mümkündür. Kışın muşamba perdelerle kapanırlar, kış için tenteler paraşollardan daha mahfuz arabalardır. Göztepede ve Erenköyünde yaz ve kış oturanlardan varlıklıca kimseler ilk okulda okuyan çocuklarının gidip gelmesi için bu arabalardan birini aylıkla tutarlar. Zamanımızda çekçeklerin en kazanclı mevsimi yazın plâjların açılması ile başlar.

«Eski zamanın binek arabaları arasında öküz arabaları da mühim yer alır. En eskileri koçulardır. Koçu, son devirlerin atlı talika-

Tek atlı sandık araba
(Resim: Nezih)

Tek atlı tam çarklı sandık araba
(Resim: Nezih)

感覺上，科丘的哀愁與其說是源自鄂圖曼帝國的瓦解和伊斯坦堡的衰落，不如說是源於他本身在「雅驪」和木造樓閣度過的幽暗童年。我們可將我們的百科全書作者看作典型的收藏家，在遭遇個人創傷後與世隔絕，同物件獨處。然而，科丘缺少標準收藏家的唯物主義——他的興趣不在物件，而在獵奇故事。但正如許多西方收藏家不曉得他們的收藏品最終將收進博物館或散置各處，他最先有這股衝動時亦無宏大的計畫：他開始收集任何吸引他、與城裡新奇事物有關的任何資訊。

他意識到他的收藏可能永無止境，於是才有編纂百科全書的想法，從那時開始，他一直很清楚其收藏品的「物性」。一九四四年即認識科丘的拜占庭與鄂圖曼藝術史家埃耶瑟（Semavi Eyice）教授，從《百科全書》誕生以來便為它撰寫詞條，在科丘死後描述其龐大書庫堆滿他存放在信封裡的「材料」——剪報、圖片與照片收藏、卷宗與筆記（今已遺失），收集自他多年來閱讀的十九世紀報紙。

科丘意識到自己無法活著完成《百科全書》，於是告訴埃耶瑟想把一生集結的全部收藏拿去花園焚毀。只有真正的收藏家才會考慮這麼做，這使人想起曾在蘇富比（Sotheby's）工作的小說家查特文❷，他筆下的主人翁烏茲（Utz）一時氣憤，毀壞了自己的瓷器收藏。科丘最終並未讓憤怒佔上風，但就算如此也沒什麼不同；《伊斯坦堡百科全書》的製作越來越慢，終於在一九七三年完全停止。之前兩年，與他合夥的有錢人曾批評他隨個人喜好使文字充滿不必要的長篇大論；科丘跟他起了口角，而後將他的全部收藏——打字稿、剪報和照片——從巴比阿里的辦公室挪往哥茲塔比的公寓。無法將悲傷的歷史故事融入文本或放進博物館收藏，科丘在紙張堆積如山的公寓中度過晚年。他的姊姊過世後，他父親蓋的木造樓閣就

ANADOLUHİSARI — 806 — İSTANBUL

Nureddin Kıral'ın bir balıkçı kahvesi vardır ki köyün eş dost ve ahbab ile yegâne oturulacak yerlerdir. Göksu deresinin kenarında, beton köprünün başında, çukurda İbrahim Aslı'nın balıkçı kahvesi de hoş bir yerdir; ağ tamircilerini, dereden kum çıkaran amelelerí, balıkçı motör ve kayıklarını seyretmek; balıkçılar ve sandalcılarla dereden tepeden sohbet, zevkine varabileni saatlarca oyalayabilir. Hisar mahallesi halkının büyük ekseriyeti balıkçıdır, bir kısmı da memur ve mütekaitlerdir. Yenimahalle ahalisinin ekseriyetini ise halat fabrikası amelesi teşkil eder.

Köyün biri Kanlıca yolunda (Anadoluhisarı Camii), biri nefsi Hisar mahallesinde tepede (Tepe Camii), biri Göksu kenarında (Defterdar Mehmed Bey Mescidi), biri de Küçüksuda (Küçüksu Mescidi) dört mâbedi vardır; bunlardan Defterdar Mehmed Bey Mescidi haraptır; Küçüksu Mescidinin minaresi yıktırılmış, içine Cumhuriyet Halk Partisi Şemt Ocağı ile Anadoluhisarı İdmanyurdu yerleşmiştir. Altı tane namazgâhı vardır: Toplarönü namazgâhı, Otaktepe namazgâhı (B.: Otaktepe). Baruthane çayırı namazgâhı, Göksu namazgâhı, Dörtkardeşler namazgâhı (B. Göksu Deresi; Dörtkardeşler), Nişantaşı namazgâhı.

1946 da Anadoluhisarı yalıları şöylece sıralanmıştır: Vapur iskelesinden Kanlıcaya doğru Nihad Beyin ahşap yalısı, Sedad Beyin büyük ahşap yalısı, Yılmaz Reşad Beyin beton yalısı, Vasfi Aziz Beyin beton yalısı, Mizancı Murad Beyin ahşap yalısı (maalesef yıkılmıştır), Teşrifatci Ferruh Beyin ahşab yalısı, hısmen harab, Balıkcı Ahmed Beyin ahşab

Geçen asır sonlarında Anadoluhisarı yalıları ve eski yerinde Anadoluhisarı Camii
(Resim: Fotoğrafdan Nezihin eli ile)

ANSİKLOPEDİSİ — 807 — ANADOLUHİSARI

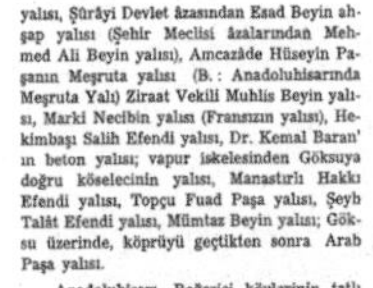
yalısı, Şûrâyi Devlet âzasından Esad Beyin ahşap yalısı (Şehir Meclisi âzalarından Mehmed Ali Beyin yalısı), Amcazâde Hüseyin Paşanın Meşruta yalısı (B.: Anadoluhisarında Meşruta Yalı) Ziraat Vekili Muhlis Beyin yalısı, Marki Necibin yalısı (Fransızın yalısı), Hekimbaşı Salih Efendi yalısı, Dr. Kemal Baran'ın beton yalısı; vapur iskelesinden Göksuya doğru köselecinin yalısı, Manastırlı Hakkı Efendi yalısı, Topçu Fuad Paşa yalısı, Şeyb Talât Efendi yalısı, Mümtaz Beyin yalısı; Göksu üzerinde, köprüyü geçtikten sonra Arab Paşa yalısı.

Anadoluhisarı, Boğaziçi köylerinin tatlı su kaynakları bakımından en zenginlerinden biridir; Göztepe, Elmalı ve Kestane suyu bu köy etrafındadır; bunlarıdan başka birçok pınarları, maslakları, şifalı ayazmaları vardır.

Son yıllarda çoğu bakımsızlıktan harap olmuş ve eskiden şöhretleri bütün İstanbulu tutmuş incir, fındık ve çilek bahçeleri ve üzüm bağları vardı. Üvezi, ayvası namlıydı; bilhassa Otaktepe yamaçları bu bağ ve bahçelerle bezenmişti; bu bağlar ve meyva bahçeleri içinde de en meşhurları şunlardı: Kel Mahmudun bağı (1946 da Anadoluhisarının meşhur marangozlarından S. Rifatın Ağababası), Çavuş üzümü ve cins cins armutarı meşhurdu; Akile Hanım bağı, Yusuf Cemil Efendi bağı Va-

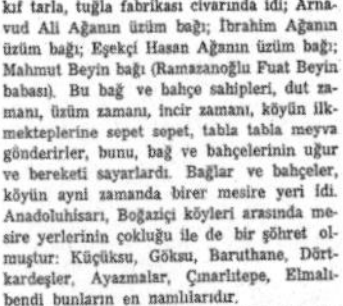
kıf tarla, tuğla fabrikası civarında idi; Arnavud Ali Ağanın üzüm bağı; İbrahim Ağanın üzüm bağı; Eşekçi Hasan Ağanın üzüm bağı; Mahmut Beyin bağı (Ramazanoğlu Fuat Beyin babası). Bu bağ ve bahçe sahipleri, dut zamanı, üzüm zamanı, incir zamanı, köyün ilkmekteplerine sepet sepet, tabla tabla meyva gönderirler, bunu, bağ ve bahçelerinin uğur ve bereketi sayarlardı. Bağlar ve bahçeler, köyün ayni zamanda birer mesire yeri idi. Anadoluhisarı, Boğaziçi köyleri arasında mesire yerlerinin çokluğu ile de bir şöhret olmuştur: Küçüksu, Göksu, Baruthane, Dörtkardeşler, Ayazmalar, Çınarlıtepe, Elmalıbendi bunların en namlılarıdır.

Boğaziçinin meşhur bir balıkçı köyü olarak son yarım asır içinde Anadoluhisarının en meşhur balıkçıları Ahmed Bey, Asâf Bey, Murad Reis, Kemal Reis, Râzi Reis, Said Efendi, Tahir Kaptan, İsmail Reis, Dayı Ya-

Geçen asır sonlarında Anadaluhisarı yalıları
(Resim: Fotoğrafdan Nezihin eli ile)

Geçen asır sonlarında Anadaluhisarı yalıları
(Resim: Fotoğrafdan Nezihin eli ile)

Geçen asır sonlarında Anadaluhisarı yalıları
(Resim: Fotoğrafdan Nezihin eli ile)

賣了，但科丘並未離開昔日的街坊。科丘遇見他晚年的同伴梅米特，如同遇見他在《百科全書》中描述的許多孩子；梅米特是個無家可歸的孩子，他收容照顧他，把他當兒子一般撫養長大。日後，梅米特辦了一家出版社。

四十幾位朋友——大多數是埃耶瑟之類的史學家或文人——三十年來為《伊斯坦堡百科全書》撰稿卻未曾領取報酬。有些人，像是阿魯斯（Sermet Muhtar Alus，他寫記事錄和幽默小說，記述十九世紀的伊斯坦堡——其特質、其宅邸和帕夏們幹的壞事）和埃爾金（Osman Nuri Ergin，他撰寫詳盡的市政史，並於一九三四年出版著名的城市指南）同屬老一輩的人，科丘的最初幾卷出版時，這些人亦相繼去世。至於年輕一輩的人，日子一長，他們將與科丘日漸疏遠，「因為他反覆無常」（就埃耶瑟的說法）。因此從事的儀式——辦公室的長談和街坊酒館的長夜——漸漸減少。

一九五〇至一九七〇年間，科丘喜歡在《百科全書》辦公室與朋友交談，揭開夜的序幕，之後移師西克魯茲（Sirkeci）的酒館。他們當中未曾有過女性：這群住在清一色男性世界中的著名作家，被認為是古典文學和鄂圖曼男性文化的最後代表。為人熟知的女性形象，對浪漫故事的熱愛，把性跟罪孽、淫穢、詭計、欺騙、變態、墮落、懦弱、災禍、罪行與恐懼扯在一起，《百科全書》的每一頁都顯示出這種傳統的男性文化。在它出版的前後三十年間，僅有一、兩位女性寫過詞條。後來，清一色男性的酒館之夜成為寫作出版儀式的重要部份，因為本身也值得成為詞條：在「酒館之夜」一條，科丘宣稱他與文人同輩們遵循著一個優良傳統，即同樣在上酒館之後才寫得出東西的鄂圖曼詩人。他又一次讚頌為他們取酒的美少年；在寫下這些少年的衣著、腰帶、他們細緻的五官和一貫的優雅之後，科丘斷言記載酒館之夜的最偉大作家是拉西姆。他對伊斯坦堡的典雅之愛，以及他對生動場景的才華，深深影響了科丘及其導師勒菲克。

科丘在《伊斯坦堡百科全書》和他「根據真實文件」為報紙所寫的連載文章中，取用拉西姆所寫有關古伊斯坦堡的辛辣故事，使它們發出邪惡、陰謀和浪漫的光芒。（最好的兩個例子是〈人們在伊斯坦堡尋找愛情時所發生的事〉以及〈伊斯坦堡的老酒館，酒館中充滿異國風情的舞男與男女酒客〉。）他利用土耳其不嚴謹的著作權法，大量引用大師的話——有時過於大量，卻始終真心誠意。

從拉西姆出生（一八六五）到科丘出生（一九〇五）之間的四十年，眾人目睹了城內最早的報紙出刊，阿布杜勒哈米德的西化統治與政治壓迫，大學的創辦，「青年土耳其黨」的抗議及報刊出版，文學界對西方的仰慕，土耳其最早的小說，猛烈的移民潮，多場大火；比歷史的變動更讓兩位最古怪的伊斯坦堡作家有別於彼此的原因，是他們對西方詩學的看法。拉西姆年輕時代寫過受受西方啟發的小說與詩，但很早便接受失敗，並意識到過度受西方影響是一種裝腔作勢，一種「盲目模仿」：就好像——他說道——在穆斯林社區賣田螺。此外，他認為西方人對獨創性、文學作品的永垂不朽以及把藝術家奉若神明等看法太不合宜，反倒順應一種蘇非派當之無愧的謙卑哲學：他給報紙寫稿是為了謀生，也引以為樂。雖然深受伊斯坦堡的無窮活力所啟發，他認為沒必要為他的「藝術」吃苦頭，或認真創造歷久不衰的「藝術」。他只在報社找他的時候寫寫專欄。

相較而言，科丘完全擺脫不了西方的形式：著迷於西方分類法的他，以西方人的眼光看待科學與文學。因此很難把他最愛的主題——奇人奇事，執著癖好，不可思議的邊緣生活——與他的西方理想統一起來。住在伊斯坦堡的他，對當時在西方邊緣地帶興起的浪漫派墮落一無所知。但即使知道，他也是取自某種鄂圖曼傳統，預期文人學者不在邊緣地帶、也不在墮落的地下活動，而是在社會的中心，與文化和權力中心進行有益的對話，向這些中心喊話。科丘最初的夢想是在大學擔任教授；遭撤職後，他接下來的夢想是出版一部有分量的百科全書。他的首要願望讓人感覺是要建立其「奇特想像」的威權，使其具有學術正當性。

對城市的曖昧世界有共同嗜好的鄂圖曼作家，則沒有掩飾的必要。在風行於十七、十八世紀的「城市書」當中，這些作家得以歌頌城市的種種面貌，同時也頌揚城市美少年的美德。事實上，這些詩意的「城市書」無拘無束地把描述美少年的詩句，和描述市內名勝古蹟之美的詩句混雜在一起。隨意舉個知名的鄂圖曼作家為例，比方說十七世紀旅行家艾弗里雅的作品，便足以了解文學傳統如何容許詩人以歌頌城內清真寺、氣候、水道的相同用語，來頌揚城裡的少年。但科丘這位「老派」伊斯坦堡作家卻發現自己困在壓倒性、一元化、均質化的西化運動中，沒有多少方式容他表達他那些「不容於社會」的嗜好與迷戀。於是他以百科全書的事業作為逃避。

但是他對百科全書的理解還有些古怪之處。科丘在放棄第一部《伊斯坦堡百科全書》之後撰寫的《從奧斯曼一世到土耳其之國父》當中某處提起一本中世紀的「美妙生物」書，克里亞（Kazvinli Zekeriya）所著的《創造的奇妙》（*Acaibu-l Mahlukat*）說它是「某一類百科全書」。科丘帶著某種民族自豪說，這證明鄂圖曼人早在受西方影響之前，便撰寫並使用百科全書之類的書籍；這感人的評論表明，他所認為的百科全書不過是按字母順序排列的一堆史實大雜燴。他也似乎沒想過史實與故事之間有所差異，必須有某種等級的邏輯，讓某些事情的重要性高於其他事情，為文明的本質與進程提供線索——換句話說，有些詞條應簡短，有些則應長篇論述，還有一些詞條——根據事實本身——應當完全省略。他從未想過他是為歷史效勞：他認為是歷史為他效勞。從這個意義上來說，科丘宛如尼采的文章〈論歷史的運用與濫用〉（*Vom Nutzen und Nachteil der Historie für das Leben*）當中「無能為力的歷史學家」——專注於歷史細節，將城市的歷史變成他自己的歷史。

他無能為力，是因為——就像那些不折不扣的收藏家，他們不依市場價值而是依主觀價值評定東西的等級——他對多年來從報紙、圖書館和鄂圖曼文件中挖掘出來的故事深感眷戀。一位快樂的收藏家（一般來說是位「西方」紳士）——不論其尋獵的起源是什麼——能夠將他匯集的物品整理成序，加以分類，使不同物件之間的關係清楚明確，使他的系統條理分明。但科丘的伊斯坦堡並不存在由單一收藏品組成的博物館。科丘的《伊斯坦堡百科全書》與其說是博物館，毋寧說是十六至十八世紀期間深受歐洲王子們與藝術家們喜愛的珍寶櫃。翻閱《伊斯坦堡百科全書》就好比往櫃子的窗裡瞧：在驚嘆海貝、動物骨骼和礦石標本的同時，你也忍不住對其古雅情趣會心而笑。

我這一代的愛書人聽人提起《伊斯坦堡百科全書》，便以同樣親切的笑容表示歡迎。因為我們之間相隔半個世紀，因為我們喜歡認為自己更「西式」和「現代化」，在說出「百科全書」這幾個字時，我們的嘴角不免一撇，露出嘲諷。但同時也對這位天真樂觀的男人寄以同情與了解，他認為自己可採用經過好幾百年才在歐洲發展而成的一種形式，以拉雜錯綜的方式一舉掌握。然而在此種輕微的優越感背後，我們暗自慶幸看到這部書出自一個夾在現代化與鄂圖曼文化之間的伊斯坦堡，拒絕加以分類或以任何方式懲戒光怪陸離的無政府狀態。尤其是一部多達十二巨冊、全部絕版的書！

ARABA VAPURLARI — 934 — İSTANBUL

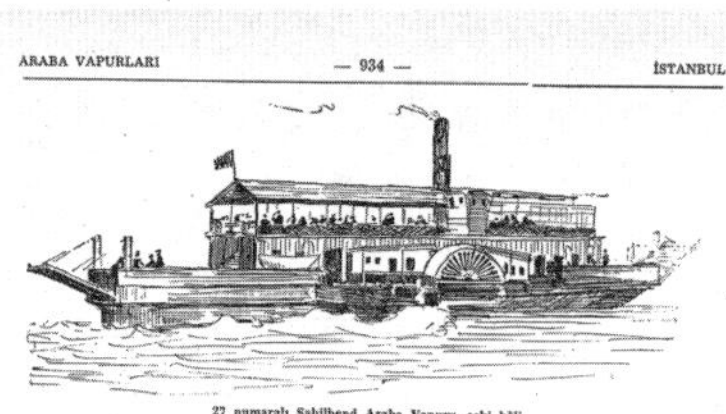

27 numaralı Sahilbend Araba Vapuru, eski hâli
(Resim: Nezih)

idaresinde, makinistleri de Hayri Soybay ile Zeki Alçın idi.

Çardak Vapuru — Mudanya'nın eşidir. 1959 da Remzi Taneri ve Mustafa Bayraktutan kaptanların idaresinde, makinistleri de Mehmet Göker ile Orhan Ayberk idi.

Kızkulesi Vapuru — 1951 de Fransada inşa edilmiştir, boyu 60 metre, genişliği 14,84 metredir. Dört katlıdır, dip katta motor dairesi, kaptanlar ve makinistler dairesi, mürettebat koğuşu ve iki ikinci mevki salon, ana güvertede kara nakil vasıtalarını almak için bir tünel-platform, tünelin iki yanında yolcuiçin iki koridor güverte, dördüncü katta da birinci mevki yolcular için iki koridor ve iki balkon güverte ile ortada büyük bir salon, salonda da bir Amerikan bar vardır; ve uçak gemilerini andıran iki yan tarafında yassı ve geniş iki bacalıdır. Gemi 700 yolcu alır, 16 kamyon yahut 32 otomobil taşır, mazotlu motorlarla çalışır, iki başında ikişerden dört pervanesi ve dört dümeni vardır, manevra kabiliyeti son derecede üstündür, durduğu yerde topaç gibi dönebilir, sür'ati 14 mildir. 1959 da Cemal Ödilek ve İlyas Sivri kaptanların idaresinde, makinistleri de Bedri Bingöl ile Mustafa Toploğlu idi.

Kasımpaşa Papuru — Kızkulesinin eşidir, ayni resim ve evsaftadır. 1959 da Salih ve Ömer Kars kaptanların idaresinde, makinistleri de Muzaffer Yayla ile İrfan Kıvırcık idi.

Karaköy Vapuru — Resim ve plân bakımından Kızkulesi - Kasımpaşa tipinin aynıdır, onların biraz daha küçüğüdür, 1952 de Fransada ayni tezgâhlarda yapılmıştır. Boyu 55 metre, genişliği 12,20 metredir. Büyükleri gibi dört pervaneli, dört dümenlidir. 550 yolcu alır, 12 kamyon yahut 26 otomobil taşır. 1959 da Mustafa Yarkın ve Osman Yazman kaptanların idaresinde, makinistleri de Fazıl Karaer ile Abdülkadir Bilekli idi.

Kuruçeşme Vapuru — Karaköy Vapurunun eşidir, ayni resim ve evsaftadır. 1959 da Salih Öztürk ve Habib Mahmudoğlu kaptanların idaresinde, makinistleri de Halil ile Mehmet Akbulut idi.

Kartal Vapuru — 1954 de Denizcilik Bankasının İstanbulda Haliç Tersânesinde inşa edilmiştir, dış görünüşü Fransada yaptırılan

Karamürsel Araba Vapurunun modeli
(Resim: Behcet)

ANSİKLOPEDİSİ — 935 — ARABA VAPURLARI

27 numaralı Sahilbend Araba Vapuru, son hâli
(Resim: Nezih)

araba vapurlarını andırır ise de ortada tek silindir bacalıdır, ana plâtform-güvertesi de iki tünellidir, dibdeki makina dairesi ilepersonel kamara ve koğuşlarına ve iki ikinci mevki salona tüneller ortasındaki bloktan girilir. En üstte iki balkon ve iki koridor birinci mevki salonu ile salonda bir amerikan barı vardır. Geminin boyu 58,20 metre ve genişliği 13,50 metredir, 480 yolcu taşır, 16 kamyon yahut 43 otomobil alır, makinaları kömür-istimle çalışır, sür'ati 10 mildir. İki başında birer pervanesi ve ikişerden dört dümeni vardır. 1959 da Fazli ve Hasan kaptanların idaresinde, makinistleri de Mehmet Kübiç ile Fahri Güneri idi.

Kabataş Vapuru — Kartal Vapurunun eşidir, 1956 da ayni tersânede inşa edilmiştir. 1959 da Abidin Yılmaz ve Seyfi Topçu kaptanların idaresinde, makinistleri de Talât Altkaya ile Mehmet Kavut idi.

Karamürsel Vapuru — 1957 de İstanbulda Haliç Tersanesinde inşa edilmiştir. Mevcut araba vapurlarının en büyüğüdür, yolcu istiabı çok azdır ve yalnız otomobil nakleder, 54 otomobil alır. Ortadan tek silindir bacalıdır, bacanın bulunduğu blok istisnâ edilirse gemi bir platform-güverteden ibarettir, kadro dışı edilen yandan çarklı iki yolcu vapurunun sağlam makina ve çarklarından istifade edilerek yapılmıştır, yandan çarklı olub iki başında ikişerden dört çarkı vardır, sür'ati 8 mildir. 1959 da Bahaeddin Ümid ve Kemal Kanbak kaptanların idaresinde makinistleri de Hüsyin Erdoğan ile Bahaeddin Yanık idi. (Daha etraflı bilgi için bütün bu vapur isimlerine bakınız).

İstanbulda, banliyösünde ve Yalova kazasında olmak üzere yedi arabavapuru iskelesi vardır: Sirkeci İskelesi, Hayreddin iskelesi, Kabataş İskelesi, Üsküdar İskelesi, Kadıköy İskelesi, Kartal İskelesi ve Yalova İskelesi (Bütün bu iskele isimlerine bakınız).

Seferler Sirkeci-Üsküdar, Hayreddin İskelesi - Üsküdar, Kabataş - Üsküdar, Sirkeci - Kadıköy, Sirkeci - Yalova ve Kartal - Yalova olmak üzere altı hat üstünde yapılır. Şiddetli lodoslarda Sirkeci -

Kartal Araba Vapurunun modeli
(Resim: Behcet)

偶而我會遇到為某種理由而不得不讀全套十二卷的人：研究伊斯坦堡蘇非僧侶道院遺址的藝術史家朋友，想多了解伊斯坦堡少為人知的公共澡堂的另一位朋友……彼此會心而笑之後，我們總有一種深深的衝動，想跟彼此交換意見。我笑著問我的學者朋友是否讀了在古老的澡堂，通往男士區的門前有洗破鞋、補衣服的舊貨攤？我的朋友反過來提出自己的問題：同一卷當中，「郁普蘇丹的陵墓梅樹」（Eyyubsultan Türbe Plums）一條如何說明被稱做「陵墓」的某類梅樹？誰是「水手法哈德」（Ferhad）？（答案：一位勇敢的水手，一九五八年夏日救了一個從島際渡船掉落海中的十一歲少年。）這時我們改談貝尤魯流氓卡菲爾（Cafer），他於一九六一年殺害其邪惡對手的貼身保鑣（依「多拉德雷（Dolapdere）慘案」詞條所述），或談論「骨牌玩家的咖啡館」，多屬城內希臘、猶太、亞美尼亞等少數族裔的骨牌迷曾聚在這裡玩牌。這把話題帶到我在尼尚塔石的家人，因為我們也玩骨牌。我憶起過去在尼尚塔石和貝尤魯販售骨牌的玩具、香菸和雜貨老店，於是我們開始沉溺在回憶與懷舊當中。或者我會說起「內褲男人」詞條（敘述為美觀而受割禮的「皮條客」帶著他的五個女兒遊走於各個城市，女兒們就像她們的父親，深受由安納托利亞〔Anatolia〕來到伊斯坦堡的商人所喜愛），或說起十九世紀中葉深受西方遊客喜愛的帝國飯店，或談論「商店」一條，他如何詳細地敘述伊斯坦堡商店名稱的改變。

我的朋友和我一旦感受到古老的憂傷籠罩我們，才知道除此之外還有其他的東西。科丘真正的主題是他未能以西方的「科學」分類法來闡釋伊斯坦堡。他失敗的原因，有部分是因為伊斯坦堡是如此多樣、如此混亂、比西方城市詭奇許多：它的雜亂無章拒絕被分類。但是我們抱怨的此種異己性 (otherness)，在我們談了一會兒之後，看上去越來越像美德，於是我們想起為何珍惜科丘的《百科全

REŞAD EKREM KOÇU

İSTANBUL

ANSİKLOPEDİSİ

Âşıkpaşa Camii
(Resim: Salih Sinan)

Bu fasikülde 17 resim, plân ve harita ve metin dışında bir yaprak resim ilâvesi vardır.

ÜÇÜNCÜ CİLD
Fasikül

KURUŞ

Âsım — Aşı Mamarları Mektebi

İstanbul Yayınevi
İstanbul Ankara caddesi
No. 50

ANSİKLOPEDİSİ — 2311 — BAYRAM YERLERİ

Vefâ Meydanı (zamanımıza kadar intikal etmemiş İstanbulun en büyük ve şenlikli meydanı idi) ve At Meydanı olduğunu onyedinci asrın büyük şâiri Şeyhülislâm Yahya Efendinin bir gazelinden öğreniyoruz;

Salınsun id irişdi yine hûbânı Stanbulun
Yine âràste olsun Karaamânı Stanbulun
Safâlar kesbidüb uşşâk olunsun merhabâ yeryer
Vefâ Meydânına gelsün civânânı Stanbulun
Şemendi nâz ile yükrek civanlar seyre çıksunlar
Pür olsun hûblerle At Meydânı Stanbulun

Eski bayram yerlerinin fevkâlâde rağbet gören eğlencesinin de gaayet büyük dönme dolablar olduğu anlaşılıyor; bayram yerlerinde atla dolaşan veya dönme dolaba binmiş olan mahbub civanlar şânında şâirlerimizin güzel tasvirleri vardır:

İd gelüb varalım doolaaba dilber seyrine
Görelim âyinei devran ne sûret gösterir
(Bâki (XVI. asır)
Binüb doolaaba her bir mâhi tâbânı Stanbulun
Yahya (XVII. asır)
Süvar olduken hûban rûsigâra hükmider gûyâ
Dönüb her tahtal doolaab bir tahtı sülaymâna
Şâkir (XVIII. asır)
Her güzel doolaaba binmiş bir içim sûdur heman
Yahya (XVII. asır)

Onsekizinci asır şâirlerinden Sâmi de bayramyeri salıncakları için;

Bi karar oldu salıncak gibi kalbi uşşâk
İdgehde salınıb seyre çıkınca hûban.

diyor.

Eski İstanbulun bayram yerlerinin bir tasvirini de Mehmed Âkifin «Bayram» adındaki manzumesinde buluyoruz;

Birinci gün hava bir parça nâ müsâiddi,
İkinci gün açılıp sonra pek güzel gitti.
Dedim ki: «Fâtihe çıksam yavaşca, bir yanda
Durub o âlemi seyreylesem de meydanda,
Ziyâret etsem ehibbâyı sonradan.. hoş olur.
Bütün gün evde oturmak ne olsa boş olur».
Bu arzûyi teneezzüh gelince artık ben
Durur muyum? Ne gezer! fırladım hemen evden.
Gelin de bayramı Fâtihde seyredin, zirâ
Hayâle, hâtıra sığmaz o hercü merei safâ

İstanbulda bir bayram yeri
(Münif Fehimin kompozisyonundan B. Cantok eli ile)

書》——因為它讓我們沉浸於某種愛國主義。

我們並未養成怪癖，讚揚伊斯坦堡的光怪陸離，於是我們承認我們之所以喜愛科丘是因為他的「失敗」。《伊斯坦堡百科全書》之所以未能成功——這也是四位憂傷作家潦倒之所在——是因為作者終究未能西方化。想以新的眼光看城市，這些作家必須破除自己的傳統身分。為了西方化，他們踏上不歸路，走向東西方之間的朦朧地帶。就像我們的其他三位憂傷作家，科丘最美最深刻的篇章存在於兩個世界交會處的部份，而（也跟其他三位一樣）他為他的獨創性所付出的代價，則是孤寂。

科丘死後，在七〇年代中葉，每逢去拱廊市集，我便駐足於倍亞濟（Beyazit）清真寺旁邊的沙哈發爾（Sahaflar）二手書市，找到柯丘晚年自費出版的最後一批未裝訂成書的分卷，坐在一排排泛黃、褪色、發霉、廉價的舊書中間。我在祖母家的書房開始閱讀的這些書卷，如今以廢紙價格出售，然而我認識的書商們說他們找不到買主。

❶ 艾弗里雅（Evliya Çelebi），最著名的土耳其旅行家之一。曾在鄂圖曼帝國及其鄰國旅行四十餘年。

❷ 查特文（Bruce Chatwin），1940-1989，英國作家，曾是著名藝術品拍賣公司「蘇富比」最年輕的董事之一，後辭去工作旅行，著有《巴塔哥尼亞高原上》等書。

19 土耳其化的君士坦丁堡

就像伊斯坦堡大部分的土耳其人，小時候我對拜占庭沒什麼興趣。這詞兒讓我聯想起詭異、留鬍子、穿黑袍的希臘東正教神父，穿越市區的水道橋，聖索菲亞教堂（Haghia Sophia）以及老教堂的紅磚牆。對我而言，這些東西是遙遠年代的殘跡，用不著去了解。甚至征服拜占庭的鄂圖曼人似乎也非常遙遠。畢竟這些東西已被我們這些人所屬的第一代「新文明」所取代。但即使鄂圖曼人聽起來就像柯丘描述的那般古怪，至少我們還認得他們的名字。被征服之後不久，他們便不留痕跡地消失了，或者大家是這麼告訴我的。沒有人告訴過我，他們的子孫後代如今在貝尤魯經營鞋店、糕餅舖和縫紉用品店。他們是家族企業：當我們去布店，我母親想看看窗簾用的錦緞或坐墊套用的絨布，聽見的背景聲音就是父親、母親和女

兒以連珠炮般的希臘話跟彼此閒聊。之後回到家，我喜歡模仿他們古怪的語言，以及櫃台的女孩同父母說話時激動的手勢。

從家人對我的模仿所做的回應，他們讓我知道希臘人就像城裡的窮人和郊區的居民，不太「高尚」。我想必然跟征服者麥何密從他們手中奪走城市有關。慶祝伊斯坦堡的征服五百週年——有時稱之為「偉大奇蹟」——是一九五三年的事，在我出生後的一年，但我可不認為這項奇蹟哪兒特別有趣，除了發行的系列紀念郵票之外。一張郵票展示的是出現在夜裡的船，另一張則展示貝里尼（Bellini）所繪的征服者麥何密，第三張則展示魯梅利堡壘的高塔，因此可說這一切猶如一隊遊行行列，展現與征服有關的所有神聖形象。

你通常看得出你究竟站在東方或西方，只需看你如何提起某些歷史事件。對西方人來說，一四五三年五月二十九日是君士坦丁堡的陷落，對東方人來說則是伊斯坦堡的征服。若干年後，我的內人就讀哥倫比亞大學（Columbia University），在考試中使用「征服」一詞，她的美國教授指控她有「民族主義情結」。事實上，她使用這詞不過是因為在土耳其念中學時學的是這種用法；由於她母親有俄國血統，她可說是較同情東正教徒。也或許她不看作是「陷落」或「征服」，感覺更像是夾在兩個世界之間的倒楣人質，除了做回教徒或基督教徒之外別無選擇。西化運動和土耳其民族主義促使伊斯坦堡開始慶祝「征服」。二十世紀一開始，這座城市僅有半數人口是回教徒，非回教徒居民大半是拜占庭的希臘後裔。在我小時候，城裡較直言的民族主義者所持的觀點是，常使用「君士坦丁堡」一詞的人是不受歡迎的外國人，他們抱著民族統一的夢想，希望有一天首先統治這座城市的希臘人，回來驅逐佔領了五百年的土耳其人——或至少把我們變成次等公民。於是，民族主義者堅持用「征服」一詞。相較而言，鄂圖曼人卻願意把他們的城市稱為「君士坦丁堡」。

即使在我的時代，致力於共和國西化的土耳其人也慎防太強調「征服」一詞。總統拜亞爾（Celal Bayar）和首相曼德勒斯兩人皆未出席一九五三年的五百週年慶典；儘管慶祝活動已計畫多年，最後一刻卻決定此種作法可能冒犯希臘人和土耳其的西方盟國。冷戰時期才剛開始，而身為北約成員國的土耳其不希望提醒世界有關征服的事。然而三年後，土耳其政府蓄意挑起所謂的「征服熱」，任憑暴民在城內胡作非為，搶奪希臘人和其他少數族裔的財物。不少教堂在暴動期間遭破壞，神甫遭殺害，西方史學家在君士坦丁堡的「陷落」記事中描述的殘暴因而重演。事實上，土耳其政府和希臘政府都犯了把各自的少數族裔當作人質的地緣政治罪，也因此過去五十年來離開伊斯坦堡的希臘人多過一四五三年以後的五十年。

一九五五年，英國離開塞浦路斯，希臘準備接管整個島的時候，土耳其的一名特務人員，往土耳其國父於希臘城市薩羅尼加（Salonika）❶出生的房子扔了一枚炸彈。土耳其各大報以特刊傳播此一消息後，仇視城內非回教徒居民的暴徒聚集在塔克辛廣場，燒毀、破壞並洗劫我母親和我曾去貝尤魯逛過的所有商店之後，整個晚上在其他城區幹相同的事情。

一群群暴亂份子極為狂暴，引起歐塔廓伊、巴魯克爾（Balikli）、薩瑪提亞（Samatya）和芬內爾（Fener）等希臘人口最密集的地區極大恐慌——他們不僅焚燒洗劫希臘雜貨店和乳製品店，還破門而入，蹂躪希臘和亞美尼亞婦女。因此說暴亂份子跟征服者麥何密攻陷城市後大肆洗劫的士兵們一樣殘暴，並非毫無道理。後來才發現，這次暴動——恐怖持續兩天，使這座城市比東方主義者的夢魘更像地獄——的組織者有政府支持，在政府的縱容下劫掠城市。

因此當天整個晚上，敢在街上走的每個非回教徒都冒著被暴民處死的風險。隔天早晨，貝尤魯的商店成了一片廢墟，窗戶被砸碎，門被踢開，商品不是遭掠奪就是被痛快地摧毀。到處撒滿衣服、地毯、布匹、翻覆的冰箱、收音機和洗衣機；街上堆滿破碎的瓷餐具、玩具（最好的玩具店都在貝尤魯）、廚具、當時很時興的魚缸和吊燈所殘留的碎片。在腳踏車、翻覆焚毀的汽車、劈爛的鋼琴、倒在布料滿地的街上凝視天空的殘破假人模特兒當中，有三三兩兩鎮壓暴亂的坦克車，卻來得太遲。

若干年後，我的家人長篇講述這些暴動，因此細節之生動彷彿我親眼看過。

基督徒家庭清理他們的商店和家園時，我的家人回想起我伯父和祖母從一扇窗奔往下一扇窗，愈來愈恐慌地看著憤怒的暴民在我們街上走來走去，砸碎商店玻璃，咒罵希臘人、基督徒、有錢人。不時有人群聚集在我們的公寓外頭，但正好我哥哥才剛培養一個愛好，迷戀上阿拉丁的店開始販售的土耳其小國旗（或許是想利用當時風靡全國的高漲民族主義情操吧），他在我伯父的道奇車上掛了一面旗，我們認為，憤怒的暴民因為它才沒把車弄翻，甚至還放了窗戶一馬。

❶ 今稱帖薩洛尼基（Thessaloniki），希臘馬其頓地區海港城市。

20 宗教

十歲以前，神在我心目中有個清晰圖像：老而憔悴，披著白紗巾，神是個外表平凡的可敬婦人。她雖像人類，卻跟我夢裡的幽靈更有共同之處：一點都不像我會在街上碰見的人（土耳其語有個單字的意思指「他」、「她」和「它」—— o）。因為她出現在我眼前時是上下顛倒，稍稍偏向一邊。我幻想世界中的幽靈們在被我發覺時，羞怯地消失在背景中，而她也一樣：在以某些影片和電視廣告中出現的搖擺手法拍攝周遭世界後，她的形象銳化，開始上升，達到雲霧中的恰當位置便隱沒而去。她白頭巾上的皺褶，就跟雕像和歷史課本上的插圖看見的一樣清楚而精細，覆蓋全身——因此我甚至看不見她的手臂或腿。每當這幽靈出現在我眼前，我便感到強大、莊嚴而崇高的神靈降臨，但奇怪的是並不覺得恐懼。我不記得曾請求她的幫助或指引。我非常清楚她對我這般人不感興趣：她只在乎窮人。

在我們的公寓樓房裡，唯有女僕和廚子對這幽靈感興趣。儘管我隱約知道，至少就理論而言，神的愛超越他們之外，擴及屋簷底下的每個人，我卻也知道我們這般人幸運得足以不需要她的愛。神之存在是為了幫助痛苦的人、安慰孩子無法受教育的窮人、幫助一天到晚懇求她的街頭乞丐、幫助患難時期的無辜之人。這就是當我母親聽說通往偏遠村落的道路因暴風雪而封閉，或窮人因地震無家可歸的時候便說「願神幫助他們」的原因。請求幫助似乎還是其次，倒是表達出我們這種富裕人家在這時候感到的一絲內疚；幫助我們遺忘無能為力的空虛之感。

身為邏輯思考的生物，我們理所當然地確信，把光輝藏在一堆白披巾後頭的這位柔和而年長的神靈不願聽我們說話。畢竟，我們沒為她做任何事，而我們公寓裡的廚子和女僕以及週遭每一戶窮人家，都得下苦功夫，利用各種機會，與她取得聯繫；他們甚至每年齋戒一個月。我們的哈妮姆不服事我們時，便跑回她的小房間鋪上地毯禱告；每感覺快樂、哀傷、歡欣、惶恐或憤怒時，她便想到神；每當開門或關門，第一次或最後一次做任何事，她便召喚神的名字，而後屏聲息氣地喃喃低語。

除了想起神與窮人之間的神秘關係之外，她並未使我們過份費心。幾乎可以這麼說，知道他們仰賴別人拯救他們，知道有另一個力量能幫助他們「承受負擔」，使我們如釋重負。但此種寬慰的想法，有時因害怕窮人有一天會用他們與神之間的特殊關係對抗我們，而冰消瓦解。

我記得有幾回——更多是出於好奇心，而非出於百無聊賴——看著我們的老女僕禱告時心中感到的不安。透過半開的門往裡看，我們的哈妮姆看起來很像我想像中的神：在祈禱毯上微微偏向一旁，慢慢彎下身把臉埋在毯子上；站起身後，再一次彎下身，拜倒在地時，看起來猶如乞討，接受她在世上的卑微地位。不知何故，我覺得焦慮而且有些生氣。她只在無迫切職責在身，沒有別人在家時才祈禱，斷斷續續的祈禱聲劃破寂靜，使我心煩意亂。我的眼光落在爬上玻璃窗的一隻蒼蠅。蒼蠅四腳朝天掉了下來，掙扎著翻過身時半透明的翅膀嗡嗡作響，與哈妮姆的禱告和低語聲混雜在一起，突然間我再也無法忍受這一切，扯了扯她的頭巾。

據我的經驗，妨礙她禱告會讓她不高興。這位老婦人費盡力氣

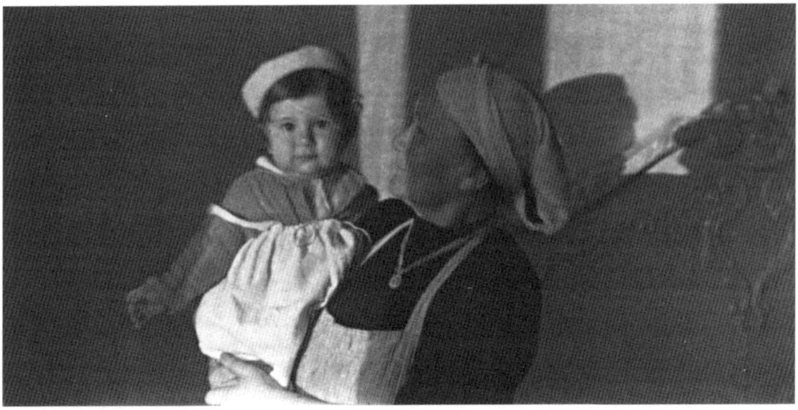

對我的侵擾不予理會，讓我覺得她做的事像是假的，只不過是一場遊戲（因為此刻她只是假裝祈禱）。但她專心祈禱的決心仍給我留下深刻印象，當作是對我的挑戰。當神介入我和這位婦人之間——這婦人始終疼愛我、把我抱在膝上、告訴在街上停下腳步誇讚我的人我是她的「孫子」——我就像家中每個人一樣，對虔敬之人的信仰感到不安。我與土耳其世俗中產階級的每個人共同懼怕的不是神，而是信奉者的狂熱。

有時當哈妮姆祈禱時，電話鈴響，或是我母親突然需要她做些什麼而大聲呼叫她。我於是朝母親直奔而去，告知她在禱告。有時我這麼做是出於好心，有時我更受那種奇特的不安、妒忌、惹麻煩的欲望所驅使，只是想看看會發生什麼事。我亟欲知道何者較為強烈，女僕對我們的忠誠，抑或她對神的忠誠：一部分的我渴望與她遁逃而入的這另一個世界作戰，有時得來的卻是威脅的回應。

「你在我禱告時扯我頭巾，手會變成石頭！」我仍繼續扯她的頭巾，但什麼也沒發生。但就像我的長輩們，雖宣稱不相信這些胡說八道，卻仍然謹慎小心——以防時間證明他們錯了——我知道超過某個限度，我便不敢去惹她，別因為這回沒變成石頭……正如我謹慎的家人們，我意識到若嘲弄了宗教或表現出興趣缺缺，最好立即轉移話題；我們把虔誠與貧窮畫上等號，卻從不敢高聲說出。

對我而言，彷彿他們一天到晚把神掛在嘴上是因為貧窮。我之所以得出這種錯誤結論，完全可能是因為看見家人以懷疑和嘲弄的眼光看待一天禱告五次的信徒。

假使神不再以披戴白頭巾的名流形象出現，假使我與**她**的關係是引發一絲恐懼和告誡的話題，部分是因為我家沒有人認為應當給我上宗教課程。或許因為他們沒什麼可教我：我不曾見過我有哪個家人在地毯上跪拜，或齋戒，或低聲禱告。在此意義上，你可以說我們這類家庭就像無神論的歐洲中產階級家庭，缺乏勇氣畫清最後的界線。

說來似乎是說風涼話，然而在土耳其國父新共和的非宗教狂熱中，拋棄宗教即是現代化和西化；自滿當中時而搖曳著理想主義的火焰。但那是在公開場合；在私底下的生活，沒有任何東西填補精神的空虛。消除了宗教，家變得和城裡的「雅驪」遺跡一樣空洞，和「雅驪」四周蕨類密佈的花園一樣昏暗。

因此在我們家，便交由女僕填補這空虛（並滿足我的好奇——神如果不重要，何必蓋那麼多清真寺？）。不難看出迷信的愚蠢。(「你若碰這個就會變成石頭，」我們的女僕說道。「他的舌頭打了結。」「一個天使來把他帶上天。」「別先放左腳。」）綁在教長 (sheikh) 陵墓上的布塊，在奇哈格為蘇父爸爸（Sofu Baba）點著的蠟燭，女僕因無人送她們看醫生而自行調配的「老婦偏方」，以及幾百年的回教僧派以格言、諺語、威脅和建議等形式，進入我們這共和國時代歐洲家庭的遺物；它們或許是一派胡言，卻同時也在日常生活中留下痕跡。即使到現在，在某個大廣場或走在走廊或人行道時，我仍會突然想起不該踩在鋪路石之間的裂縫或黑色方格上，於是不由自主地跳著走。

我的腦子把這些宗教訓諭跟我母親的規定（例如「不要指指點點」）混為一談。或者，當她跟我說不要打開窗或門因為穿堂風會吹進來，我便想像穿堂風是某個靈魂不能被打擾的聖人。

因此我們不把宗教看作神通過先知、書本和律法對我們發言的體系，而是把它降格為古里古怪、時而逗趣的一套下層階級奉為依歸的規章；撤去了宗教的力量，我們得以接納它成為我們家的一份子，當作某種古怪的背景音樂，陪伴我們在東西方之間左右擺盪。我的祖母、父親、伯父姑媽們——他們一天也沒齋戒過，但在齋月期間，他們就跟禁食的人一樣在飢餓中等待日落。冬日的夜來得早，祖母跟她的朋友們玩牌時，齋戒結束即是大吃一頓的藉口，也就是說享受更多烤箱裡的食物。但還是有些讓步：一年當中每個月，這些群聚的老婦人一邊玩牌一邊接連不斷地吃著東西，但齋月期間，日落將近時，她們停止大啖，饞涎欲滴地盯著附近的一張餐桌，桌上擺滿各種果醬、奶酪、橄欖、肉餅和蒜頭臘腸；當廣播傳出笛聲，表示齋戒即將結束，她們便如飢似渴地注視餐桌，彷彿她們和佔全國人口百分之九十五的普通回教徒一樣，從黎明開始就沒吃過東西。她們彼此問道：「還有多久？」聽見砲響，她們等廚子貝吉爾在廚房裡吃過東西，而後她們也朝食物撲過去。至今，每當聽見笛聲，我仍會淌口水。

我的第一趟清真寺之行加強了我對一般宗教、尤其是伊斯蘭教的偏見。幾乎是偶然地：有天下午無人在家，我們的女僕哈妮姆沒徵求任何人同意便帶我去清真寺——倒不是急著想朝拜，而是在室內待膩了。在帖斯威奇耶清真寺，我們看見二、三十人——多半是後街的小商店老闆，或給尼尚塔石的有錢人家幹活的女僕、廚子和門房；他們聚在地毯上時，不大像集會信眾，而更像是聚在一起交

換意見的朋友。等待祈禱時刻到來時，他們彼此低聲閒聊。祈禱的時候我在他們當中走來走去，跑到清真寺一角玩我的遊戲，沒有人停下來責備我；反倒跟我小時候的大部分成年人一樣，對我露出甜美的微笑。宗教或許屬於窮人的領域，但我現在看見——與報上以及我的共和國家庭所醜化的對象恰恰相反——信教的人是無害的。

然而帕慕克公寓裡對他們的取笑，使我獲悉他們的善良純潔有其代價：土耳其現代化、繁榮、西化的夢想因此而更難達到。身為西化、實證派的有產階級，我們有權治理這些半文盲人口，我們樂於防止他們太依賴迷信——不僅因為私底下對我們來說很相宜，還因為我們國家的命運取決於此。我祖母若發現某個電工跑去祈禱，就連我也看得出這與他沒把小小的修理工作幹完無關，而是跟妨礙「我們國家進步」的「傳統與習慣」有關。

土耳其國父的忠實信徒控制媒體，他們將戴黑頭巾的婦女和撥弄念珠、滿臉鬍子的守舊派當作嘲笑對象，學校為紀念共和國革命烈士舉辦典禮——這一切都提醒著我，這個民族國家屬於我們，而不屬於窮人信眾，他們的虔誠把我們其他人跟他們一起拖垮。但與我們家的數學和工程狂熱者們感覺一致，我跟自己說我們的控制權並非取決於我們的財富，而是取決於我們現代而西化的眼光。因此我瞧不起跟我們一樣有錢卻不西化的家庭。這些區別後來站不住腳，因為土耳其的民主較為成熟的時候，有錢的鄉下人開始湧入伊斯坦堡，將自己引見給「社會」。那時我父親和伯父生意失敗已損失慘重，使我們不得不難堪地被不喜歡現世主義或對西方文化一無所知的人遠遠超過；如果教育讓我們有資格享用財富與特權，那該如何解釋這些虔誠的暴發戶？（當時我對富含教養的蘇非信仰、曼吾利瓦伊教派〔Mevlana〕，或者偉大的波斯遺產仍一無所知。）我只知道，被左派人士斥為「富農」的新富階級持有的觀點無異於我們的司機和廚子。如果伊斯坦堡西化的中產階級支持過去四十年來的軍事干預，從未竭力反對軍事介入政治，那不是因為擔心左派份子起義反叛（土耳其左派份子從來不曾強大得足以取得此一功績）；反倒是，精英對軍事的寬容是出於擔心哪一天下層階級和暴發戶聯合起來，從各省蜂擁而來，打著宗教旗號消滅中產階級西化的生活方式。但假如我再繼續討論軍事政變和政治伊斯蘭（這跟一般認為的伊斯蘭無甚關係），便可能破壞本書隱藏的對稱性。

我發覺宗教的本質是內疚。小時候因為對不時出現在我想像中的白頭巾尊貴女士不夠敬畏，且不夠信仰，而使我感到內疚。跟信仰她的人保持距離，也使我內疚。但是——正如同我全心擁抱我經常逃入的幻想世界——我盡我童稚的力量對這種內疚表示歡迎，肯定我的不安能深化我的靈魂，增長我的才智，為我的生命帶來色彩。至於住在伊斯坦堡另一棟房子的另一個快樂奧罕——在我的想像中，宗教並未對他造成任何不安。每當厭倦了宗教內疚感，我便想找到這個奧罕，知道他不會浪費時間想這些事，寧可去看電影。

儘管如此，我的童年並非從未降服於宗教的指示。小學最後一年有個老師，如今在我記憶中既討人厭而且獨裁，儘管當時的我只要看見她便快樂無比；她對我笑時，使我如醉如痴，但只要她眉毛一揚，也能使我肝腸寸斷。這位年長、白髮、慍怒的女人向我們講述「宗教之美」時無視於信念、恐懼和謙卑等難題，反倒決定把宗教視為理性主義者的功利主義。據她的說法，先知穆罕默德認為齋戒的重要性不只為了磨練人的意志，也為了增進健康。好幾個世紀，敵視宗教之美的西方女人仍享用健康的齋戒之樂。祈禱加快你的脈搏；好比體操，使你保持警覺。在我們這個時代，在不計其數的日本機關和工廠內，吹響哨子表示暫停工作，每個人做五分鐘運動，頗像回教徒停下來做五分鐘禱告。她那理性主義的伊斯蘭，肯定了我內心小小的實證主義者對信念和自制的隱密渴望，於是齋月期間的某天，我決定也要齋戒。

雖然我是在老師的影響下做這件事，我卻未告知她。我告訴母親時，我看見她雖詫異，卻很高興，還有些擔心。她是「以防萬一」而信神的人；即便如此，齋戒在她看來是落後的人纔做的事。我並未跟父親或哥哥提起這件事。甚至在我進行首次齋戒之前，我對信仰的渴求即已變質，成為最好加以保密的恥辱。我熟知家人微妙、多疑、嘲弄的階級看法，知道他們可能說什麼。因此我進行齋戒，沒讓任何人察覺或輕拍我的背說「幹得好」。或許母親應當跟我說一個十一歲的孩子毫無齋戒的義務，反倒是為我準備我最喜愛的東西——麻花蛋糕和鳳尾魚烤麵包——等著我齋戒結束。她心中有部分樂見這麼小的男孩對神表示敬畏，但她的眼神亦說明她已擔心這是否顯示某種自毀性情很可能決定我一輩子心靈受難。

我家對宗教的矛盾心理在「祭牲節」（Kurban Bayram）上最為

明顯。就像所有的穆斯林有錢人家，我們買一頭公羊，養在帕慕克公寓後方的小庭院中，直到節慶的第一天，街坊的屠夫過來宰殺牠。不同於土耳其漫畫書中有顆黃金打造之心的小英雄，希望公羊能倖免於難，我不很喜歡羊，因此每回見到在劫難逃的公羊在庭院中嬉戲，我並未為之心碎。我甚至慶幸不久就能剷除這隻醜陋、蠢笨、腥臭的動物；不過我卻記得我們的做法使我良心不安：把羊肉分給窮人之後，我們自己則坐下來享受家庭盛宴，暢飲我們的宗教嚴禁的啤酒，享受肉商的肉，因為我們的新鮮祭肉味道太腥。儀式重點在於用動物**取代小孩**作為祭品，證明我們與上天的關係，藉以擺脫我們的內疚。由此可見，我們這般人吃肉商的好肉**取代**我們獻祭的**動物**，有理由感到更加內疚。

我們家在緘默中忍受著比這類事情更令人不安的疑慮。我在伊斯坦堡的許多西化、現世主義的有錢人家看見的心靈空虛，都反映在這些緘默中。人人公開談論數學、學校的好成績、足球，熱熱鬧鬧，但他們卻與基本的存在問題格鬥——愛，憐憫，宗教，生命的意義，妒忌，憎恨——顫抖而迷惘，痛苦而孤單。他們點燃一枝菸，專心聽電台播放的音樂，一語不發地重返內心世界。我為表達對神的秘密之愛而進行的齋戒，也大致出自同一種心理。由於冬天日落得早，我不覺得有怎麼挨餓。即便如此，吃著我母親為我準備的餐點（鳳尾魚、美乃滋和魚子沙拉與傳統的齋月飲食大不相同）仍使我感到快樂而平靜。但我的快樂跟敬神的關係不大，而是單純對自己成功地通過考驗感到滿意。吃飽後，我去庫納克（Konak）電影院看了一場好萊塢電影，把整件事忘得一乾二淨：此後我再也無心齋戒。

雖然我不像我所希望的那般信神，部分的我仍希望神如果像人們所說的無所不知，以她的聰明，應當明白我何以無法信仰——因此而原諒我。只要不四處宣傳我沒有信仰，或旁徵博引地攻擊信仰，神就會了解，減輕我為我的缺乏信仰所承受的內疚與煎熬，或至少不過份把心思放在我這般小孩身上。

我最恐懼的不是神，而是過度信仰她的那些人。虔誠者的愚昧：他們的判斷力永遠無法與神相比——神不容許；而他們的全心愛慕——則是令我害怕的第二件事情。多年來，我心頭一直懷著恐懼，有一天，我會因為「跟他們不一樣」而受到懲罰，這種恐懼比我在我的左派青年期間閱讀的任何政治理論，給我的衝擊要大得多。想不到的是，後來我發現我那些現世主義、半信神半西化的伊斯坦堡同胞們，少有人跟我有同樣的內疚感。但我喜歡想像他們在一場車禍後，躺在病床上，從未履行宗教職責、始終對虔敬者不屑一顧的人，開始取得對神的心神領會。

中學時有個同學有足夠的勇氣拒斥此種心神領會。他是個調皮搗蛋的男孩，出身於以經營房地產致富的富豪家庭；他在他位於博斯普魯斯沿岸山丘上的豪宅大花園裡騎馬，還曾代表土耳其參加國際馬術競賽。我們有回下課聊到形而上學，就像小孩子有時做的那樣，他見我恐懼得發抖。他仰頭看天，喊道：「神如果存在，就讓祂把我擊斃吧！」接著他以某種令我震驚的自信，加上一句：「可是你看，我還活著呢。」我因自己缺乏這樣的勇氣而感到慚愧，也對自己暗中認為他說的沒錯而感內疚，儘管心中惶惑，卻挺高興，雖不很清楚原因。

滿十二歲之後，我的興趣——和內疚——以性為主，甚於宗教，不再考慮信仰之心和歸屬之心之間無法估量的矛盾關係。似乎從那時候起，痛苦不在遠離神，而在遠離我周圍每個人，遠離城市的集體精神。雖然如此，每當在人群中、在船上、在橋上跟某個披白頭巾的老婦人迎面相遇，仍使我不寒而慄。

21 富人

六〇年代中葉，母親每個禮拜天早上都去報攤買一份〈晚報〉。不像我們每天看的報紙，這份報紙不送到我們家，知道母親為了閱讀以筆名Gül-Peri（玫瑰-女神）匿名發表的社會八卦專欄〈你聽說了嗎？〉而親自去買它，父親不曾錯過機會取笑她。從他的嘲笑，我了解到對社會八卦感興趣是個性軟弱的表徵。等於無視於記者躲在筆名後頭發洩他們對「有錢人」（包括我們交往的或希望自己成為的那些人）的怨氣，編造有關他們的謊言。就算不是謊言，這些本領不佳而引來社會專欄關注的有錢人，過的也不是模範生活。然而，這些洞見卻阻止不了我父親去閱讀這些專欄，並予以採信：

可憐的瑪登西！她在別別喀的房子遭了小偷，卻似乎沒有人知道丟了什麼。讓我們拭目以待，看警方能否解開這個謎。

摩妲羅去年夏天沒去過海裡游泳——都是因為她摘除了扁桃腺。今年夏天她在庫魯色斯梅島玩得很愉快——儘管我們聽說她仍有點煩躁。我們就別問原因吧……

伊琶去了羅馬！這位伊斯坦堡名流看起來從沒如此快樂

過。不知她高興的是什麼？是不是她身邊那位時髦男士？

莎莉耶以往在布約克迪爾避暑，但現在她拋棄了我們，回到她那位於卡普里（Capri）的別墅。畢竟那兒離巴黎近多了哪！我們聽說她將舉辦幾次展覽。這麼說，她何時才讓我們看她的雕塑？

伊斯坦堡的社交人士遭毒眼迫害！經常出現在本專欄的許多達官貴人都病倒了，緊急送醫手術。最新的壞消息來自深受哀悼的埃斯雷夫，他家位於恰姆勒加，古兒蘇在這兒的月光派對度過美好的時光……

「所以古兒蘇也摘除了扁桃腺吧？」母親說道。

「她先把臉上的肉球摘除會好一些。」父親戲謔地說道。

有些名流被指名道姓，有些則不，但從他們一來一往的對答當中，我推斷我的父母親認識這些人；他們對母親而言之所以有趣，是因為他們比我們有錢。母親羨慕他們——同時卻又對他們的財富不以為然，這從她時而說他們「上了報」的譴責看得出來。母親的看法並不特別；當時的伊斯坦堡人大都強烈認為有錢人不應在大庭廣眾下擺闊。

他們甚至公然說出來；卻不是呼籲謙卑，亦非嘗試免於自傲：兩者皆未表達出新教徒的工作倫理。而僅僅是出自對政府的恐懼。幾世紀以來，執政的鄂圖曼帕夏把其他的有錢人——大半本身就是擁有權勢的帕夏——視為眼中釘，利用任何藉口殺害他們，沒收其財產。至於在帝國最後幾世紀間貸款給政府的猶太人，以及在商場和工藝界功成名就的希臘人和亞美尼亞人，他們都沉痛地記得二戰期間被課徵懲罰性的財富稅，進而被沒收了土地與工廠，還有一九五五年九月五、六日的動亂期間遭掠奪焚燒的商店。

因此如今湧入伊斯坦堡的安那托利亞大地主，以及第二代企業家頗有炫耀財富的膽量。很自然地，依然恐懼政府的人或我們這些由於無能以至於擁有的財富未能超過一代的人，認為這種膽略不僅愚蠢且庸俗。有個第二代企業家，當今土耳其第二富有的家族家長薩班哲（Sakip Sabanci），因他的講究排場、古怪見解和違反習俗的行徑而遭人訕笑（儘管沒有哪家報社寫過這些，唯恐廣告收入流失），但他粗野的勇氣使他效法弗里克（Frick）的榜樣，讓自己的家成為一九九〇年代伊斯坦堡最優秀的私人博物館。

雖然如此，我童年時代的伊斯坦堡富人們內心的種種焦慮並非毫無根據，他們的謹慎亦非毫不明智。政府當局對每一種生產形式依然虎視眈眈，而因為若想真正致富就非得跟政客打交道不可，因此大家都認為即使「善意的」有錢人也有不清白的過去。在祖父的錢財用光之後，父親被迫為土耳其另一大企業家族的家長科克（Vehbi Koç）工作多年，拿上司的鄉下口音或其魯鈍之子的知識缺陷開玩笑仍不滿足——氣憤之時，父親會說這家人在二戰期間發的財，與國內當時必須忍受的飢荒和排隊購糧大有關係。

整個童年和青少年時期，我未曾將伊斯坦堡的有錢人看作其聰明才智的受惠者，而是老早抓住時機賄賂政府當局發了橫財的人。到一九九〇年代，對政府的恐懼稍稍平息，我估計他們大半快速致富，畢生致力隱藏財富，同時企圖使他們的社會聲望合法化。由於致富無須運用知識，這些人對書本、閱讀或下棋毫無興趣。這與精英主義的鄂圖曼時期迥然不同，當時出身卑微的人若想步步高升、發財、當上帕夏，僅能憑藉教育。共和國初年，隨著蘇非僧侶道堂的關閉、對宗教文獻的否定、字母的改革、及主動轉向歐洲文化，想通過教育提升自己已不可能。

新富階級恐懼政府（事出有因），這些膽怯的家族想提昇自己唯有一個方式，那就是顯示自己比實際上更歐化。因此他們去歐洲買衣服、旅行箱，和最新的電器用品（從榨汁機到電動刮鬍刀的一切產品）以自娛，為這些排場感到自豪。有時某個古老的伊斯坦堡家族經營某項企業，又一次發了財（如發生在我姨媽的好友——某位知名專欄作家兼報人身上）。但他們已獲取教訓；即使未觸犯任何法律、未觸犯任何官員、沒有任何理由恐懼政府，變賣一切、搬到倫敦一間普通公寓卻是常有的事情，不是盯著對面鄰居的牆壁，就是盯著難以理解的英國電視，然而由於某些他們無法說明的理由，他們仍覺得這是更上一層樓，勝過未能肯定的舒適、俯瞰博斯普魯斯的伊斯坦堡公寓。而對西方的渴望往往產生《安娜卡列尼娜》（*Anna Karenina*）的故事：有錢人家雇保姆教孩子外語——結果男主人卻與她私奔。

鄂圖曼帝國無世襲貴族，但隨著共和國到來，有錢人極力讓自己被視作合法繼承人。因此八〇年代，當他們突然對殘留的鄂圖曼文化發生興趣時，便竭力收藏木造「雅驪」發生火災後少數倖存的「古董」。由於我們曾是有錢人，也依然被視為有錢人，因此喜歡在閒談中談起有錢人如何致富（我最喜歡的故事是關於在第一次大戰期間運糖進港，而一夕致富的男人，享受其收益，直到過世）。或許是這類故事的魅力，或不知如何處置暴富，以及如何不讓財富來得快、去得也快的悲劇氣氛，無論原因何在，每當遇上有錢人——某個遠親，家裡的朋友，我母親或父親兒時的朋友，尼尚塔石的鄰居，或最終出現在〈你聽說了嗎？〉專欄的某個沒有靈魂、沒有文化的有錢人——我便有一股永無止境的衝動，想深入了解他們空虛的生活。

我父親的一個兒時朋友，一位高雅瀟灑的長輩，從他的父親

（鄂圖曼帝國末年的大臣）繼承大筆財產；遺產所得數量龐大——我永遠分不清人們提起這筆錢時究竟是褒是貶——因此他「一輩子沒工作過一天」，除了看報、從尼尚塔石的公寓俯瞰街道之外無所事事；他下午花很長的時間打理鬍子；穿上在巴黎或米蘭裁製的上流服裝，開始著手於當天的任務，亦即在希爾頓飯店的大廳或糕餅店，喝兩個鐘頭的茶：他有一回揚起眉毛對我父親說明，彷彿講述一個天大的秘密，神情憂傷，以表示某種深切的精神折磨：「因為城裡感覺像歐洲的地方，唯獨此地。」另一位同輩是母親的朋友；一個很有錢、很胖的女人，儘管（或者因為）自己看起來跟猴子像得不得了，卻問候每個人：「你好啊，猴子。」——哥哥和我喜歡模仿她這種裝模作態的神態。她一輩子大半時間都在回絕追求者，抱怨他們不夠風雅或不夠歐化；當她年屆五十，她放棄不想娶個平庸如她的女人為妻的有錢人或翩翩君子，嫁給一位「出色、高雅」的三十歲警察；這段婚姻只維持了一陣子，此後，她畢生規勸她那階層的女子，只可嫁給門當戶對的有錢人。

總的說來，鄂圖曼最後一代的西化有錢人，未能利用繼承的財富，參與伊斯坦堡步入的商業及工業繁榮：這些古老家族的繼承人往往不肯和「俗氣的商人」——他們用「真摯的」友誼和社區精神的能力，來調和他們的刁滑欺詐——坐下來談生意。哪怕是喝個茶也不肯。這些古老的鄂圖曼家族，也遭他們雇來維護其利益、並為他們收租金的律師坑騙——卻被蒙在鼓裡。我們每回去他們的別墅或博斯普魯斯「雅驪」看望瀕臨消失的這類人，我便明白他們大半寧可與他們的貓狗而不願與人為伍，因此我始終特別看重他們對我表示的關愛。五或十年後，古董商波爾塔卡魯（Rafi Portakal）在他的古玩店展示這些人週遭的家具——讀經台、長椅、鑲珍珠桌、油畫、加框字畫、老式步槍、祖先傳下來的古劍、牌匾、大鐘——使我深情地憶起他們過的萎縮生活。他們都有一些嗜好和怪癖讓他們分散注意力，使他們暫時忘記與外界的困擾關係。我記得有個虛弱的男人，偷偷摸摸地讓我父親看他收藏的鐘錶和武器，彷若展示秘藏的春宮畫。有個年老的伯母囑咐我們走往船庫途中繞過一堵低矮崩塌的危牆，使我們感到好笑地想起五年前來看她的時候，她也說一模一樣的話；還有個伯母低聲講話，以免僕人聽見她寶貴的秘密；另有一個伯母不客氣地詢問我祖母出身何處，使母親很不愉快。我有個胖舅舅養成帶客人參觀他的房子像參觀博物館的習慣；然後討論七年的貪污醜聞與其後患，彷彿當天早上才在〈自由日報〉上報導，使全城大為激動似的。我們順利完成這些奇特的儀式，我嘗試從母親的眼神確定我們舉止得當，我也漸漸明白，我們在這些有錢的親戚眼中並不重要，使我突然想離開他們的「雅驪」回家去。當有人把父親的名字弄錯，或誤將祖父當作某個鄉下農人，或——我常在蟄居的有錢人身上看見——誇大某些芝麻蒜皮的小事（女僕未按照要求拿散裝糖而拿來方糖，侍女穿的襪子顏色令人不快，快艇過於靠近房子），使我意識到我們的社會地位截然不同。但儘管附庸風雅，他們的兒孫們，我必須與之友好的同齡男孩，卻一律被認為是「很難相處的傢伙」——許多人在咖啡館裡和漁夫起爭執，在市區的法國學校揍神甫，或者（假使沒被關進瑞士瘋人院）自殺了事。

這些家庭陷入瑣碎卻棘手的紛爭，往往鬧上法庭，這一點，我覺得他們跟我自己的家有相似之處。有些人在他們的別墅共同生活多年，即使起訴對方，也還是同聚一堂共進家宴（正如我的父親、姑媽們和伯父們）。積怨過深、把感情和行為混為一談的人則比較痛苦，接連數年拒絕跟對方說話；有些雖繼續同住一棟「雅驪」，卻看不慣討厭的親戚，於是以簡陋的灰泥牆隔開「雅驪」最美的房間，阻斷暢通無阻的挑高天花板和博斯普魯斯的全景風光，薄薄的牆壁迫使他們仍得整天聽可恨的親戚咳嗽走路；假使平分「雅驪」的其他部分（「你住後宮，我留在附屬建築」），原因不是為了自己舒適，而是知道對討厭的親戚造成不適而覺得開心；我還聽說有些人採取合法行動，阻止親戚使用庭院。

當我看著這些家族的晚輩們興起另一波類似的紛爭時，不禁懷疑伊斯坦堡的有錢人是否對世仇別具天賦。共和國初年，祖父積攢財富之時，一戶有錢人家搬到尼尚塔石，和我們位於帖斯威奇耶大街的家相距不遠；這家的孩子們，把他們的父親從阿布杜勒哈米德時代某帕夏手中買來的一塊地，分成兩個單元。哥哥蓋了一棟公寓，按城市條例遠離人行道；幾年後，弟弟在他那半土地蓋了一棟公寓；雖仍依城市條例行事，他卻故意離人行道近三米，只為了擋住哥哥的視野，哥哥隨後建了一堵五層樓高的牆——尼尚塔石的每個人都知道這件事——目的就只為了擋住弟弟房子的邊窗視野。

你難得聽見搬往伊斯坦堡的外省家庭發生此類紛爭：正常現象是相互支持，尤其如果不太有錢。一九六〇年代以後，城市人口急劇增長，地價亦隨之上揚，在伊斯坦堡住好幾代以及握有任何財產的人都發了意外之財。為了證明他們屬於「伊斯坦堡的富有人家」，他們所做的第一件事自然是引發分產之爭。有兩個兄弟擁有巴克爾廓伊（Bakirköy）後面的荒山土地，在城市朝該區擴展時發了大財：這或可說明弟弟為何在一九六〇年代開槍打死他哥哥。我記得報上的報導暗示哥哥愛上了弟弟的妻子。這件事發生時，兇手的綠眼兒子正是我的小學同學，因此我饒富興致地追蹤這件醜聞。這條新聞在頭版刊登多天，城裡的人專心閱讀這則貪婪與激情的故事細節，而兇手的白皮膚紅頭髮兒子則照常穿著吊帶短褲，抓著手帕默默啜泣一整天。後來的四十年，每當我經過有著我那吊帶短褲同學姓氏名稱的城區——如今住有二十五萬人——或聽人提起這家人（畢竟，伊斯坦堡是個大村落），我便憶起我這位紅髮朋友發紅的眼睛，沉默的眼淚。

各大造船業家族（都出身於黑海沿岸）不願將紛爭鬧上法庭，寧可選擇唯有武器始可滿足的激憤。他們從擁有小木船隊起家，角逐政府合同，但這並不通往西方人理解的自由競爭；反倒派出盜匪幫派恐嚇對方；有時厭倦了彼此廝殺，便和中古時代王公貴族的做法一樣，把女兒嫁給對方，但隨之而來的和平好景不常，不久又開始射殺彼此，讓如今屬於雙方家庭的女兒深感哀痛。在他們開始買進大型駁船，發展他們的小貨輪艦隊，把某個女兒嫁給總統的兒子之後，他們便成為〈你聽說了嗎？〉專欄的常客，於是，母親追隨玫瑰-女神的敘述，了解他們「豪華的魚子醬以及香檳澆灌的」派對。

在這類派對、婚宴和舞會上——父親、伯叔們和祖母經常參加

——總是有一大票攝影師：我的親屬們把他們的相片帶回家，擺在餐桌上展示數天；我認出相片中的一些人到過我們家作客，加上幾個我在報上看過的知名人士，以及一路幫助他們的政治人物。我母親跟她常參加這些活動的姊姊在電話中交換意見時，我便嘗試想像是什麼樣子。打從一九九〇年代，社會名流的婚禮已成為媒體、電視台和國內名模參與的盛事；全城都看得見宣傳的焰火。但是在一個世代前，情況大不相同：其目的不在於炫耀，而是讓有錢人聚在一起，暫時無需憂懼好事貪婪的政府——即使只有一個晚上。我小時候參加這類婚禮和派對時，儘管惶惑不安，同這些貴人在一起卻使我感到快樂。當母親用一整天時間穿衣打扮，踏出家門前往派對的時候，我也從她的眼神看出這種快樂。期待在外面度過開心的夜晚還是其次；倒是因為能跟有錢人消磨夜晚而心滿意足——由於某種原因，知道自己屬於他們這群人。

進入燈火輝煌的大廳或（盛夏時節）華麗的庭院，走在佈置精美的桌子、帳幕、花圃、夥計和男僕間，我發現有錢人也喜歡相互為伴，有名流出席時更是如此。他們就像母親那樣環視人群，看看「還有誰」在場，看到「吾等之輩」便感到欣慰。多數人不是靠努力奮鬥或聰明才智而致富，而是透過某種好運或他們如今想要遺忘的一場騙局，他們的信心建立在他們了解自己的錢財，比他們夢想花的錢都要多；換句話說，只有跟像他們一樣的人同在一起，他們才得以放鬆，自鳴得意。

在人群中閒逛一回後，不知從哪兒吹來一陣風，使我開始覺得格格不入。看見我們買不起的奢華家具或奢侈用品（比方說，電動切肉刀），使我灰心喪氣，看見父母跟那些吹噓自己全靠某種恥辱、災難或詐騙才發家致富的人關係密切，更增加我的不安。之後我發現，打心眼喜歡與他們為伴的母親，和恐怕與他的某個情婦眉來眼去的父親，並未完全忘記他們在家中談論的惡毒閒話，只是決定暫時放在一旁，即使只是一個晚上。說到底，有錢人不都是做相同的事情？我心想，或許這是身為有錢人的一部分：他們的行事總是「好像」。有錢人在這些派對中鉅細靡遺地抱怨上回搭飛機吃的食物不好——好像這是一件廣為關注、至關緊要的大事，好像他們吃的絕大多數不是同樣低水平的食物。還有他們把錢存入（或照我父母的說法，調入）瑞士銀行的方式：知道自己的錢遠在天邊，賦予他們某種令我欣羨的美妙自信。

父親有回拐彎抹角地向我說明，我們之間的距離並非如我以為的那般遙遠。當時我二十歲，對沒有靈魂、沒頭沒腦的有錢人自命不凡地誇耀自己多麼「西方」，而展開不斷的抨擊謾罵，他們不與大眾分享他們的藝術收藏、捐助基金辦博物館或追求自己的愛好，而是過著畏畏縮縮、庸庸碌碌的生活；我挑出幾個親戚朋友、父母的幾個兒時朋友以及我自己一些朋友的父母；父親打斷我的謾罵，接著——或許是擔心我將邁向不快樂的人生，或只是想告誡我——他說「事實上」我剛才提起的女士（一個非常漂亮的女子）是個心地善良的「姑娘」，我若有機會熟悉她，便不難了解為什麼。

22 通過博斯普魯斯的船隻

父親和伯父一連串的生意失敗，父母的爭執，以祖母為首的大家庭各個分支所醞釀的糾紛——這些事情都訓練著我，知道儘管世界提供一切（繪畫、性、友誼、睡眠、愛、食物、遊戲、觀察事物），儘管快樂的機會無限，沒有一天不在發現新的樂趣，生命卻也充滿各種各樣突如其來、意想不到、快速燃燒的災難。這些災難的隨機性使我想起電台的「海上廣播」，提醒每艘船（以及我們大家）博斯普魯斯海口的「浮動水雷」，並指出其確切位置。

任何時刻，我父母都可能為某件可想而知的事發生爭執，要不就是樓上的親戚爆發財產紛爭，或者哥哥發脾氣，決定給我一個難忘的教訓。此外，父親可能回家時順便提起，他已經把房子賣了，或拿到約束令，或我們得搬家，或他將動身旅行。

我們那時經常搬家。每次家中的緊張氣氛擴大，但由於母親得專心於用舊報紙包裹鍋碗瓢盆，如同當時的習俗，因此沒什麼時間看管我們，也就是說，哥哥和我可在屋子裡自由進出。看著搬運工一一抬起櫃子、碗櫥、桌子，我們開始覺得這些東西是生活中唯一的常數，準備離開長久居住的空屋時，我開始覺得感傷，唯一值得安慰的是，可能在某件傢俱底下發現失蹤已久的鉛筆、彈珠、或具有情感價值的心愛玩具。我們的新家或許不比尼尚塔石的帕慕克公寓溫暖舒適，但奇哈格和貝西克塔石的公寓卻能眺望博斯普魯斯的美景，因此我在那兒不曾覺得不快樂，隨著時間的推移，我越來越不把我們日益減少的財富當一回事。

我有若干辦法，不讓這些小災難擾亂我的心緒。我為自己建立嚴格的迷信制度（比方不踩裂紋、絕不一路關上某幾扇門），或迅速從事一場冒險（跟另一個奧罕見面、逃往我的第二個世界、畫畫、跟哥哥尋釁打架而落入自己的災難）。或者數著博斯普魯斯的過往船隻。

事實上，我數著往來於博斯普魯斯的船隻已有好一陣子。我數羅馬尼亞郵輪、蘇維埃戰艦、從特拉布宗❶進來的漁船、保加利亞客輪、駛入黑海的土耳其海上客輪、蘇聯氣象觀測船、高雅的義大利海輪、運煤船、巡防艦與生鏽、斑駁、失修、在瓦爾納❷註冊的貨運船，以及藉黑夜掩護國旗與國籍的老朽船隻。這可不是說我把每艘船都數進去：我跟父親一樣，沒為摩托艇傷腦筋，它們縱橫於博斯普魯斯海上，載生意人上班，運送採購五十袋東西的婦人，我也不數在伊斯坦堡的海岸間竄來竄去的市區渡輪，這些渡船從伊斯坦堡的這一頭航向另一頭，載著一路沉思、抽菸、喝茶的憂悶乘

客；這些船就跟我們家裡的傢俱一樣，已固定在我的日常生活中。

小時候我數著這些船，顧不得它們在我內心引發的不安、騷動與驚慌。數船讓我覺得在整頓自己的生活。極端憤怒或悲傷之時，當我逃離自己、學校、生活而漫遊街頭，我便完全不再數船。那時我便深切地渴望災難、大火、另一個生命、另一個奧罕。

或許解釋一下我如何養成數船的習慣，會更明白易懂。當時（指的是六〇年代），母親、父親、哥哥和我住在祖父蓋的樓房裡，一棟面向博斯普魯斯的小公寓，位於奇哈格。我正在讀小學最後一年，因此是十一歲。大約每月一次，我把鬧鐘（鐘面有鈴的圖像）定在天亮前的幾個小時，在夜晚的最後幾個小時起床；爐火在睡覺前熄掉，我沒辦法自己點燃，因此為了讓自己在冬夜裡保持暖和，便到很少使用的傭人房床上，取出我的土耳其文課本，開始朗誦必須在上學前背好的詩。

「喔國旗，光榮的國旗，
在空中飄揚！」

必須背誦祈禱文或詩詞的人都知道，你若想把文字烙印在記憶裡，最好不要過分注意浮現在眼前的東西。一旦文字印入腦中，你的腦子便可自由地尋找可幫助記憶的圖像。你的眼睛可完全擺脫你的思考，讓眼睛本身享受觀看世界的樂趣。嚴寒的冬天早晨，我蓋著被子打著哆嗦背詩，凝視窗外的博斯普魯斯如夢似幻地在黑暗中閃爍微光。

透過我們底下的四層樓和五層樓公寓之間的缺口、今後十年內即將燒毀的破木房的屋頂，和煙囪上方以及奇哈格清真寺的尖塔之間，我看得見博斯普魯斯；這時候渡船停駛，大海一片黑暗，任何

探照燈或燈光也穿不透。在亞洲那岸，我看得見海達巴沙的老舊起重機和悄然通過的貨輪燈光；有時借助於微弱的月光或單艘汽艇的燈光，我看得見巨大、生鏽、覆滿貽貝的駁船，划船的孤獨漁夫，克茲塔幽魂般的白色輪廓。但大半時候，海洋淹沒在黑暗中。早在日出前，即使亞洲岸的公寓樓房和種滿柏樹的墓園開始微露曙光，博斯普魯斯卻仍黑沉沉的——它似乎將永遠如此。

我繼續在黑暗中背詩，腦袋忙於背誦以及古怪的記憶遊戲，同時眼睛凝視著緩緩穿過博斯普魯斯海流的東西——某艘奇形怪狀的船隻，某艘一大早出發的漁船。雖然我對這東西未加在意，而我的眼睛也未戒除平日的習慣——卻仍對通過眼前的這東西檢視一陣子，唯有在確定它是什麼東西的時候才予以認定：是的，那是貨輪，我對自己說，是的，這是一艘漁船，唯一的一盞燈未點亮；是的，這是一艘摩托艇，載著當日第一批乘客從亞洲到歐洲；那是一艘老舊的巡防艦，來自蘇維埃某個偏遠港口⋯⋯

某個這樣的大清早，我正和往常一樣，打著哆嗦在被子裡背詩，眼睛偶然看見令人驚奇的景象，是我從沒看到過的。我清清楚楚記得我就呆坐在那裡，忘了手中的書。一個龐然大物從黑黝黝的海裡浮現，越來越大，露出水面，朝最近的山丘逼近——我就從這座山丘眺望；那是個巨無霸，一頭巨獸，形狀與大小有如噩夢中的妖魔鬼怪：一艘蘇維埃戰艦！從黑夜和霧裡現身而出，彷如在神話裡頭，一座浮動的大雕堡！它的引擎低聲運轉，悄悄地、緩緩地通過，卻是如此有力，使窗玻璃、板壁和傢俱都抖動起來；某人誤掛在爐子旁邊的火鉗，排列在黑暗廚房裡的大小鍋子，我父母和哥哥的臥室窗戶也都在抖動，通往大海的卵石巷亦然；就連屋前的垃圾桶也乒零乓啷響，讓人以為這平靜的街區發生小規模地震。這意味著伊斯坦堡人自冷戰開始便不斷低聲討論的事情，並非空穴來風：在夜幕的掩護下，蘇維埃巨型戰艦於子夜時分通過博斯普魯斯。

我一時陷入恐慌，覺得自己該做些什麼。全城都在睡夢中，只有我一人目睹蘇維埃巨艦不知將開往何處，從事何種活動。我得立即採取行動，提醒伊斯坦堡，提醒全世界。我在雜誌上看見許多勇敢的小英雄做這樣的事——把城民從睡夢中喚醒，救了他們，使他們免遭水患、火災和入侵的軍隊襲擊。

我憂心如焚的同時，想出一個十萬火急的權宜之計，日後成為習慣：我集中因背誦而更為敏銳的腦筋，專心於蘇維埃戰艦，用心記住，數著它。此話怎講？我的做法就像傳說中的美國間諜，傳聞他們住在山丘上，俯瞰博斯普魯斯，把通過的每艘共產黨船隻拍下來（這可能是另一個有事實根據的伊斯坦堡傳說，至少在冷戰期間）：我將這艘問題船的顯著特徵羅列出來。我在腦海裡將新資料和有關其他船舶、博斯普魯斯海流、或甚至地球轉速的現存資料詳細比較；我數著它，這使巨船變成一件普通事物。不僅蘇維埃戰艦：數每一艘「著名」船舶使我得以重申我的世界圖像，以及我自己在其中的定位。這麼說，學校教我們的是真的：博斯普魯斯是關鍵，是地緣政治的世界中心，而這正是世界各國及其軍隊、特別是蘇聯人想佔據我們美麗的博斯普魯斯的原因。

我這一生從孩提時期開始，就一直住在俯瞰博斯普魯斯的山丘上——即使只是從遠處觀看，而且是透過公寓、清真寺的圓頂、和山巒之間。能看見博斯普魯斯，即使是遠遠觀望——這對伊斯坦堡人而言有其神聖意涵，或可說明面海的窗戶為何像清真寺的壁龕（mihrab）、基督教堂的祭壇、以及猶太教堂的聖壇，我們面朝博斯普魯斯的客廳為何讓椅子、沙發和餐桌面向海景。我們對博斯普魯斯海景的熱愛產生另一個結果：如果搭船從馬爾馬拉海進來，你會看見伊斯坦堡的幾百萬扇貪婪的窗子擋住彼此的視線，毫不留情地擠開彼此，為了仔細瞧一眼你搭的船以及船通過的海面。

數著通過博斯普魯斯的船隻，或許是個怪癖，但從我同他人開始討論這件事以來，我發現這在伊斯坦堡的老老少少當中很常見：在正常的日子中，我們有許多人經常到窗前和陽台做記錄，這麼做讓我們對災難、死亡和浩劫有些許領略，它們說不定正沿著海峽過來，即將徹底改變我們的生活。在我青少年時，我們搬到貝西克塔石，在塞倫塞貝區（Serencebey）一座俯瞰博斯普魯斯的山丘上有棟房子裡住著我們的遠親，他孜孜不倦地把每艘通過的船隻記錄下來，你還以為這是他的工作。我有個中學同學，相信每一艘行跡可疑的船（老舊、生鏽、失修、或來歷不明的船）——若不是把蘇聯武器走私給某國的叛軍，就是把石油運往某個國家，以擾亂全球市場。

在電視機問世前，這是打發時間的愉快方式。但我的數船癖好，我與許多人共有的這項癖好，基本上是由於恐懼使然，這種恐

懼也吞噬著城裡的許多人。他們眼見中東的財富溢出它們的城市，目睹從鄂圖曼人敗給蘇聯和西方以來日漸衰落，城市陷入貧困、憂傷和敗落——伊斯坦堡人成為向內看、民族主義的人民；因此我們懷疑任何新的東西，尤其任何帶洋氣的東西（儘管我們亦對之垂涎）。過去一百五十年來，我們膽怯地企盼災難將帶給我們新的失敗與廢墟。想辦法擺脫恐懼和憂傷依然是重要的事情，這就是為什麼發呆地凝視博斯普魯斯，也能像是一種責任。

城裡居民記得最清楚並且忐忑不安地等待著的災難類型，自然與博斯普魯斯的船舶事故有關。這些事故把全城居民連繫在一起，使整個城市像個大村落。由於這些災難終止了日常生活的規則，且最後總是饒過「我們這等人」，因此我私底下（儘管心懷內疚）喜歡這些災難。

當時我才八歲，那天晚上我推斷——根據劃破星夜的聲響與火焰——兩艘載運石油的油輪，在博斯普魯斯中間相撞，發生大爆炸後起火燃燒；但我的興奮更甚於驚恐。很晚之後我們才從電話得知燃燒的船使附近的石油庫發生爆炸，火勢可能蔓延，造成吞噬全城的危險。正像那個時代每一場壯觀的火災一樣，存在著某種命中注定的順序：首先我們看見火燄和黑煙，接著謠言散佈開來，多半是不實之謠；而後，儘管母親姑媽們哀哀懇求，我們卻有一股確切的欲望，想親自去看大火。

那天晚上伯父叫醒我們，把我們塞進車裡，取道博斯普魯斯後方的山丘，載我們去塔拉布亞。就在大飯店（尚在建造中）前方，道路被路障封鎖；這跟大火本身一樣，使我既難過又興奮。後來聽我一個狂妄自大的同學說他父親亮出證件高喊「記者！」之後，使他們得以通過警戒線，令我欣羨不已。就這樣，一九六〇年某個秋夜天將破曉之時，我最後還是跟著一群好奇、甚至歡樂的人群，他們身穿睡衣和匆匆套上的外褲和拖鞋、把寶寶抱在腿上、手上拎著袋子，一同觀看博斯普魯斯起火燃燒。就像後來幾年在壯觀的大火摧殘「雅驪」、船舶、甚或海面之際，經常看見不知從哪兒冒出來的攤販，在人群中兜售紙包「哈爾瓦」、「西米」、瓶裝水、種籽、肉丸和冰鎮果汁。

據報紙報導，載運十噸燃油的「彼得佐拉尼赫」（Peter Zoranich）油輪從蘇聯港口陶普斯（Tvapse）開往南斯拉夫，因走錯航道而與航道正確、開往蘇聯添加燃料的希臘油輪「世界和平號」相撞；相撞後一兩分鐘，南斯拉夫油輪漏出的燃料爆炸，威力凶猛，伊斯坦堡全城都聽得見。不知是因為船長和船員立即棄船或在爆炸中身亡，兩艘船上都沒有人，於是失去了控制，開始在猛烈而神秘的海流與漩渦中打轉；它們左右搖晃，變成火球，對坎勒札、欸米甘與葉尼廓伊（Yeniköy）的「雅驪」、楚布庫魯（Çubuklu）的油氣儲庫、以及貝廓茲（Beykoz）沿岸的木頭房屋造成威脅。曾被

梅林描述為人間天堂、希薩爾稱之為「博斯普魯斯文明」的海岸陷入一片火海，黑煙嗆鼻。

只要船距離岸邊太近，大家便逃出他們的「雅驪」和木頭房屋，一手夾著棉被，另一手則夾著孩子，儘快地逃離海岸。南斯拉夫油輪從亞洲漂往歐洲岸時，撞上停泊在伊斯亭耶的土耳其客輪「塔色斯」(Tarsus)，過不久，這艘船也起火燃燒。燃燒的船漂過貝廓茲，成群的人拎著棉被、穿著匆匆套在睡衣外面的雨衣，朝山丘上奔去。大海被燦爛的黃色火焰點亮。船成了堆高的紅色熔鐵，熔化的桅杆、煙筒、船橋歪向一邊。天空染上一片紅光，好似由內散發而出。不時會有一陣爆炸，燃燒著的大鐵片飄入海中；從岸邊和山丘傳來呼喊聲、尖叫聲、和孩子的哭鬧聲。

多麼令人心碎，卻又發人深省，審視這片柏樹與松林、庭院桑樹成蔭、忍冬花和猶大花芳香馥郁的世外桃源，月色下的這個世界，夏夜的大海如絲緞般閃閃發光，空氣中樂聲盪漾，慢慢划著船、穿梭在許多小船間的青年看得見槳尾的銀色水滴——眼看這一切消逝在濃煙中，人們穿著睡衣，抓住彼此哭泣，倉皇逃出紅色天空下的最後一棟木造「雅驪」。

後來想想，我要是數船，這場災難本可以避免。由於對城裡遭受的災難感到負有責任，我並不想逃離他們，實際上我覺得有必要盡我所能靠近他們，親眼看見他們。後來，像許多伊斯坦堡人一樣，我幾乎是期望災難，這種期望在下次災難發生時使我更覺得罪過。

就連坦皮納（其著作使我們深刻體會到生活在國內快速西化的鄂圖曼文化廢墟中之意義何在，讓我們知道到頭來，人民本身由於無知與絕望，終於切斷與過去的所有聯繫）也承認看見一棟古老的木造別墅焚為平地是一種樂趣，在《五城記》（*Five Cities*）的伊斯坦堡章節中，他和戈蒂耶一樣，拿自己與尼祿❸相比。奇怪的是，就在幾頁之前，坦皮納還苦悶地寫道：「一棟接著一棟，眼前的傑作有如澆了水的岩鹽快速熔化，直到僅剩下一堆堆灰燼與泥土。」

坦皮納在一九五〇年代寫下這幾行字的時候，居住在「雞不飛胡同」（Chickens Can't Fly Alley）——我數著蘇維埃戰艦時居住的同一條街。他從這裡看著大火燒毀薩比哈公主（Princess Sabiha）的濱海宮殿，以及曾經是鄂圖曼議會、後成為他曾任教的美術學院的木造建築。大火熊熊燃燒一個小時，隨著每一次爆炸拋射出陣雨般的碎火花，「從噴發的火焰和縷縷煙柱，可知道審判日已然來臨」。或許覺得需要調和奇觀所提供的快樂，以及眼見馬哈茂德二世（Mahmut II）時代的美麗建築，與其寶貴收藏（包括建築師艾爾登〔Sedad Hakki Eldem〕的鄂圖曼古蹟檔案與詳細規劃，據說是那

時代最好的）付之一炬而感受的絕望，他繼續說明鄂圖曼帕夏們也從觀賞世紀大火中享受到類似的樂趣。聽見某人高喊「失火！」，他們便跳上自己的馬車，趕往現場，坦皮納帶著怪異的內疚感如此告訴我們，而後他繼續列出他們隨身攜帶的禦寒工具：毛毯、皮毯以及——萬一大火將持續一段時間——用來煮咖啡、熱食物的爐子和鍋子。

跑去看伊斯坦堡古建築失火的人不只帕夏、打劫者及兒童；西方旅人同樣很想觀看並描述這些大火。其中一位作家是戈蒂耶，他在一八五二年待過兩個月，期間目睹五場火災，如癡如醉地描述其細節。（得知消息時，他正坐在貝尤魯墓園寫詩。）如果說他喜歡夜晚發生的火災，那是因為看得比較清楚。他把金角灣某油漆工廠噴發的彩色火焰形容為「奇絕」，他以畫家的眼睛用心注意細節、海上船隻晃動的影子、裂開的桁梁、一波波圍觀的群眾、熊熊燃燒的木房子。之後他去了仍在悶燒的現場，看見數百戶人家為生存下去而苦苦掙扎，他們在兩天內以搶救出來的地毯、床墊、枕頭、鍋碗瓢盆搭蓋他們的避難所；得知他們把自己的不幸視為「命中注定」，他覺得又一次發現土耳其回教徒的古怪習俗。

儘管鄂圖曼的五百年統治期間火災頻仍，特別在十九世紀期間，人們才開始對火災有所準備。伊斯坦堡狹窄巷弄的木屋居民不認為火災是可避免的災難，而是除了面對之外別無選擇的冷酷事實。即使鄂圖曼帝國未曾瓦解，二十世紀初年摧毀城市的大火——毀了成千上萬的房屋、整個街坊四鄰、大片城區，使數萬人無家可歸、陷於無助、一文不名——也照樣會拖垮這座城市，沒剩下多少東西讓我們追懷昔日的光榮。

但是對我們這些在一九五〇和一九六〇年代看見城裡最後一批「雅驪」、宅邸、破木屋徹底焚毀的人而言，我們從中取得的樂趣根植於某種心靈疼痛，與目睹盛況而為之激動的鄂圖曼帕夏大不相同；看見我們沒資格也沒把握繼承的最後一絲偉大文化、偉大文明，在我們急於讓伊斯坦堡畫虎類犬地模仿西方城市時突然毀滅，使我們感到內疚、失落、妒忌。

在我的童年與青少年時期，每當博斯普魯斯的某棟「雅驪」著火，四周便立即被群眾包圍，想看個仔細的人便划船或搭汽艇從海上觀看。我的友人們和我馬上給彼此打電話，跳上車，一同前往比方說欸米甘，把車停在人行道上，轉開錄音座（最時髦的消費熱潮）聽「清水合唱團」❹，從鄰近的茶館叫茶、啤酒和奶酪麵包，觀看從亞洲岸熊熊燃起的神秘火焰。

我們述說從前老木屋樑上的釘子熾熱地噴向亞洲的空中，飛越博斯普魯斯，引燃歐洲岸的其他木屋。但我們也談論最新的戀情，交換政治八卦和足球消息，抱怨父母做的每一件蠢事。最重要的是，即使某艘黑色油輪通過著火的房屋前，也沒有人會多看一眼，更不用說去數它：用不著這麼做，災難已然發生。當大火燒到極致，損害程度清楚可見的時候，我們靜默不語，我猜我們每個人心中，都在想著前方潛在的一場特殊的秘密災難。

對新災難的恐懼，每個伊斯坦堡居民都知道即將從博斯普魯斯而來的一場災難：我大半在床上想這件事情。凌晨時分，船笛聲打斷我的睡夢。若響起第二聲——長而低沉，如此有力，在四周的山丘反覆迴響——我便知道海峽出現濃霧。在濃霧之夜，每隔一段時間就會聽見陰鬱的號角聲，從博斯普魯斯通向馬爾馬拉海的阿赫爾卡皮（Ahirkapi）燈塔傳來。半夢半醒的時候，我的腦海出現一艘巨輪，在變幻莫測的海流中苦苦摸索的畫面。

這艘船在哪一國註冊，體積多大，船上載什麼貨物？有多少人跟駕駛員待在船橋上，他們為何憂心如焚？他們是否捲入海流，他們是否留意到某個黑影從霧中朝他們而來？他們是否偏離航道，要是這樣，他們是否鳴笛警告附近船隻？在睡夢中輾轉反側的伊斯坦堡人聽見船笛聲時，他們對船上人員的同情以及對災難的恐懼交織在一起，創造出在博斯普魯斯出了差錯的惡夢。在暴風雨天，母親總會說：「願神保佑這種天氣下出海的人！」另一方面，對半夜醒過來的人來說，一場遙遠而無法影響個人生活的災難就是一劑良藥。半夜醒過來的伊斯坦堡居民，多半也是數著船笛聲再度入睡。或許在夢中，他們想像自己搭船穿越濃霧，航向災難的邊緣。

無論夢見什麼，隔天早上醒來，他們多半不記得半夜聽見的船笛聲——就像一切的惡夢，這些都會消失不見。只有幼童和幼稚的成年人記得這類事情。而後，在某個平常的日子，當你在糕餅店排隊等候或吃著午飯時，這樣一個人回過身來說：

「昨晚霧角聲把我從夢中喚醒。」

那時我才知道，博斯普魯斯山丘上的許許多多居民在濃霧之夜被相同的夢喚醒。

還有其他事縈繞在住岸邊的我們這些人心頭，它與另一種事故息息相關，和油輪大火一樣不可磨滅。某晚，濃霧使前方的能見度不及十公尺——確切地說，是在一九六三年九月四日清晨四點——一艘五千五百噸的蘇聯貨輪運送武器前往古巴途中，衝進黑暗中的巴提里曼（Baltiliman）兩米遠，壓倒兩棟木造「雅驪」，造成三人死亡。

「我們被可怕的聲音驚醒。以為『雅驪』遭閃電擊中：房子劈成兩半。我們運氣好，才倖免於難。我們振作起來，到我們三樓的客廳，發現自己跟巨大的油輪正面相對。」

報上以油輪闖入客廳的照片補充倖存者的敘述：牆上掛的相片是他們的帕夏祖父，碗櫥上放了一盆葡萄；由於房間去了一大半，地毯如窗簾般披垂下來，在風中飄揚，在碗櫥、餐桌、加框字畫和翻倒的長椅之間，是死亡油輪的船頭。這些照片引人入勝且怵目驚心之處，在於被油輪帶入死亡與毀滅的房間當中擺設的家具：椅子、碗櫥、屏風、餐桌與沙發，都和我們家的客廳一模一樣。我讀著四十年前的報導，講述訂婚不久的美麗中學生——她在事故發生前一晚跟死裡逃生的人說什麼話，在瓦礫堆中發現她屍體的街坊青年如何地悲傷——想起連續好幾天，伊斯坦堡的每個人都只談論這件事。

當時城裡僅有一百萬人口，口耳相傳的同時，我們給博斯普魯斯的災難講述的故事亦隨之加碼。我跟大家說我正在寫伊斯坦堡的時候，意外發現當話題轉到博斯普魯斯多年前的災難時，他們的話語中總帶有某種渴望——即使熱淚盈眶，他們卻彷彿在追述最快樂的回憶，有些人還堅決要求我把**他們的**最愛選入書中。

為了滿足這樣的要求，我必須報導一九六六年七月，一艘載送「土德友好協會」（Turkish-German Friendship Society）成員的摩托艇，和一艘運木船在葉尼廓伊和貝廓茲之間相撞，接著——唉，三個人栽進博斯普魯斯幽暗的海水中身亡。

還有人要我提起我的一位熟識朋友，有個夜晚正巧在他的「雅驪」陽台上，以他慣常的認命態度數船，此時一艘漁船就在他眼前撞上羅馬尼亞油輪「普洛耶什蒂」（Ploiesti），斷成兩截。

至於近年發生的災難，羅馬尼亞油輪（「獨立號」〔Indepente〕）在海達巴沙（這座亞洲城市的火車站）前方撞上另一艘船（名叫Euryali的希臘貨輪），漏出的油著了火，滿載石油的油輪爆炸，巨大的爆炸聲足以讓驚醒睡夢中的我們——我答應過不刪除這一節。

我有充分理由不刪除它——我們住的地方雖距事故現場數公里遠，附近住家的窗戶卻有半數被爆炸聲震得粉碎，街上的碎玻璃深及膝部。

還有另一艘載運綿羊的船：一九九一年十一月十五日，一艘名叫Rabunion的黎巴嫩運畜輪，載送在羅馬尼亞上船的兩萬多隻棉羊；撞上菲律賓註冊、從紐奧爾良運送小麥前往蘇聯的貨輪「麗莉聖母」（Madonna Lili）之後，大部分的羊隨船沉沒。據報導，有幾隻羊跳船游上岸，恰好在附近茶館看報喝咖啡的幾個人救起牠們，但其餘兩萬隻倒楣的綿羊，還在等人把牠們從水底深處拉出來。這次撞船事件就發生在法提橋（Fatih，博斯普魯斯的第二座橋）下，或許我該提及，伊斯坦堡人自殺的時候喜歡挑的不是這座橋，而是第一座橋。寫這本書時，我花了不少時間查資料，閱讀我小時候讀的報紙，在我出生前後發刊的一份報紙中，我發現許多文章報導另一種自殺形式，比從博斯普魯斯的一座橋跳下去更受歡迎。例如：

一輛經過如梅利堡壘的車子衝入海中。昨日（一九五二年五月二十四日）漫長的搜尋行動未能找到車子或車上的人。車子衝入海中時，據說駕駛人打開車門喊「救命！」但之後不知什麼原因，他又把車門關上，隨著車子躍入海中。有人認為，海流可能把車子從岸邊推開，推入海水深處。

這兒有另一篇四十五年後的文章，一九九七年十一月三日：

從婚禮返家途中，他順便去祭拜泰利巴巴❺，車上載了九人，因酒醉駕車而失控，駛進塔拉布亞灣，衝入海裡。這次事故造成兩個孩子的母親喪命。

幾年來有這麼多車子衝入博斯普魯斯，結局卻始終相同：車上的人被派往海底深處，一去不復返。我不僅聽人說，也不僅在報上讀到：我曾親眼目睹幾個人沉下去！無論車上坐的是誰——尖聲吵嚷的孩子、一對吵架的戀人、一群討人厭的醉漢、趕回家的丈夫、一個在黑暗中看不見的老人；停在碼頭跟朋友喝完茶後，打一檔而未打倒車檔的困倦司機、舊任財政局長瑟菲克與他的漂亮秘書、數著船通過博斯普魯斯的巡警、擅自開工廠車子載家人出遊的新手車夫、剛好結識某個遠親的絲襪製造商、穿一模一樣雨衣的父子、貝尤魯的流氓和他的情人、初次看見博斯普魯斯橋的孔亞家庭——車子衝入水中時，絕不像石頭般往下沉；而是搖擺一會兒，幾乎像棲息在水面上。也許在天光下，或者唯一的光線來自附近酒館，當博斯普魯斯岸上活著的人看著即將被吞噬的人臉上的表情時，他們看見某種會心的恐懼。不一會兒，車子慢慢沉入深沉幽暗的急流中。

我該提醒讀者們，車子一旦開始下沉，車門就不可能打開，因為海水的加壓力太強大。當時衝入博斯普魯斯的車子相當多，一位細心周到的記者想提醒讀者這一情況，於是做了一件相當聰明的事——他發表了一篇求生指引，配上精美插圖：

如何從掉入博斯普魯斯的車裡逃生

一、勿驚慌。關上車窗，等車子灌滿水。確定車門未上鎖。並確保每位乘客待在原處不動。

二、車子若繼續沉入博斯普魯斯深處，拉手煞車。

三、車子差不多灌滿水時，最後吸一口介於海水與車頂之間的最後一層空氣，慢慢打開車門，不慌不忙地離開車子。

我禁不住要加上第四點：在神的幫助下，願手煞車沒夾住你的雨衣。假使你會游泳，找到通往海面的路，你會發現博斯普魯斯儘管憂傷，卻十分美麗，不亞於生命。

---

❶ 特拉布宗（Trabzon）：土耳其東北部特拉布宗省城市和省會，瀕臨黑海東南岸的一處寬闊海灣。

❷ 瓦爾納（Varna）：保加利亞海港和城市，位於黑海沿岸。

❸ 尼祿（Nero）：暴君尼祿在羅馬焚城時仍有閒情逸致吟詩作樂。

❹ 清水合唱團（Creedence Clearwater Revival）：六〇與七〇年代的美國搖滾樂團。

❺ 泰利巴巴（Tellibaba）：單身未婚者祭拜的神祇。

23 內瓦爾在伊斯坦堡

梅林的畫描繪我住了一輩子的山丘，卻是在尚未坐落任何建築之前。在耶勒德茲、馬曲卡、或帖斯威奇耶（Teşvikiye），凝視梅林畫中風景的邊緣處，注視白楊、梧桐和菜園，我想像他那時代的伊斯坦堡人若看見他們的樂土面目全非將作何感想，就像看見焚毀的宅邸殘留下來的花園、倒塌的牆垣和拱門、焦黑的殘骸，我的感覺也一樣痛苦。發現我們長大的地方——我們的生活中心，我們做過的每一件事的起始點——在我們出生的一百年前其實不存在，感覺就像幽靈回顧自己的一生，在時間面前不寒而慄。

內瓦爾的《東方之旅》（*Voyage en orient*）當中伊斯坦堡章節的某個地方，也給我類似的感覺。這位法國詩人一八四三年來到伊斯坦

坦堡，相當於梅林作畫的半個世紀後，他在書中回憶曾從卡拉達蘇非僧侶道堂（Mevlevi Dervish Lodge，五〇年間改名為突內爾），漫步到今稱塔克辛的地區——一百零五年後，我牽著母親的手走同一段路。這地區今稱貝尤魯；一八四三年，其主要大街（共和國成立後改名為獨立大街〔Istiklâl〕）稱為佩臘（Pera）大道，當時的風貌與今日相差無幾。內瓦爾形容始於道堂的大道宛如巴黎：時裝、洗衣店、珠寶商、亮晶晶的櫥窗、糖果店、英法國飯店、咖啡館、大使館。但在詩人指為法國醫院（今天的法國文化中心）的所在地，城市令人震驚、令人迷惑、對我而言令人恐懼地來到盡頭。因為在內瓦爾書中，今日的卡克辛廣場——我的生活中心，此城區最大的廣場，我在這周圍住了一輩子——被描述為一片曠野，曠野上的馬車和叫賣肉丸、西瓜和魚的攤販混雜在一起。他談到散置於遠方田園間的墓園：這些墓園在一百年後消失無蹤。但我始終記得內瓦爾有個句子，談論我這輩子只曉得是一大片舊公寓建築的這些「田園」：「一片無邊無際的大草原，有松樹與堅果樹遮蔭。」

內瓦爾三十五歲時來到伊斯坦堡。兩年前，他首先患了憂鬱症，終將導致十二年後的自縊，其間待過幾所精神病院。尚未動身的六個月前，他單戀一生的真愛珂倫（Jenny Colon）香消玉殞。帶著他從埃及的亞歷山大港和開羅到塞浦路斯、羅德島❶、伊士麥和伊斯坦堡的「東方之旅」標示著這些悲傷，以及夏多布里昂❷、拉馬丁❸、雨果等人迅速轉換為法國偉大傳統的東方異國夢。就像在他之前的許多作家，他希望講述東方，由於法國的文學文化把內瓦爾和憂傷聯繫在一起，或許令人覺得他將在伊斯坦堡找到憂傷。

但內瓦爾在一八四三年來到伊斯坦堡時，並未關心自己的憂傷，而是去關心幫他忘掉憂傷的事物。在他寫給父親的一封信中，他矢言兩年前發作的瘋狂絕不再復發，這將「幫助我向大家證明我只是個別事件的受害者」；他還滿懷希望地說他的健康狀況極好。我們能夠想像當時的伊斯坦堡尚未受戰敗、貧困、被西方視為軟弱的恥辱所侵害，因此尚未向詩人展現其憂傷面貌。別忘了這座城市是在潰敗之後才被陰鬱所籠罩。在遊記當中某些地方，內瓦爾敘述他在東方看見他在著名的詩中所稱的「憂傷的黑色太陽」，例如在尼羅河岸。但一八四三年在繁華、充滿異國風情的伊斯坦堡，他是個尋找好題材的倉促記者。

他在齋月期間來到城市。在他看來，這就像在威尼斯參加嘉年華會（事實上，他把齋月形容為「齋戒」與「嘉年華會」的結合）。齋月晚上，內瓦爾前去看卡拉格茲皮影戲，享受燈燭輝煌的城市風光，到咖啡館聽說書人講故事。他描述的景觀將激發許多西方旅人追隨他的腳步；在貧窮、西化、科技現代化的伊斯坦堡雖已不復見，卻給許多伊斯坦堡作家留下了深刻印象，他們大寫特寫「古老的齋月之夜」。我小時候帶著懷舊之情熟讀的這種文學，其中所隱藏的伊斯坦堡形象，很大部分得歸功於內瓦爾首先想出、而後由受他影響的旅遊作家持續下去的異國情調。儘管取笑英國作家來伊斯坦堡待三天，參觀所有的觀光景點，然後立即下筆寫書，內瓦爾卻仍不忘去欣賞蘇非旋轉舞，從遠處觀看蘇丹離開宮殿的景象（內瓦爾令人感動地聲稱，阿布杜勒邁吉德〔Abdülmecit〕與他面對面的時候留意到他），在墓園中長距離漫步，思量土耳其的服裝、習俗與儀式。

內瓦爾在令人激動的《奧麗莉亞或人生與夢》（*Aurelia, or Life and Dreams*）——這部作品被他比作但丁的《新生》（*New Life*），且深受布列東（André Breton）、艾呂雅（Paul Éluard）和亞陶（Antonin Artaud）等超現實主義者讚賞——當中坦白承認，在遭到所愛的女子拒絕之後，他斷定人生已沒有意義，只能追求「庸俗的消遣」，他找到的空虛消遣是周遊全世界，觀看各國的衣飾與奇風異俗。內瓦爾知道他對風俗、風光、東方女子的描述，就跟齋月之夜的報導一樣粗劣，於是為了加快《東方之旅》的步伐——就像許多作家覺得故事力道減弱時所做的一樣——他加入自己虛構的長篇故事。（坦皮納在與他的憂鬱同伴雅哈亞及希薩爾合著的《伊斯坦堡》當中，一個討論城市季節的長篇文章中說，為了搞清楚這些故事哪些是虛構，哪些真正屬於鄂圖曼時代，曾進行大量研究工作。）這些虛構故事清楚展現內瓦爾能夠深度刻畫假想中的伊斯坦堡，提供雪拉莎德❹式的風格依據。事實上，每當覺得某個場面缺乏生氣，內瓦爾便提醒讀者這座城市「就像《天方夜譚》」；在解釋為什麼「覺得用不著討論許多人講述過的宮殿、清真寺和澡堂」之後，他立刻說出一番話，將使雅哈亞和坦皮納這些作家，在百年後隨聲呼應並成為之後西方旅人掛在嘴上的陳腔濫調：「伊斯坦堡有著全世界最美麗的景緻，它就像劇院，從觀眾席觀賞最美，避開了舞台側面貧困骯髒的街區。」八十年後，雅哈亞和坦皮納創造的

城市形象得到伊斯坦堡人的共鳴——唯有將美麗的景色與「舞台側面」的貧困融為一體始可做到——他們心裡肯定想著內瓦爾。但若想了解這兩位大作家（兩人都很敬佩內瓦爾）發現了什麼，討論了什麼，繼而創造了什麼——若想看他們後一代的伊斯坦堡作家如何簡化並推廣他們創造的東西，了解他們的觀念所傳達的與其說是城市之美，不如說是他們對城市之衰微所感受的憂傷，我們就得看看

在內瓦爾之後，另一位來到伊斯坦堡的作家之作品。

❶ 羅德島（Rhodes）：愛琴海東南部的希臘島嶼。

❷ 夏多布里昂（Chateaubriand），1768-1848， Francois-Rene Chateaubriand，法國早期浪漫主義作家和政治家。

❸ 拉馬丁（Lamartine），1790-1869，Alphonse de Lamartine，法國浪漫派詩人。

❹ 雪拉莎德（Scheherazade）：《天方夜譚》的說故事者。

24 戈蒂耶憂傷地走過貧困城區

身為作家、記者、詩人、翻譯家、小說家的戈蒂耶，是內瓦爾中學時代的朋友。他們一同度過青少年時代，二人都欣賞雨果的浪漫主義，他們在巴黎一度住得很接近，不曾吵過架。內瓦爾在自殺前幾天去找過戈蒂耶，朋友在路燈上自縊後，戈蒂耶為他失去的朋友寫了一篇探索心靈的悼念文。

在這兩年前的一八五二年（內瓦爾旅行的九年後，恰是我出生的一百年前），後來使俄國與英國相互對立、讓法國和鄂圖曼帝國距離拉近，進而導致克里米亞戰爭（Crimean War）的種種事件，再度引發法國讀者對東方之旅的興趣。內瓦爾夢想第二次的東方之行，卻是戈蒂耶來到伊斯坦堡。多虧如今往來於地中海的快速汽船，他在十一天內完成從巴黎出發的旅行。戈蒂耶待了七十天；首先在他擔任首席專欄作家的報紙上發表旅行見聞，之後發表於書名《君士坦丁堡》（*Constantinople*）的書中。這本廣受歡迎的大部頭著作被譯為多國文字，為十九世紀以伊斯坦堡為題的書籍樹立標準（以及三十年後在米蘭出版、亞米奇〔Edmondo de Amici〕著作的《君士坦丁堡》〔*Constantinopoli*〕）。

和內瓦爾相比，戈蒂耶更純熟、更有組織且更為流暢。這毫不奇怪：身為專欄作家、評論家和藝術記者、亦寫系列小說（他曾自比為《天方夜譚》的雪拉莎德，被迫每晚編一個新故事）的戈蒂耶，具有每天得為報紙寫稿而產生的速度與活力。（福樓拜批評他

這點）但是（若是拋開有關蘇丹、後宮與墓地的刻板印象與陳腔濫調）他的書是一件優秀的報導文學作品。假如它引發雅哈亞和坦皮納的共鳴，幫助他們創造某種城市形象，那是因為飽經風霜的記者戈蒂耶對他的朋友所謂城市的「舞台側面」甚感興趣，大膽深入窮人居住區，探勘其廢墟以及黑暗骯髒的街巷，向西方讀者表明，貧民區就和風景同樣重要。

路過塞瑟島（Cythera）（愛奧尼亞海的基希拉島〔Kithira〕），戈蒂耶想起內瓦爾曾跟他說起一具裹著油布的屍體吊掛在絞架上。

（這個或許過於煽情的圖像深受這兩個朋友喜愛，後來被波特萊爾用在他的〈塞瑟島之旅〉一詩中。）戈蒂耶抵達伊斯坦堡時，跟內瓦爾一樣，穿上「穆斯林服裝」在城內漫遊自如。他和內瓦爾一樣，在齋月期間來訪，也像他那樣誇大齋月之夜的風俗習慣。他也到于斯屈達爾觀看蘇非僧侶的神秘儀式，漫遊墓園（看見孩子們在墓碑間玩耍）、欣賞卡拉格茲皮影戲、參觀商店、穿越繁忙的市場、熱切仔細地觀察行人，並且又一次仿效內瓦爾——在前去參加周五祈禱途中竭力看一眼蘇丹阿布杜勒邁吉德。和多數西方旅人一樣，他編造關於穆斯林婦女的種種推測——她們隱蔽的生活、她們的不可接近、她們的神秘（他更規勸讀者絕不可問候任何人的妻子！）。但他仍告訴我們，街上盡是婦女，有些甚至獨自一人。他長篇論述托卡比皇宮、清真寺、拜占庭大劇場、以及內瓦爾避開的觀光陷阱地點。（由於這些景點與主題是西方遊客的必訪之地，我們或許不該誇大內瓦爾在這方面的影響。）儘管偶爾狂妄、喜歡一

概而論、對怪誕事物有興趣，他優秀的反諷和畫家般的眼光卻仍令人欣賞。

十九歲讀到雨果的〈東方詩集〉（*Orientales*）之前，戈蒂耶曾夢想成為畫家。身為藝術評論者的他在那時代極受重視。他對伊斯坦堡的景觀風光所做的描述，吸納從未用於伊斯坦堡的評論字眼。寫伊斯坦堡的輪廓以及從卡拉達蘇非僧侶道堂（內瓦爾在九年前描述的同一地點：陪我母親前往貝尤魯的購物之旅、馬曲卡-突內爾電車線和今日突內爾廣場的終點站）眺望金角灣時，他說：「景色美麗異常，如真似假」，但接著繼續描述宣禮塔、圓頂、聖索菲亞教堂、倍亞濟清真寺、蘇雷曼（Süleymaniye）清真寺、蘇丹阿密（Sultanahmet）清真寺、浮雲、金角灣的海水、薩雷布努（Sarayburnu）的柏樹庭園、以及它們後方「蔚藍得超乎想像」的天空和光影的變換——帶著畫家欣賞自己優雅畫作時的喜悅，以及經驗豐富的作家所擁有的自信。即使未見過此景的讀者亦可從中獲得樂趣。對「盛大的光影秀」變換出的伊斯坦堡風光最為留意的作家坦皮納，他用的詞彙以及對細節的重視都來自戈蒂耶。坦皮納在二戰期間寫的一篇文章中，批評他圈子裡的小說家不願觀看或描述身邊的事物，他盛讚斯湯達爾、巴爾札克和左拉這些作家的繪畫般的風格，又說戈蒂耶本身是畫家。

戈蒂耶知道如何用語言表達景色，如何表達外在的形貌、有趣的細節、耍弄的光影所喚起的感覺；敘述走在「舞台側面」的時刻，是他的創作高峰。在開始沿城牆走到外圍之前，戈蒂耶根據他之前的朋友們所做的觀察寫道，城裡的壯麗景觀需要光線以及清楚的視點，如同舞台布景，近看便失去其魅力：距離使風景壯麗，使單調、狹窄、陡峭、骯髒的街道、一片凌亂的房屋與樹木「染上陽光的色彩」。

但戈蒂耶也在髒亂之中發現憂傷之美。他有著浪漫主義文學對希臘羅馬廢墟和消失的文明遺蹟及其威嚴，所具有的興奮心情。在依然夢想成為畫家的青年時代，戈蒂耶發現多言（Doyenne）死巷的空屋和羅浮托馬（Saint-Thomas-du-Louvre）教堂（羅浮宮附近，緊鄰內瓦爾的住處）在月夜時分千嬌百媚。

離開旅館（位於今日的貝尤魯），經過卡拉達漫步到金角灣海岸，過卡拉達橋（建於一八五三年，是座「船之橋」，他如此說道），戈蒂耶與他的法文導遊繼續前往西北方的翁卡帕尼

（Unkapani）；一會兒，他們便「栽入迷宮也似的土耳其巷弄」。他們越走越覺得孤立，跟在身後咆哮的狗也越來越大群。每回讀到未經粉刷、顏色變黑、東倒西歪的木造房屋，殘破的噴泉，年久失修、屋頂塌陷的陵墓，以及他們一路上看見的事物，我便詫異一百年後搭我父親的車看見的這些地方，除了卵石路面之外絲毫未變。戈蒂耶之所以留意到破舊黝黑的房屋、石牆、空巷以及墓園不可缺少的柏樹，是因為他和我一樣，覺得它們很美。當我自己開始在同樣貧困、尚未西化的居住區（可惜的是，大火和水泥將抹滅它們的

痕跡）到處漫遊時，我和他一樣，在飽覽景致的同時，仍有著「往來於巷弄間，廣場間」的強烈衝動。宣禮對他而言，就像之後對我而言，似乎是在呼喚「沉默孤獨地傾塌於此的又啞又瞎又聾的房屋」。他思索時光的流逝，眼見七零八落走過去的人與動物——某個老婦人，消失在石子間的蜥蜴，朝殘破的噴泉池子扔石頭的兩三個男童，他們使他想起兩年前與福樓拜共遊伊斯坦堡的杜坎甫[1]所畫的一幅水彩畫。他餓了起來，發現此區的商店與餐廳提供甚少，於是大口吃著樹上的桑葚，桑樹為小街憑添色彩，至今依然，儘管街旁已成水泥建築。他逐漸習慣希臘區的氛圍，亦即所謂「伊斯坦堡貧民窟」的薩瑪提亞和巴拉特（Balat）。巴拉特的房屋牆面滿是裂縫，街道髒而泥濘，但芬內爾的希臘區則維護得較好；每當看見拜占庭城牆遺跡，或大水道橋的殘餘，他便覺得木頭的無常勝過磚石的耐久。

這些累人而混亂的漫步當中最感人的時刻，是在戈蒂耶瞥見拜占庭廢墟穿過這些偏遠的貧民區之時。戈蒂耶有力地表達城牆的厚度與耐久，它們的劇變，時間的裂縫與蹂躪：劃過整座高塔的裂紋（從小也令我害怕），散落在塔底的破片（在戈蒂耶和我們的時代之

間，一八九四的大地震對城牆造成巨大破壞。）他描述裂縫中的草，以及綠葉柔化塔頂的無花果樹，鄰近地區的枯燥沉悶，這些地區及其破敗房屋的沉寂。「殊難相信，這些死寂的城牆後頭存在著活生生的城市！」戈蒂耶寫道。「我相信世界上沒有哪個地方比這條路更嚴峻、更憂傷，路長三哩多，一端是廢墟，另一端則是墓地。」

如此證實伊斯坦堡之「呼愁」，我從中得到什麼快樂？我為何費盡心力向讀者傳達我在住了一輩子的城市所感受的憂傷？

在過去一百五十年間（一八五〇～二〇〇〇），我肯定「呼愁」不僅統治著伊斯坦堡，亦已擴及周圍地區。我一直嘗試說明的是，我們的「呼愁」根基於歐洲：此概念首先以法語（由戈蒂耶而起，在朋友內瓦爾的影響下）探索、表達、並入詩。那麼我為何如此在乎——我所說的四位憂傷作家也為何如此在乎——戈蒂耶和其他西方作家所提及的伊斯坦堡呢？

❶ 杜坎甫（Du Camp）：法國作家，以生動描述法國十九世紀生活著名，是福樓拜的至友。

25 西方人的眼光

在某種程度上，我們都很擔心外國人和陌生人怎麼看我們。但焦慮若帶給我們痛苦，模糊了我們與現實的關係，變得比現實本身更重要，那可就麻煩了。我的城市在西方人眼中是什麼樣子，我關心西方人如何看待我們的城市（大部分的伊斯坦堡人也是如此），這很令人困擾；就像一隻眼睛始終盯著西方的每一位伊斯坦堡作家，我有時因不知所措而感到痛苦。

坦皮納和雅哈亞在尋找一種城市形象、一種文學，讓伊斯坦堡人得以從中看見自己的時候，格外用心地研究內瓦爾與戈蒂耶的遊記。坦皮納的《五城記》（*Five Cities*）當中的伊斯坦堡章節，是伊斯坦堡本地作家對二十世紀城市所寫的最重要文本，可稱之為與內瓦爾和戈蒂耶展開的一場時而淪為爭執的對話。坦皮納有回提起亦曾造訪伊斯坦堡的法國作家與政治家拉馬丁；他指出拉馬丁「煞費苦心地描寫」阿布杜勒哈米德暗示他撰寫的《土耳其史》（*History of Turkey*）（在我祖父書房中有一套精美的八大冊版本），可能是由阿布杜勒哈米德本人出錢贊助；而後他繼續警告說，內瓦爾和戈蒂耶對阿布杜勒哈米德所做的評價並不深刻，因為他們是記者，其讀者群「早有定見」；這使旅人除了談論他們想聽的事之外，別無他途可循。至於戈蒂耶誇耀蘇丹對與他同行的義大利女士感興趣，以及他對蘇丹後宮妻妾的遐想——就像後來的許多西方旅人所做的陳述，坦皮納認為這「沒有堅定的道德觀念」，儘管他亦承認不該責怪戈蒂耶，畢竟「後宮確實存在」。

這段侷促不安的旁白，表達了伊斯坦堡文人在解讀西方觀察時的重重憂慮。由於國內正在努力西化，因此西方作家說的話對他們來說極其重要，但每當某位西方觀察者說得太過分，竭盡全力瞭解這位作家與其文化的伊斯坦堡讀者便不由得覺得傷心。特別是沒有人說得準怎樣才算「太過分」。我們可說，一個城市的性格就在於它「太過份」的方式，一個旁觀者可能對某些細節過份關注而歪曲事實，但往往也是這些細節定義了城市的性格。

隨著西化的魄力以及土耳其民族主義的興起，與西方眼光之間的愛恨關係亦愈加錯綜複雜。自十八世紀中葉和整個十九世紀以來，踏上伊斯坦堡的大部分西方觀察者偏好的主題包括：後宮、奴隸市場（馬克吐溫在《異鄉奇遇》〔*The Innocents Abroad*〕中幻想美國各大報的財經版，報導最新一批索卡西亞和喬治亞（Georgian）女奴的價格和人口統計數字）、街頭的乞丐、背上扛的東西大得令

人難以想像的搬伕（在我小時候，看見歐洲遊客拍攝這些負重高達數米的可怕挑夫過卡拉達橋，使我們每個人感到不安，但某個像沙亨克〔Hilmi Şahenk〕的伊斯坦堡攝影師若選擇相同主題，便絲毫沒有人在意）、僧侶道堂（某帕夏告訴他的朋友和客人內瓦爾，拿尖叉刺穿自己四處跑的魯法伊〔Rufai〕僧侶「精神不正常」，勸他們別浪費時間拜望僧侶道堂）；以及與世隔絕的婦女。西化的伊斯坦堡居民也同樣批評這些事情。但一位即使只是稍稍反對的西方作家也會使他們的心碎，傷害他們的民族自尊心。

惡性循環的產生是由於逐漸西化的知識分子，渴望聽見優秀的西方作家和出版人讚揚他們像西方人。相較而言，洛蒂❶之類的作家則毫不隱瞞自己對伊斯坦堡和土耳其人民的熱愛是由於相反的理由：他們保有的東方特點以及他們對西方事物的抵制。在洛蒂批評伊斯坦堡人跟傳統失去聯繫的時候，他在土耳其僅有一小群追隨者，出人意外的是，他們多半是邁向西化的少數派。但每當國內捲入國際爭端，西化的文學精英們便義憤填膺地與洛蒂感性書寫的「愛土耳其情操」（Turkophilism）和平共處。

紀德在一九一四年講述他的土耳其之行，並未提供這種「愛土耳其」（Turk-loving）的萬靈藥。恰恰相反：他說他憎惡「突厥」（Turks）時，不是帶著逐漸蔚為風氣的民族自豪使用這一名詞，而是作為種族誹謗：突厥人穿的衣服醜陋，但這種族也好不到哪裡去。他誇說旅行讓他學到，西方文明，尤以法國文明，勝過其他文明。《土耳其市場》首度發表時，深深激怒當時的首席詩人雅哈亞，但他並未像今天的作家，在通俗報刊上刊登回應，反倒與其他的土耳其知識分子把他們所受的傷害像某種罪惡的秘密般藏起來，暗自悲傷。這只能意味著，他們心裡私下認為紀德的侮辱恐怕是有道理的。紀德的書出版一年後，他們當中最偉大的西化者土耳其國父凱末爾展開一場服裝改革，罷黜一切非西方服飾。

西方觀察者抨擊這座城市的時候，我往往發現他們的冷酷直言給我的樂趣，更甚於洛蒂紆尊降貴地不斷吹捧伊斯坦堡的美麗、古怪及其奇妙的獨特之處。多數西方旅人讚揚這座城市的美，居民的魅力，但這無關緊要：我們關心的是他們如何理解他們看見的東西。十九世紀中葉，法國與英國文學創造出一個更豐富的伊斯坦堡形象。僧侶道堂、大火、墓地之美、宮殿與其後宮、乞丐、流浪的狗群、喝酒的禁令、婦女的與世隔絕、城市的神秘氣氛、博斯普魯斯的漫遊、天際線之美——在在都賦予這座城市異國吸引力，而這些作家來到這裡往往待在同樣的地方，用同樣的導遊，因此很少看見使他們幻想破滅的東西。新一代的旅人則慢慢發覺鄂圖曼帝國正在崩潰，因此沒有理由對鄂圖曼軍隊的成功秘訣，或背後運作的政府感到好奇；他們眼中的城市並不駭人或捉摸不透，而是一個奇異有趣的旅遊勝地。對他們而言，來到此地便已足夠；他們寫的大半與先人們相同，並且將旅行視為終點，因此不願進一步挖掘。

火車與汽船將伊斯坦堡與歐洲的距離拉近，突然間有更多歐洲旅人漫步於街頭，這讓許多人帶著寬容的心猜測他們為何來到這糟糕之地。無知誇大了他們的狂妄，創造性的推斷使他們把自己的想法一五一十說出來；因此，即使像紀德這類「有教養」的作家也覺得用不著為文化差異、當地的習俗傳統或背後的社會結構傷腦筋：在他看來，一個旅人有權要求伊斯坦堡饒富趣味、令人迷惑、令人鼓舞。他們這些人沒興趣討論這座城市，自信十足地譴責他們覺得枯燥無味、毫無特色的目標物，且毫不對更「具批判性」的西方知識分子隱瞞其軍事與經濟沙文主義：對他們而言，西方制定了全人類的標準。

伊斯坦堡在這些作家到來之時，由於西化以及土耳其國父的各項禁令而不再充滿異國風情——蘇丹遭流放，後宮與僧侶道院的關閉，木造房屋和其他旅遊景點的拆除，鄂圖曼帝國被小小的、好模仿的土耳其共和國所取代。在很長一段時間沒有任何重要人物來到伊斯坦堡，每個現身於希爾頓飯店的外國人都受到本地記者採訪，之後，俄裔美國詩人布羅茨基（Joseph Brodsky）在《紐約客》雜誌發表了長篇文章〈逃離拜占庭〉（Flight from Byzantium）。或許因冰島記行遭奧登（W. H. Auden）嚴酷批評仍心有芥蒂，布羅茨基一開始先列出一長串理由，說明他為何（搭機）來到伊斯坦堡。當時我遠離城市而居，只想讀它好的一面，因此他的嘲弄打擊了我，然而我卻很高興看見布羅茨基寫道：「這兒的一切是多麼過時！不是陳舊、古老、或老式，而是過時！」他沒說錯。帝國滅亡後，共和國雖確定其目的，卻不確定其身分；建國者認為，往前走的唯一方式是發展「土耳其性」（Turkishness）的新觀念，也就是某種防疫

線，隔開全世界。帝國時代多元種族文化的大伊斯坦堡於焉結束；城市停滯，掏空自己，成為單調、單語的黑白城鎮。

到我成年時，我兒時所知的伊斯坦堡大都會已經消失。一八五二年，戈蒂耶跟當時的許多旅人一樣，指出在伊斯坦堡街頭可聽見土耳其語、希臘語、亞美尼亞語、義大利語、法語和英語（以及比後二者更常聽見的拉迪諾語，是宗教裁判之後來到伊斯坦堡的猶太人所說的中世紀西班牙語），注意到這座巴別塔當中有許多人能流利地說多種語言，他似乎跟他的許多同胞一樣，對於除了母語之外不識任何語言略感羞愧。

隨著共和國的成立，土耳其化的崛起，政府對少數族裔實行各項制裁措施——有些人或許稱之為城市最後階段的「征服」，有些人則稱之為種族滅絕——這些語言多數消失匿跡。我兒時目睹此種文化滅絕：每當街頭有人過分大聲地講希臘或亞美尼亞語（那段時期很少聽見庫德族人〔Kurds〕當眾自我宣傳），有人便叫道：「市民們，請講土耳其語！」到處看得見相同的標語。

我對最不可靠的西方遊記作家感興趣，並非出於簡單的愛恨關係，或者在迷惘苦惱中尋求認同。姑且不論各式各樣的官方文件，和譴責伊斯坦堡人街頭舉止不當的一小撮城市專欄作家，二十世紀初以前，伊斯坦堡人本身很少寫他們的城市。街道，氛圍，氣味，日常生活的豐富多彩等等活生生、呼吸著的城市，只能藉由文學表達，而數個世紀以來，這座城市賜予的文學靈感唯有西方作家以文字表達。我們得觀看杜坎甫的攝影以及西方畫家的版畫，始可看見一八五〇年代的伊斯坦堡街頭風貌、人們的服裝款式；我若想得知我生活一輩子的街巷和廣場在我出生之前一百年、兩百年、四百年所發生的事情；我若想知道當時哪個廣場只不過是一片曠野，今天的哪片曠野曾經是柱廊廣場；我若想明白人們如何過日子——除非我打算花多年時間在迷宮般的鄂圖曼檔案中度過，否則我只能在西方論述中找到答案。

班雅明（Walter Benjamin）在〈漫遊者的回歸〉（*The Return of the Flaneur*）當中提及亨塞爾❷的《柏林漫步》（*Berlin Walks*）時說「假使把現有的城市描寫根據作者的出生地分成兩組，我們肯定會發現，當地作家對相關城市的描寫只佔少數。」根據班雅明的說法，外人看一座城市的時候，感興趣的是異國情調或美景。對當地人來說，其聯繫始終摻雜著回憶。

我所描述的一切，也許終究對伊斯坦堡來說並不特別，或許，隨著全球的西化，這也是大勢所趨。

或許正因為如此，閱讀西方論述之時，有時我並非保持一段距離、當作另一個人的異國夢想來閱讀，而是與之靠近，彷彿是自己的回憶。我喜歡發現我留意到、卻從未評論的某細節，或許因為我知道別人也沒做過。我喜歡哈姆遜❸描寫我兒時所知的卡拉達橋（由船屋支撐，在往來車輛的重壓下左右搖擺），就像我喜歡安徒生（Hans Christian Andersen）描寫墓園兩旁「幽暗的」柏樹。通過外國人的眼睛觀看伊斯坦堡，始終讓我歡喜，大半是由於他們的圖像幫助我避開狹隘的民族主義和遵循規範的壓力。他們時而準確地（因此有點令人難堪地）描寫後宮、鄂圖曼服飾與鄂圖曼儀式，這些描寫與我本身經驗有天壤之別，就像描寫的不是我的城市，而是別人的城市。西化讓我和伊斯坦堡的數百萬人得以把我們的過去當作「異國」來欣賞，品味如畫的美景。

為了從多種不同的觀點看這座城市，從而保持我與它的活躍聯繫，有時我自欺欺人。有時候（在我有一段長時間未出去走走，或懶得去尋找耐心等在另一棟房子的另一個奧罕之後），我擔心我對這地方的眷戀之情會使我的腦袋僵化，孤立將扼殺我的觀看欲望。

然後我安慰自己，由於花大量時間閱讀西方旅人的敘述，我觀看城市的方式有種異國觀點。有時讀到未曾改變的事物——某些大街小巷、依然矗立的木頭房屋、街頭攤販、空地與「呼愁」；儘管人口膨脹十倍，這一切還是老樣子——我便哄騙自己，西方旁觀者的敘述是我自己的回憶。

假使西方旅人以東方幻想點綴伊斯坦堡，這對伊斯坦堡並未造成損傷——我們從未成為西方殖民地。因此當戈蒂耶說一場災難性的火災來襲時，土耳其人不為此哭泣（與常哭的法國人不一樣），他們以鎮靜自持的態度面對逆境，因為他們相信命運——我或許不完全同意他的說法，卻不覺得受到嚴重冒犯。造成的危害位在別處：對戈蒂耶的陳述信以為真的任何法國讀者，都不明白伊斯坦堡人為何擺脫不了「呼愁」。

閱讀西方旅人描寫伊斯坦堡，我的不平之感事後尤然：這些包括傑出作家在內的觀察者，提及並誇大的許多本地特色，在指出後不久便在城內消失。這是一種殘酷的共生關係：西方觀察者喜歡點出讓伊斯坦堡別具異國情調、不同於西方的事物，而我們當中的西化者卻把相同的每件事物看作障礙，應當儘快從城市表面剷除。

此處簡短摘錄之：

西方旅人在十九世紀之前深感興趣的近衛步兵最先解體。西方人好奇的另一個焦點奴隸市場，在他們著手描寫不久後消失。持尖

叉的「魯法伊」僧侶和僧侶道堂隨著共和國成立而關閉。許多西方畫家畫過的鄂圖曼服飾在紀德抱怨後廢除。另一個受歡迎的論題，後宮，也消失無蹤。福樓拜跟摯友說他要去市場讓人用書法寫他的名字的七十五年後，土耳其全國從土耳其文進入拉丁字母，因而這項異國之樂亦到此結束。這些失去的東西當中，我認為伊斯坦堡人最難以承受的，是把墳墓和墓園從我們日常生活中的花園和廣場遷移到可怕、高牆圍繞的空地，喪失了柏樹或風景。共和國時期受許多旅人提到的搬伕，就像布羅茨基說起的美國老車——外國人才描寫，它們便消失無蹤。

唯有一個城市特質拒絕在西方的眼光下消散：依然流浪街頭的狗群。馬哈茂德二世在近衛步兵因不遵從西方軍紀而將之廢除後，把注意力轉移到城裡的狗。然而他未能實現這願望。君主立憲後有另一次「改革」運動，這回以吉普賽人為藉口，然而一隻隻被遷往

西弗里亞達（Sivriada）的狗卻凱旋歸來。覺得流浪狗頗具異國風情的法國人，認為將全部的狗塞進西弗里亞達更具異國風情——沙特（Jean-Paul Sartre）多年後在小說《理性時代》（*The Age of Reason*）中甚至拿此事開玩笑。

明信片攝影師傅魯特曼（Max Fruchterman）似乎看出倖存之狗的異國情調：他在二十世紀之交拍攝的一系列伊斯坦堡景色中，細心收入流浪狗，其數量和僧侶、墓園、清真寺一樣多。

---

❶ 洛蒂（Pierre Loti），1850-1923，法國小說家。

❷ 亨塞爾（Franz Hessel），1880-1941，德國作家。

❸ 哈姆遜（Knut Hamsun），1859-1952，挪威小說家、劇作家、詩人。1920年獲諾貝爾文學獎。

26 廢墟的「呼愁」

坦皮納與雅哈亞一同長途散步，穿過伊斯坦堡最貧窮的居住區。二戰期間獨自重訪，坦皮納回憶從前漫步通過「介於寇卡穆斯塔法帕薩（Kocamustafapaşa）與城牆之間的廣大貧民區」使他受益良多。戈蒂耶在這些地區感覺到一八五三年籠罩於城市的陰霾。坦皮納和雅哈亞在羞辱的「休戰年間」展開他們的漫遊。這兩位土耳其大作家首次上路，已是內瓦爾和戈蒂耶來訪的七十年後，這兩位法國朋友的作品深受他們讚揚；在此期間，鄂圖曼帝國逐漸喪失巴爾幹半島與中東領地，版圖越來越小，直至終於消失；支持伊斯坦堡的收入來源中斷；一次大戰的死亡人數達數十萬，儘管逃離巴爾幹新共和國種族滅絕政策的穆斯林難民源源不斷，城市的人口與財富卻都大為減少。同一時期，歐洲與西方由於科技突飛猛進而越來越富有。伊斯坦堡越來越窮，喪失國際地位，成為備受高失業之苦的窮鄉僻壤。我小時候並不覺得自己住在國際大都會，而是住在某個貧窮的省城。

坦皮納寫「漫步於貧民城區」的時候，不僅描述他自身最新近的造訪以及從前的漫遊；這些漫遊的目的不僅讓他本身重新認識伊斯坦堡最貧窮、最偏遠的地區——這些漫遊也是試圖讓自己逐漸適應住在貧窮國家的事實，住在一個在世人眼中不再重要的城市。於是，探索貧民區的風光等於道出伊斯坦堡和土耳其本身即是貧民區的事實。坦皮納詳細描寫我兒時熟悉的燒毀的街道、廢墟和塌牆。

後來在漫遊期間，他聽見女人的聲音（出於習慣，坦皮納稱之為「來自後宮的嘰喳聲」）從「一棟阿布杜勒哈米德時代、尚未分崩離析的木造大別墅」傳來，但為與他給自己制訂的政治文化方案接軌，他不得不說這些不是鄂圖曼的聲音，而是在城裡新興的家庭手工業——「製襪廠或編織廠」當中幹活的窮人家婦女發出的聲音。坦皮納在每一頁重覆「我們大家從小都知道」的句子；他描述住在附近的拉西姆曾在專欄中提及「葡萄棚架成蔭的噴泉，在陽光中晾乾的衣服，貓狗相伴，小清真寺與墓園」。坦皮納最先在內瓦爾和戈蒂耶關於貧民區、廢墟、破舊的住宅區所做的精闢觀察中發現憂傷，於是將之轉化為本土的「呼愁」，通過它去領略當地的景致，特別是現代職業婦女的日常生活。

我們無法得知他是否充分意識到自己這麼做。但他知道他在這些「孤立」地區的破街僻巷所發現的燒毀的土地、廠房、倉庫、和東倒西歪的木造別墅，帶有某種特殊的美及重要性。因為在同一篇文章中，坦皮納寫道：「我將這些殘敗的街區當成一個象徵。唯有時間與歷史劇變能夠賦予街區此種面貌。其居民得蒙受多少征服、多少敗戰、多少苦難，才得以創造出眼前的景象？」

現在我們得以回答或許已醞釀在讀者心中的問題：假使他們一心想著鄂圖曼帝國的毀滅，一是伊斯坦堡在歐洲眼中的衰微，一是各個重大損失所喚起的憂傷——「呼愁」，為何不把這種內瓦爾式的苦難轉化為十分般配的「純詩」？在內瓦爾的《奧麗莉亞》（*Aurelia*）中，當他失去所愛，憂傷加深，我們能夠理解他所謂除了「庸俗的消遣」之外人生已別無所有。內瓦爾來到伊斯坦堡，是為了遠離憂傷。（出於無心，戈蒂耶讓這種憂傷滲入自己的觀察中。）當二十世紀最偉大的土耳其小說家坦皮納，和二十世紀最偉大的土耳其詩人雅哈亞一同走過貧窮城區時，他們確實對他們的失落與憂傷有更深切的感受。原因在哪？

他們有個政治目的：他們在廢墟中尋找一個新土耳其、一個新土耳其民族主義的跡象：鄂圖曼帝國或許已經崩潰，但土耳其人民

曾使它強盛（和政府一樣，他們兩人情願遺忘希臘人、亞美尼亞人、猶太人、庫爾德人與其他少數民族），他們想證明，雖然充滿憂傷，他們卻仍屹然矗立。他們不像土耳其政府的理論家，用令人不快、未加修飾的威權性修辭表達其民族主義，而是用遠離教條與勢力的詩意語言表達他們的愛國主義。雅哈亞待過巴黎十個年頭，研究法國詩歌，而且「像西方人一樣思考」，他渴望某種西方風格的形象能讓民族主義「看起來更美」。

當鄂圖曼帝國在一次大戰中潰敗，盟軍佔領伊斯坦堡，法國與

英國戰艦停靠在朵爾瑪巴切宮前的博斯普魯斯時，檯面上的多種政略皆未把土耳其人的認同感擺在第一位。與希臘軍隊的戰爭在安納托利亞激烈進行時，對戰爭、政治或軍隊不感興趣的雅哈亞遠離安卡拉，選擇待在「幕後」的伊斯坦堡，致力於詩歌創作，描寫土耳其過去的勝利，並塑造「土耳其風格的伊斯坦堡」形象。他成功的政治方案是運用文學，以傳統的詩歌形式與格律（阿魯茲〔aruz〕），喚起土耳其語的風格與基調，同時也肯定土耳其人是個曾目睹偉大勝利且創造偉大作品的民族。他在表現伊斯坦堡是人民最偉大的藝術作品時，有兩個目標：假使一次大戰之後的休戰年間，伊斯坦堡即將成為西方殖民地，那麼尤為重要的是要告訴殖民者，這地方不僅只有聖索菲亞教堂和各個教堂讓世人銘記於心：必須讓他們意識到這座城市的土耳其性。其次，在獨立戰爭及共和國成立後，雅哈亞強調伊斯坦堡的土耳其性，宣告「一個新國家的誕生」。兩位作家皆撰長文，忽略伊斯坦堡多種語言、多元宗教的傳

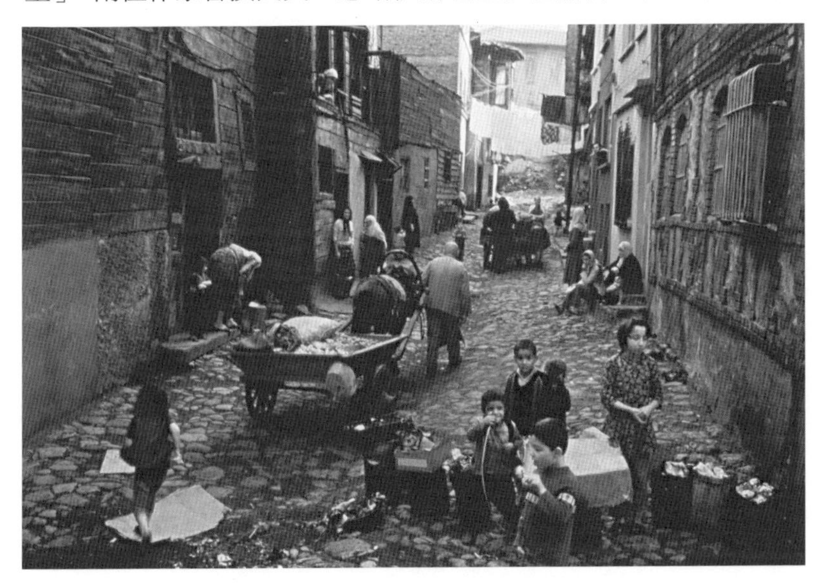

統，支持這種「土耳其化」。

坦皮納多年後在〈我們在痛苦的休戰年間如何擁抱過去的偉大作品！〉一文中回顧此事。雅哈亞在一篇標題為〈論伊斯坦堡城牆〉的短文中談到他與他們的學生們在托卡比搭電車，從「馬爾馬拉沿著城牆漫步到金角灣，城塔與垛口一望無際」，途中坐在「倒塌的大塊城牆上」休息。這兩位作家知道光是描述西方遊客和作家心愛的天際線，或清真寺和教堂投下的影子，並不足以證明這是個土耳其城市。儘管聖索菲亞教堂高聳其中，從拉馬丁到科比意的每個西方觀察家所提及的天際線卻無法成為土耳其伊斯坦堡的「國家形象」——這類的美太過國際化。伊斯坦堡的民族主義人士，像是雅哈亞和坦皮納，喜歡朝貧窮、挫敗、匱乏的穆斯林人口看，證明他們並未喪失絲毫認同感，滿足對表達失落與挫敗感的哀傷之美的渴望。因此他們漫步到貧民區，尋找賦予居民「呼愁」的衰敗美景；他們追隨戈蒂耶的腳步而找到它。坦皮納儘管充滿民族主義狂熱，有時卻使用諸如「美麗如畫」和「風光如畫」之類的詞；為了表達這些

地區保持傳統本色、未受西方影響，他寫道「他們一敗塗地，他們貧窮悲慘」但卻「保有自己的風格，自己的生活方式」。

就這樣，住在伊斯坦堡的兩位朋友（一是詩人，一是散文家），吸收兩位巴黎朋友（也同樣一是詩人，一是散文家）的成果，從鄂圖曼帝國的崩潰、共和國初年的民族主義、廢墟、西化政策、詩歌與風景交織成一個故事。這些紛亂的故事造成的結果，讓伊斯坦堡人得以看見自己的形象，追求他們的夢想。這個誕生於城牆外荒涼、孤立、貧困街區的夢想，我們可稱之為「廢墟的憂傷」，假使通過局外人的眼睛觀看這些場景（如同坦皮納），就可能「美麗如畫」。憂傷最初被看成如畫的風光之美，卻也逐漸體現一整個世紀的敗戰與貧窮，將給伊斯坦堡人民帶來的悲痛。

27 美麗如畫的偏遠鄰里

羅斯金❶在《建築七燈》(*Seven Lamps of Architecture*)的〈回憶〉一章專門討論如畫之美，將此類建築的特殊之美(相對於精心設計的古典形式)歸於其偶然性。因此形容某某東西「美麗如畫」，描述的是隨著時間推移而變美的建築風光，它的美是其創造

者未曾料到的。對羅斯金來說，如畫之美來自建築物矗立數百年後才會浮現的細節，來自長春藤、四周環繞的青草綠葉，來自遠處的岩石，天上的雲和滔滔的海洋。因此新建築無所謂如畫之處，它要求你觀看它本身；唯有在歷史賦予它偶然之美，賜予我們意外的新看法，它才變得美麗如畫。

我看見蘇雷曼清真寺的美，在其線條，在其圓頂底下的優雅空間，在外展的邊頂，在牆壁和空曠空間的比例，在支撐塔與小拱頂的對比，在它的白，在圓頂的純鉛——無一稱得上美麗如畫。即使在建造四百年後觀看蘇雷曼，也是一座仍然完整矗立的清真寺，就和當初一樣，供人觀賞。沒有一座古蹟名勝雄踞伊斯坦堡的天際線；其磅礴的氣勢不僅歸功於蘇雷曼，亦歸功於聖索菲亞教堂、倍亞濟和塞里姆以及市中心各大清真寺，再加上蘇丹的妻兒興建的小清真寺，以及其他古老雄偉的建築，這些建築依然反映建築師有意表現的審美理想。只有當我們從街頭縫隙或無花果樹夾道的巷弄中瞥見這些建築，或看見海洋的亮光投射在建築物牆上，我們始能說是欣賞如畫之美。

然而在伊斯坦堡的貧民區，美完全歸屬於坍塌的城牆，從如梅

利堡壘和安那多魯堡壘（Anadoluhisari）的高塔和牆垣長出來的野草、常春藤和樹。破敗的噴泉，搖搖欲墜的老宅邸，廢棄的百年煤氣廠，清真寺剝落的古牆，相互纏繞的長春藤和梧桐樹遮住木造房屋染黑的舊牆，這些都是偶然性的美。但小時候來到這些後街，這些畫面不勝枚舉，因此一段時間過後，很難將這些賦予伊斯坦堡靈魂、今已消逝的淒迷廢墟看做某種意外。但若想在廢墟中「發現」城市的靈魂，將這些廢墟看做城市「精髓」的表現，你就得踏上佈滿歷史偶然性的迷宮長徑。

若想體驗伊斯坦堡的後街，若想欣賞使廢墟具有偶然之美的長春藤和樹木，首先你在它們面前，必須成為「陌生人」。一堵塌牆；一棟敗壞、廢棄、今已無人照管的木造樓閣；一方噴頭不再噴水的噴泉；一座八十年來未再製造任何產品的工廠；一棟崩塌的建築；以及民族主義政府打壓少數民族時，被希臘人、亞美尼亞人和猶太人遺棄的一排房子；倒向一邊而不成比例的一棟房子；互相依偎的兩棟房子；就像漫畫家喜歡描繪的那樣，綿延不絕的圓頂和屋頂，窗框扭曲的一排房屋——所有的這些，在居住其中的人看來並不美；他們談的是貧困、無助、絕望的疏忽。欣賞貧困潦倒和歷史

衰退的偶然之美，在廢墟中觀看如畫之景的人——往往是我們這些外來者。（這跟北歐人喜歡畫羅馬人本身忽略的羅馬廢墟十分相像）因此當雅哈亞和坦皮納把「純正而偏遠的伊斯坦堡」後街看作人們仍信奉古老傳統的地方，當他們努力以詩情描繪這些地區的美，憂心他們的「純正」文化可能隨西化而消失——當他們想像這些地區點綴著古老行業的道德規範，我們辛勤可敬的「祖祖輩輩」傳下來的精神素質——雅哈亞本身卻是住在佩臘，一個曾被他描述為「從未聽過宣禮聲的地區」，坦皮納則住在更舒適的貝尤魯，一個時而被他冷嘲熱諷的區域。讓我們回想班雅明的話，他說從城外來的人對異國情調與如畫之景最感興趣。這兩位民族主義作家在他們本身是外來者的地區才看得見城市的「美」。這讓人想起關於日本名小說家谷崎潤一郎的一則故事，在對日本傳統房屋予以誇讚，並以鍾情的語調詳細描述其建築構造之後，他跟妻子說他絕不住這種房子，因為缺少西方的舒適設施。

伊斯坦堡最偉大的美德，在其居民有本事通過西方和東方的眼睛來看城市。伊斯坦堡新聞出版界最先出現的地方史敘述都誇大其實，此手法深受伯頓❷和內瓦爾的喜愛，即法國人所謂的「奇聞異事」（bizarreries）。科丘在透過「奇聞怪事」表達城市歷史方面肯定超越其他人，據此使讀者覺得自己在閱讀遙遠而陌生的文明。甚至在我小時候，伊斯坦堡最蕭條的時候，城裡的居民有半數時間也覺得自己像外來者。依據看待方式而定，他們不是覺得太東方就是太西方，所造成的不安使他們擔心沒有歸屬。

雅哈亞和坦皮納雖住在城市的另一頭（西化的佩臘），卻從城市的另一區（貧民區）擷取優美、民族主義、憂傷、如畫的景色，給後世塑造一個「古伊斯坦堡」的形象。這個夢幻地區首先出現在一九三〇與一九四〇年代的保守派報章雜誌，附有模仿西方風景畫家的粗略畫作。除了這些匿名畫面——原畫者是誰、坐落於何處、描繪哪個時代，從不清楚——多數報刊讀者也不曉得這些畫傳達西方的觀點——此外還附有貧民區的當地畫家所繪的黑白素描和後街的線條畫。我尤其喜歡里薩（Hoca Ali Riza）的線條畫，在這類作品當中最純粹、最不具異國風情，事實上它們頗受歡迎。

十九世紀末、二十世紀初來到伊斯坦堡的遊客，讚賞氣勢磅礴的天際線以及投撒於大海與清真寺的光影，而里薩卻描繪中途捨棄西化與現代化的後街；此一觀點繼續出現在古勒的攝影作品中。古勒在攝影中展現堅持傳統生活的伊斯坦堡，新舊並蓄而創作出謙卑的音樂，訴說著沒落與貧困，居民臉上的憂傷相當於城市的風光；特別是一九五〇和一九六〇年代，皇城最後的輝煌遺跡——銀行、客棧以及鄂圖曼西化者的政府大樓——在他周圍倒下，於是他將富於詩意的廢墟拍攝下來。在《消逝的伊斯坦堡》（*Vanished Istanbul*）

攝影集當中，內有我兒時所知的貝尤魯──電車，卵石大街，商店招牌，疲倦、憔悴、黑白的「呼愁」──他也擅加利用如畫街區的各個元素。

「人人雖窮卻品格高尚、清楚自我定位」的黑白、落魄、偏遠街區，其形象在齋月期間尤為常見，當時報上的「歷史」和「伊斯坦堡」專欄刊載每新的一年似乎都更加粗略的舊版畫和線條畫。這門輔助藝術的大師非科丘莫屬，他給他的《伊斯坦堡百科全書》和他受人歡迎的歷史專欄配圖，採用的不是畫者不明的版畫，而是這些版畫的粗略素描（這是為方便起見：把一兩句挑出的格言警句放在細緻的版畫當中，既昂貴且技術上較為困難）。許多版畫本身是模仿西方畫家的水彩作品，可是當通俗畫家依據這些模仿他人的黑白版畫畫自己的插畫時（無例外地都是以土色粗紙印刷），圖的下

方始終看不到原畫者或甚至「原件」畫家的名字：僅註明「取自某幅版畫」。在「古伊斯坦堡」的遐想中，貧窮因傳統身分的維護而受人敬重，因而愈發吸引半西化、帶有民族主義狂熱、閱讀報紙的中產階級，他們對都市生活的殘酷現實毫無興趣。「古伊斯坦堡」的夢想界定了伊斯坦堡的貧民區，以及天際線除外的每一區，一種文學於焉興起，以填補其細節。

欲強調這些貧困卻逐漸西化地區的土耳其或穆斯林特徵，保守派作家創造了一個鄂圖曼天堂，沒有人質疑帕夏的權力或合法性，親朋好友透過種種儀式與傳統價值（這些自然是謙卑、服從和安分守己）肯定彼此的聯繫。鄂圖曼文化中可能對西化中產階級造成情感傷害的領域——如後宮、一夫多妻、帕夏有打人的權利，以及妃嬪——都在艾維狄（Samiha Ayverdi）之類的右派作家筆下順服軟化，他們筆下的帕夏及其兒女比實際情況更為現代。泰塞（Ahmet Kutsi Tecer）受人喜愛的劇作《街角》（*Streetcorner*）背景設在郊區（以儒斯特姆帕沙〔Rustempasa〕為模型）某貧民區的咖啡廳；就像在卡拉格茲皮影戲中，全城的大人物都同聚一堂取悅我們，分散我們對城市殘酷現實的注意力，展開雙臂歡迎我們。這與住過席巴里（Cibali）後街的小說家凱馬爾（Orhan Kemal）迥然不同（他的妻子在此地的菸草工廠工作）；他將同樣這些後街描述為謀生競爭激烈、即使朋友也可能打起來的地方。對我來說，貧民區的美夢體現於每天傍晚的廣播劇「烏古路吉家」（Uğurlu-giller Family），他們的小小冒險讓我十分享受；這戶人家跟我家一樣人口眾多、擁擠而現代（雖然有別於我家，這是個**快樂**的大家庭），居然在光景慘澹之際找到讓黑人媬姆容身之地。

儘管根植於如畫、憂傷的廢墟，關於「古伊斯坦堡」的敘述卻不願去探究底下潛藏的黑暗邪惡。特別是，此種民族主義文學提供

的是一種天真的傳統觀點，適合親子共享。因此突格庫書中——我十歲時很喜歡他寫的故事——貧窮、黃金之心的孤兒所傳達的訊息是，即使生活在最窮困的貧民區，有一天也能憑著努力和美德找到幸福（別忘了：他居住的地區被認為是高尚民族主義與道德價值的源頭）；然而他卻是在七〇年代傳播此一訊息，當時我們身邊的城市一天比一天窮。

羅斯金表明，如畫之景由於是偶然發生，因此無法保存。畢竟，景色的美麗之處不在於建築師的意圖，而是美在其廢墟。這說明許多伊斯坦堡人不願見舊木頭別墅修復的原因：當變黑、腐朽的木頭消失在鮮艷的油漆底下，使這些房子看起來跟十八世紀城市的極盛時期一樣新，他們便與過去斷絕了美好而退化的關係。因為過去一百年來，伊斯坦堡人心目中的城市形象是個貧寒、不幸、陷入絕境的孩子。我十五歲作畫時，尤其畫後街的時候，為我們的憂傷將把我們帶往何處感到憂心。

❶ 羅斯金（John Ruskin），1819-1900，英國評論家、社會思想家英國作家、評論家和藝術家，在建築和裝飾藝術方面擁護哥德復興式運動，對維多利亞時代英國公眾的審美觀有重要貢獻。

❷ 伯頓（Richard Burton），1821-1890，英國探險家、東方學家，第一個發現非洲坦干伊喀湖的歐洲人，翻譯出版全本《一千零一夜》。

28 畫伊斯坦堡

我十五歲開始十分著迷於畫本地風光；但不是因為我特別愛這城市。靜物畫和肖像畫我一無所知，也無心了解，因此描繪我從窗邊或在馬路上看見的伊斯坦堡，是我的唯一選擇。

我畫城市有兩種方式：

（一）我畫海水通過市中心、以天際線為背景的博斯普魯斯風光。一般來說，這些風光在很大程度上要歸功於西方旅人兩百年來所畫的「迷人」風景。我畫的博斯普魯斯是從我們位於奇哈格的房

子外公寓樓房之間的縫隙看出去，以克茲塔、芬迪克里（Findikli）、于斯屈達爾為背景，後來畫的博斯普魯斯則是從我們之後位於貝西克塔石塞倫瑟貝（Beşiktaş Serencebey）山莊看出去——眺望博斯普魯斯海口、薩雷布努、托卡比皇宮、以及老城的輪廓；我用不著出門就能作畫。我永遠不會忘記我畫的是富有神奇色彩的「伊斯坦堡風光」。大家已公認我的主題之美，而由於它也真實存在，因此我不太去問它美在哪裡。畫完之後，我向自己提的問題，也是我一生中將向我周圍的人提出千萬次的問題——「美不美？」「我畫得美不美？」於是我確信光是我選擇的主題即可保證我獲得「美」的回答。

因此這些畫似乎自己畫了起來，我也不認為自己必須遵循在我之前的西方畫家所畫的場景。我並未刻意模仿他們當中哪個特定的人，但我把從他們畫中學得的東西用來潤飾我的畫。我讓博斯普魯斯的海浪看上去彷彿出自孩童之手，有如杜飛❶風格；我畫的雲有馬諦斯❷的味道；我把無法詳細繪出的範圍塗上點點油彩，就像「印象派畫家」。有時候我採用明信片和月曆上的風光。我的畫和採用印象派手法畫伊斯坦堡壯麗風光的土耳其印象派畫家（法國畫家先驅者的四、五十年後），並無明顯不同。

由於我畫的是大家一致同意的美景，由於這使我無須向自己和他人證明我畫得好看，因此畫畫讓我覺得放鬆。那股強烈深刻的衝動攫住我時，我便儘快拾起作畫工具，但即使當我把顏料畫筆聚集在即將帶我進入第二個世界的畫布四周時，我往往也還不知道自己要畫什麼。這無關緊要，因為畫畫只是手段；在我開心的時候，從我們家的窗子看出去的猶如明信片般的景色即可行。我一點也不厭倦我已畫過上百次的風光。重要的是立刻投入畫的細節，逃離這個世界：套用透視法，給通過博斯普魯斯的船安排位置（自梅林的時代，這是畫過博斯普魯斯的每一位畫家最關注的主要問題）；沉緬於後方清真寺的輪廓細節，一五一十地畫出柏樹和渡輪，下功夫畫圓頂、薩雷布努的燈塔、以及岸上釣魚的人，讓我感覺彷彿漫步於我畫的東西當中。

畫畫讓我得以進入畫布裡的景色。這是進入幻想世界的一種新方法，當我深入這世界最「美」的區域——幾乎即將完成畫時——我突然感到異常狂喜：在我眼前閃閃發光的景象看起來像真的一樣。我忘記我畫的是人人知道、人人喜愛的博斯普魯斯景色：這奇妙事物是我本身想像力的產物。完成一幅畫讓我覺得快樂無比，恨不得去摸它，挑出某細節熱烈擁抱，甚至放入口中咬它、吃它。假使這個幻想受到阻撓，假使我並未完全沉緬於畫中，假使（越來越常發生）第一個世界闖入，破壞了我的兒童遊戲，我便產生一股手淫的衝動。

這第一種作畫方式類似席勒❸所謂的「天真詩歌」。我選擇的主題比我的風格或手法重要許多：特別是，我希望相信我的藝術表現出某種內心自發的情感。

（二）但隨著時間推進，這些畫所描繪的天真、歡樂、多彩、消遙的世界看上去確實十分天真，它們給我的樂趣卻與日劇減。就像我小時候心愛的許多玩具——被我整整齊齊排在祖母地毯上的小汽車、牛仔手槍、我父親從法國給我帶回來的模型火車組——這些鮮豔的天真繪畫再也無法把我從無聊的日常生活中拯救出來。於是我摒棄伊斯坦堡的著名風光，開始畫偏僻巷弄、被人遺忘的廣場、卵石巷（通往山下的博斯普魯斯，後面襯著大海、克茲塔和亞洲岸）和圓頂木屋。這些作品——有些是黑白素描，有些則是畫在畫布或硬紙板上的油畫，但顏色依然很少，白色佔多數——產生於兩種不同的影響。我受經常刊登在報章雜誌的歷史專欄上描繪貧民區的黑白插圖影響很大，貧民區寂靜憂傷的情境讓我喜愛。因此我畫小清真寺、剝落的牆壁、從街角隱約可見的拜占庭門拱、圓頂木屋，以及——遵從我才剛掌握的透視法則——一排排由近而遠高度遞減的破房子。第二個影響是郁特里洛❹，我從他的複製畫和一部介紹其生平的精采通俗小說得知其作品。我若想畫一幅郁特里洛風格的畫，便選擇幾乎沒有清真寺和宣禮塔的貝尤魯、塔拉巴絲（Tarlabaşi）或奇哈格。作畫的衝動席捲我時，我便拿出我在街頭漫遊時拍攝的照片；在詳細審視照片後，我便著手畫貝尤魯某一景，並且在所有公寓樓房的窗戶，畫上郁特里洛風格的百葉窗——儘管這在伊斯坦堡很罕見。完成畫作，狂喜襲來，就像從前小時候一樣——我覺得好似我畫的景色是我本身創造的東西，同時也是真實存在。即使認同我畫的景色，我卻感到某種程度的疏離。為了達到最終目標——忘我，光是天真地認同我畫中的世界已不足夠；我必須實現迷惑而巧妙的心靈性跨越：我將成為名叫郁特里洛的某個人，他在巴黎畫的畫很像這些畫。當然，我對此並不真的相信：即使畫博斯普魯斯的時候，對於我已進入自己的畫中世界，對於自己是郁特里洛，我也只是將信將疑。儘管如此，這種新遊戲卻有好處，尤其在我內心遭受某種我無法了解的不安所折磨，或對我剛剛完成的畫有疑慮，或熱切期待他人覺得我的畫「美」或「有意思」的時候更是如此。相形之下，景色若變得太真實，我便覺得我的理解範圍變窄。我在此種情況下所遵循的模式，隨著不久之後性走入我的生活而越來越成為常規——畫作完成時，一股歡樂的巨浪席捲而來，使我迷失方向；而後被愁悶和迷惑所取代，消退後，我便歇息。

依照自己拍的相片匆匆完成的畫，我趁它未乾掛在牆上，與眼齊高，嘗試把它當作別人的畫觀看。假如喜歡，我便有一種快樂和安全感。我十分成功地捕捉後街的憂傷。但這更常發生——假如我斷定我的畫有欠缺，我便從別的角度察看，站遠一點，然後走近一些，時而滿懷希望地增添幾筆潤飾，最後竭力對我做的事予以承認。這時，我不再認為自己是郁特里洛，不再假設我的畫具有他的

風格。因此就像若干年後在做愛後陷入絕望——不是景觀、而是我的畫有欠缺。我不是郁特里洛，而是嘗試畫出郁特里洛風格的人。

我抵禦不了如汙漬般慢慢擴散的深沉憂鬱：近乎羞恥的事實是，只有把自己當作另一個人，我才有辦法畫畫。我模仿某種風格，我模仿（儘管從未使用這詞）視野與畫法獨樹一格的某個畫家。但並非毫無益處，因為我若在某種程度上成為另一個人，此時我也擁有「我」自己的風格與身分。我以此種身分竊竊自喜。這也是我首次宣告後來將纏擾我多年的自相矛盾——唯有靠模仿他人始可取得自我認同。對於受另一個畫家影響，我並未深感不安；我仍是個孩子，我作畫是為了取悅自己。另一種更簡單的慰藉是，我畫的城市，我拍攝的伊斯坦堡，它本身比任何畫家給我的影響更甚。

那段日子，畫畫是我主要的逃避手段，父親敲門走進來時，倘若發現我沉浸於激動的創作，他面對我的方式就像他撞見小時候我把玩性器官時同樣表示尊重；他不帶半點蔑視地問道：「郁特里

洛，今天可好？」這含蓄的笑話提醒我，我還是個孩子，模仿他人可以不算數。十六歲時，母親知道我對畫畫十分認真，於是允許我把我們從前居住、如今是母親和祖母貯藏舊家具的奇哈格公寓用作畫室。一到週末，有時在下午離開羅伯學院的時候，我便前往這間又冷又空的公寓；點燃爐火，讓自己暖和起來後，我便挑出一兩張我拍攝的相片，在靈感閃現時完成一兩張巨幅畫作，而後精疲力竭地返家，充滿了某種奇特的憂傷。

❶ 杜飛（Raoul Dufy），1877-1953，法國畫家。
❷ 馬諦斯（Henri Matisse），1869-1954，法國野獸派畫家代表。
❸ 席勒（Friedrich von Schiller），1759-1805，德國詩人、劇作家、歷史學家和文藝評論家。
❹ 郁特里洛（Maurice Utrillo），1883-1955，法國畫家。

29 畫畫和家庭幸福

每當走進母親為我佈置成畫室的奇哈格公寓時，我便吹著氣，直到點燃爐火（十一歲和家人住這間公寓時，我是個忠誠的縱火狂——無論何時何地都在點火——但此刻我才發覺還來不及告別，此種樂趣早已離我遠去。）天花板挑高的公寓暖得足以讓我的手溫暖起來時，我便已穿上油彩飛濺的罩衫——這比任何東西更能指出我作畫已有一段時間。然而這卻是一種略帶悲哀的期待，即使不是馬上、也是在一、兩天內逃入一幅我無法給任何人看的畫中。我已經把公寓變成畫廊——我的畫掛在每一面牆上，卻沒有人（包括母親，甚至父親）來看過它們。因此我在這間公寓發現一種需要：不僅知道我的畫將被人觀看，而且在作畫的同時感應之後即將評斷我作品的人存在我四周。站在一間擺滿陰冷的舊家具、充滿灰塵和霉味的愁悶公寓畫伊斯坦堡風光，也使我感到愁悶。

我真希望再看看我在十六至十七歲之間畫的這些畫（現已遺失），描繪的是就托爾斯泰意義上來說的「家庭幸福」。這些畫對我來說非常重要，因為——從次頁這張職業攝影師在我七歲時來我家拍的照片看得出來——我有時很難維持「幸福家庭」的姿態。摒棄平日畫的伊斯坦堡風光和後街，我趁父母在我身邊做他們每天做的事情時畫「我們」。當我父母之間的緊張關係稍趨和緩，當沒有人挑釁其他人，大家悠然自得，背後播放著收音機或錄音帶，當女僕在廚房裡忙著做我們的晚飯，或在我們全家動身出遊前——我便畫

這些畫，往往是靈機一動。

父親通常躺在客廳沙發上：他在家時最常待在這兒，閱讀報刊雜誌或書（不是他青年時期喜愛的文學小說，而是談橋牌的書），或是迷惘地盯著天花板。心情不錯的話，他會在錄音機上播放管絃樂，比方說布拉姆斯的第一號交響曲；有時站起來指揮想像中的管絃樂團，跟指揮家一樣揮動手臂，在我看來像是憤怒、焦躁而癡迷。坐在他身邊扶手椅上的母親把目光從報紙或編織挪開，抬起頭來，微笑中帶著情愛。

此一形勢缺乏惹人注目的細節，激發不了任何議論，但這也是它引我注意的原因。當這幅畫面難得出現的時候，我便以一種半開玩笑、半羞愧的語調低聲說「我要畫一張畫」，彷彿跟住在我內心的精靈說話似的；而後我跑進房間抓起我的畫畫工具——我的油畫顏料，或父親從英國帶給我的吉他牌一百二十色粉蠟筆，以及姑媽每年送我當生日禮物的薛勒牌（Schöler）彩色紙——回到客廳，把父親的書桌擺放成讓我能看見他們兩人的方向，坐在桌前匆匆畫一幅家庭畫面。

自始至終，他們兩人都未開口說話，由於他們自然而然地響應我突如其來、按捺不下的畫畫渴望，在我看來彷彿神為我而暫停了時間（即使大致說來興趣不大，我卻仍相信**她**在重要時刻來幫助我。）或許因為沒講話，我父母看起來很快樂。對我而言，所謂家庭是一群人由於希望被愛並感覺恬靜、放鬆和安心，於是同意每天有段時間讓內心的精靈和魔鬼安靜下來，而且表現得像是很快樂。他們這麼做，往往是因為沒更好的事可做，終而為他們自己的矯飾所折服，但如果保持快樂的姿態很長一段時間之後，卻沒法子完全安撫他們的精靈和魔鬼，父親的目光便從他的書挪開——母親則繼續泰然自若地編織——眺望窗外遠方的博斯普魯斯，彷彿對它的美無動於衷，沉溺在思緒裡。一種神奇的寂靜籠罩房間，父親和母親伸展四肢，一聲不吭，表達彷彿是共有的痛楚；七〇年代，就像全國每個人一樣，我們買了電視機，他們有些不好意思地享受電視上的娛樂節目，於是不再有神奇的寂靜，我也不再想畫他們。因為對我而言，愛我的人壓抑他們的惡魔，讓我自由玩耍的時候，快樂才出現。

雖然他們是在擺姿勢，就像拍照的時候那樣，身子不動，讓我疾速完成幸福家庭的場景，但有時他們也交談。一人提起報上的某件事，停了好一陣子之後，另一人提供分析，或不發一語。有時母親和我交談，躺在沙發上對我們的對話表示毫無興趣的父親會突然說出話來，證明他一直在聽。有時候，我們其中一人從我們貝西克塔石塞倫瑟貝公寓寬敞的窗戶向外看，看見一艘詭異可怕的俄羅斯軍艦沿著博斯普魯斯航行，或春季從非洲飛向北方的一群鸛鳥橫空飛過，長時間的沉寂便被短短一句多餘的話打破，像是「那群鸛鳥！」但儘管我非常喜歡客廳裡寂靜無聲，當我們大家都陷入自己的小天地時，我卻看出安祥與快樂的瞬息無常。我為我的畫增添最後的潤飾時，留意到父母身上只有在以畫家的眼光看他們的時候，才會留意到的可怕細節。我注視戴眼睛的母親，臉上的表情半帶快樂半帶希望，注視從毛線針垂下來的毛線，首先落在她的腿上，接著落在她的腳上，落入裝毛線團的塑膠袋。在這透明袋子旁邊，她穿著拖鞋的腳在同我父親說話時，就和她陷入沉思的時候一樣靜止不動，當我長時間仔細觀察時，一陣奇特的顫抖通過我的身軀：人的臂、腿和手，甚至我們的頭，具有某種沒有生命的特性，就像母親放新鮮雛菊和冬青的花瓶一樣呆板遲鈍，就像她身邊的小桌或掛在牆上的伊茲尼克（Iznik）陶盤一樣冥頑不靈。儘管我們維持一幅幸福家庭的畫面，儘管我暫時不懷疑，當我們三個坐在自己的角落時，卻有某種東西讓我們看上去像祖母多塞進她博物館房間的三件家具。

我陶醉在這些共有的沉寂中，這些時刻就像特殊場合玩的「牧師跑掉了」遊戲和我們的新年樂透彩一樣稀罕可貴。當我在畫紙上畫滿──依我的想像──馬諦斯的迅疾筆觸，以勃納爾❶畫居室的小曲線與花紋裝點地毯和窗簾時，窗外的天色暗了下來，我發現父親旁邊三腳燈的燈光變得更亮。當夜晚確實降臨，天空和博斯普魯斯露出深邃、絢爛的紫色，燈光變為橙色的時候，我看見窗戶不再朝向外面的博斯普魯斯、汽車渡輪、來往於貝西克塔石和于斯屈達爾之間的船隻、或是從船的煙囱冒出的煙，而是給我們倒映出屋內的景象。

晚上穿行於街頭或眺望窗外，我仍喜歡透過街燈的橙色光暈，朝別人屋裡瞧。有時看見某個婦女獨自坐在桌前算自己的命，擺出的姿勢就跟我父親沒回家的那些漫長冬夜我母親所做的一樣，抽著煙，耐心地玩單人紙牌。有時我瞧見一間簡陋的底層小公寓裡一家人吃著晚飯，在跟我們家相同的橙色燈光下一同說話，從外頭觀望他們，我天真地判斷他們肯定很幸福。透過窗戶看到的幸福家庭，這些景像對我們訴說我們的城市；但是在伊斯坦堡這地方──特別是在十九世紀，當時接待客人很少在客廳以外的任何房間──少有外國人能夠揣摩表面看見的東西。

❶勃納爾（Pierre Bonnard），1867-1947，法國畫家、版畫家，與維亞爾（Edouard Vuillard）共同發展了室內場景畫。

30 博斯普魯斯海上船隻冒出的煙

十九世紀中葉，汽船使海上旅行發生變革，加強了與歐洲各大城市的聯繫；讓人得以短期造訪伊斯坦堡。不久，一些作家在報上發表的印象將塑造伊斯坦堡的新概念；但這些汽船從一登場便給予城市一番新面目。一開始在 Şirketi Hayriye 名下做貿易、後改稱 Şehir Hatlari（城市線）的公司成立，不久，博斯普魯斯的每個村子都有自己的停靠站；渡輪開始往來海峽，於是城市帶有一絲歐洲氣象（別忘了法國話裡的「蒸汽」〔vapeur〕，進入伊斯坦堡的土耳其話和日常生活中，成為我們的「船」〔vapur〕）。渡輪帶來的改變包

括在博斯普魯斯和金角灣停靠站周邊形成的廣場，以及這些村鎮的迅速發展使它們不久成為市區的一部分（渡輪到來前，幾乎沒有道路連接這些村鎮）。

渡輪開始載送乘客往來於博斯普魯斯，對伊斯坦堡人來說也跟克茲塔、聖索菲亞教堂、如梅利堡壘和卡拉達橋一樣越來越熟悉；

不久，渡輪成了日常生活的重要部份，幾乎具有圖騰般的重要性。因此就像有些人對威尼斯的水上巴士產生感情，喜歡炫耀他們對各種形狀款式的知識，伊斯坦堡人也極其寵愛「城市線」擁有的每一艘渡輪；有討論它們的專書，當然還配有插圖。戈蒂耶寫道，伊斯坦堡的每家理髮店牆上都掛了渡輪的圖片。父親單憑漂亮的輪廓，即可辨識出在他童年時代曾經行駛的渡輪，如果他一時記不起來，過一會兒，他便開始一一列舉在我聽來像詩的名稱：「五三英席拉（53 Inşirah）、六七卡侖得（67 Kalender）、四七塔茲涅溫（47 Tarz-i Nevin）、五九卡梅（59 Kamer）……」

我問他如何分辨看起來如此相像的船，他便列出每艘船的特徵——比方在我們開車到博斯普魯斯兜風時，若交通狀況不容許，就在我們貝西克塔石公寓的客廳裡；但即使指出每艘船的特點——這艘拱起來，那艘的煙囪特別長，另一艘船頭鉤起，或船尾肥胖，或在急流中稍稍斜向一側——即使經過仔細研究，之後我依然沒能把它們區分開來；不過我倒學會分辨三艘渡輪——兩艘英國製，另一艘則是我出生那年一九五二年建造於義大利塔蘭托（Taranto）——它們是以花園命名。在研究它們的形狀和煙囪寬度後，我終於能把「費內巴切號」（Fenerbahçe）和「朵爾瑪巴切號」（Dolmabahce），跟「帕沙巴切號」（Paşabahçe）區分開來，後者被我視為我的幸運船，因此每當心有所思地走過城裡，在巷底或窗外瞥見它時，我便振奮了些：至今依然。

渡輪給天際線的大禮是煙囪冒出的煙。我喜歡在畫中添上煤黑色的煙塵，因渡輪的位置與樣式、博斯普魯斯的急流、當然還有風向而異。我拿舊畫筆把煙筒冒出的煙畫上去之前，整幅畫必須完成，甚至半乾。就像之後在畫右下方簽的名，從每個煙筒冒出的煙對我而言都是那艘渡輪的特殊印記。當煙結成雲，尤其從停泊在卡

拉達周圍每艘船的煙筒冒出來的時候，我的世界彷彿裹在黑紗之中。沿著博斯普魯斯海岸漫步或乘坐渡輪，我喜歡在早已開走的渡輪瀰漫的黑煙下走過：如果風向對，一陣驟雨般的黑色粒子就像一張蜘蛛網灑在我臉上，充滿礦物燃燒的氣味。

往往，在賦予一幅畫快樂的結尾，畫上適量的煙從渡輪的煙囪冒出（有時煙畫得太多而毀了畫）之後，我會斟酌我觀察過的煙上升、擴散、消失的其他方式，而後將這些圖像歸檔，彷彿留作將來使用。但隨著最後的幾筆，我面前的畫完全顯露出自己的真實，讓我已忘了親眼看見的景象，形態真實自然的煙霧。

我發現完美的煙柱隨微風而來，煙以四十五度角上升一段時間後，開始與船平行並進，形狀不變，彷彿有人在空中畫下一道優美的線，表明渡輪的航道。無風之日停在碼頭的渡船冒出的縷縷黑煙，使我想起小屋的煙囪冒出的炊煙。渡輪與風稍稍轉向之時，從煙筒冒出的煙猝然下落，盤繞於博斯普魯斯海面上，有如阿拉伯文

字。但每當畫一幅博斯普魯斯與「城市線」的景色，我需要的是傳達憂傷景觀的煙，因此這種歡樂、偶發的形狀儘管令我讚賞，卻也使我傷腦筋。在無風的日子，從煙筒滾滾冒出的黑煙在空中繚繞，穿行於海岸間的渡輪拖曳著一種無可諱言的憂傷。我喜歡看黑色的濃煙落在天邊，與後方的烏雲融為一體，彷彿透納❶的畫。然而，用一艘或多艘冒煙的渡輪完成一幅畫時，我想起的不是我曾看過渡輪本身冒出的煙影，而是我在莫內、希斯里❷、畢沙羅❸畫中見過的煙霧——莫內的〈聖拉薩車站〉(Gare Saint-Lazare)，或杜飛別有一番天地的冰淇淋勺快樂雲朵——這就是我所畫的。

在《情感教育》(*Sentimental Education*)的開場白，福樓拜把改變形狀的煙霧形容得很美，這是我喜愛他的原因之一（雖然也還有別的原因）。我們在此結束煙的頌歌；以此一章節作為通往下個樂章的橋段，我採用的是鄂圖曼傳統音樂中所謂的「阿拉塔克辛」

（ara taksim）。「塔克辛」的含意可解釋為分隔、匯聚、或引水，因此內瓦爾看見攤販與墓地的那片曠野（亦作為配水中心）被伊斯坦堡人稱為「塔克辛」。他們仍以相同的名稱叫它，我一生都住在其四周。但福樓拜與內瓦爾穿越這兒的時候還不叫塔克辛。

❶ 透納（J. M. W. Turner），1775-1851，英國浪漫主義畫家，風景畫大師。
❷ 希斯里（Alfred Sisley），1839-1899，英裔法籍印象派風景畫家。
❸ 畢沙羅（Camille Pissaro），1830-1903，法國印象派畫家。

31　福樓拜於伊斯坦堡

一八五〇年十月，內瓦爾造訪伊斯坦堡的七年後，福樓拜來到此地，帶來他的作家攝影師朋友杜坎甫，以及他剛在貝魯特染上的梅毒病。他待在此地近五個月，雖然他在從雅典寄給布勒（Louis Bouillet）的信中說「至少得在『伊斯坦堡』待上半年」，福樓拜的話，我們卻不必太認真，因為他這人思念拋在身後的一切。我們從日期旁邊註明「君士坦丁堡」的多封信中清楚得知，自啟程以來，他最思念位於盧昂（Rouen）的家、他的書房、為他的遠行痛哭流涕的母親，他熱切地希望儘快返家。

福樓拜按照內瓦爾的行程，途經開羅、耶路撒冷和黎巴嫩，來到伊斯坦堡。和內瓦爾一樣，他越來越厭倦在這些地方看見的醜惡冷酷、神秘的東方情調——他對自己的幻想已經生厭，現實戰勝了他，這些現實比他的夢想愈發「東方」，因此伊斯坦堡激不起他的興趣。（他原本計畫待三個月。）事實上，伊斯坦堡不是他要尋找的東方。在致布勒的另一封信中，他追溯拜倫（Lord Byron）的西安納托利亞（West Anatolia）之旅。激發拜倫想像力的東方是「土耳其的東方，彎刀、阿爾巴尼亞服飾、柵欄窗戶遙望大海的東方。」但福樓拜則偏愛「貝都人（Beduin）和沙漠的炎熱東方，紅色非洲的深處，鱷魚、駱駝、長頸鹿。」

在二十九歲作家的東方之旅所到之處當中，埃及激發他的想像力，終其一生亦是如此。在寫給母親及布勒的信中，他自稱目前掛

念的是未來以及他想寫的書。（他設想的書當中有一本是名為《哈勒貝》（*Harel Bey*）的小說，在書中，一個文明的西方人和一個東方蠻夷彼此越來越相像，終而位置對調。）從他寫給他母親的信中，我們清楚見到後來塑造福樓拜神話的種種要素已經固定——拒絕認真看待藝術除外的任何事情，蔑視中產階級的生活、婚姻、經商為生。我出生的一百年前，他在我度過一輩子的街頭漫步突發奇想，之後將之寫下，成為現代主義文學的基本道德原則：「對於世界，對於未來，對於人們將如何評論，對於任何一種制度，甚至對於我從前朝思暮想的文學名聲，我都不在乎。這就是我的為人，我的性格。」（福樓拜致母函，一八五〇年十二月十五日於伊斯坦堡。）

我為何如此著眼於西方旅人的想法，他們來訪所做的事，他們寫給母親的信？部分原因在於我對他們幾個人（內瓦爾、福樓拜、亞米奇）多所認同，並且——好比為了畫伊斯坦堡，我曾得設想自

己是郁特里洛——通過他們的影響以及和他們的輪流辯論，鑄成我的自我認同。還因為伊斯坦堡本身的作家沒幾個人對他們的城市多加理會。

假意識、幻想、或老式思想，無論稱之為何——我們每個人的腦袋中都有一篇半明半晦的文本，解讀生活中做過的事情。對於每個伊斯坦堡人而言，這篇文本有大部分是西方觀察者談及我們的方面。對像我這種跨越兩種文化的伊斯坦堡人來說，「西方旅人」往往不是真實的人一他可能是我創造的東西，我的想像，甚至於我本身的倒影。但由於無法只憑藉傳統當作我的文本，因此我極感謝外來者能提供我輔助版本，無論是一篇文章、一幅畫或一部電影。因此每逢覺得欠缺西方眼光，我便成為自己的西方人。

伊斯坦堡從未成為寫它、畫它、拍它的西方人的殖民地，因此西方旅人拿我的過去和歷史建造異國美夢並未使我過度不安。事實上，他們的恐懼與夢想讓我覺得有趣——對我而言，就像我們對他

們而言具有異國情調——我不僅將他們作為談笑的資料，或通過他們的眼光看城市，還進入他們想像中的完整世界。特別是閱讀十九世紀西方旅人的作品——或許因為他們書寫日常事物所用的文字易於理解——使我認識到「我的」城市並不屬於我自己。就像從我熟悉的角度審視天際線（從卡拉達以及我此刻寫下這些文字的奇哈格），通過西方先輩的文字與圖像觀看城市的時候亦是如此：我在這些時刻必須面對自身對這城市的疑惑以及自己的渺小地位。我往往覺得自己成為那位西方旅人的同伴，跟著他深入生活，計算、衡量、分類、判斷，如此一來往往篡奪了他們的夢想，同時成為西方眼光的被看者與觀看者。來回擺盪，時而由內、時而由外看城內，感覺好比在街頭漫遊，陷入一連串模糊矛盾的想法中，不完全屬於這個地方，卻也不完全是異鄉人。這正是伊斯坦堡人一百五十年來的感受。

讓我用一個故事加以說明，這個故事是關於福樓拜的陰莖，在

伊斯坦堡期間，這件事成為他關注的問題。在來訪第二天致布勒的信中，這位苦惱的作家承認在貝魯特感染梅毒後陰莖出現的七個下疳已合併成一個。「每天早晚，都要為這悲慘的器官包紮敷藥！」他寫道。他先是認為可能是某個馬龍派教徒❶傳染給他，或「一個土耳其小女人。是土耳其人還是基督徒？」他問道，接著同樣帶著嘲弄的口吻說：「一大問題！發人深省！這是〈兩個世界評論〉❷想都沒想過的『東方問題』！」在這前後，他也在給母親的信中說絕不結婚，但這與他的病無關。

梅毒導致福樓拜頭髮迅速脫落，返家時連他自己的母親也認不出他來，儘管與梅毒搏鬥，他卻仍設法造訪妓院。但是當向來帶西方旅人去相同地方的翻譯導遊帶福樓拜去卡拉達某個「骯髒污穢」、女人「醜陋無比」的地方時，福樓拜表示希望馬上離開。按他的敘述，「老鴇」將自己的女兒獻給他作為調解，福樓拜認為這位十六、七歲的女子非常迷人。但女兒拒絕同他一起去。屋子裡的人必須強迫她—讀者只好憑空猜測他們是怎麼做到；兩人終於獨處時，女子用義大利語問福樓拜能否讓她看他的器官，確定他沒病。「由於陰莖下部仍有硬結，怕她看見，於是我裝出紳士的樣子，從床上跳下來，大聲說她侮辱了我，說此舉有背於紳士；接著我就走了……」福樓拜寫道。

旅行剛開始的時候，開羅醫院某位醫師為來訪的西方醫生以手勢示範如何叫病人拉下褲子露出下疳。福樓拜詳細研究並作筆記，心滿意足地指出——就像他敘述托卡比皇宮某侏儒的身高、姿態與裝扮的時候一樣——他又看到另一件東方怪事，另一種骯髒的東方習俗。福樓拜來到東方觀看美妙難忘的奇觀，卻也迫切希望考察各種疾病和古怪的醫療服務。儘管如此，他卻不打算揭露自身的病變或怪癖。薩伊德（Edward Said）在他精采的《東方主義》（*Orientalism*）當中分析內瓦爾與福樓拜時，從開羅醫院的序幕做文章，但他並未提及劇終的妓院；假使他這麼做，或許就能避免許多伊斯坦堡讀者援用他的作品證明民族主義情緒的正當性或表明如果沒有西方，東方將是個好地方。或許薩伊德之所以將之省略，是因

為伊斯坦堡不曾成為西方殖民地，因此不是他關心的重點。儘管土耳其的民族主義者後來聲稱梅毒從美洲傳遍全世界，十九世紀的西方旅人卻把梅毒稱作「法蘭疾」（frengi）（或「法國人」），因為他們很清楚是法國人將此傳染病帶給其他文明世界。福樓拜造訪伊斯坦堡的五十年後，出版第一本土耳其辭典的阿爾巴尼亞人沙米（Semsettin Sami）索性寫道「『法蘭疾』傳自歐洲」。但福樓拜在《公認見解辭典》（*Dictionary of Accepted Ideas*）當中依然跟他第一次自問如何染上這病看法相同——並未端出又一個東方-西方的笑話，他斷定：這病或多或少傳染給每一個人。

福樓拜毫無顧忌地承認自己對奇特、可怕、骯髒和古怪之事感到興趣，他在信中詳述「墓園娼妓」（夜間為士兵效勞）、空洞的鸛鳥巢、黑海刮來的西伯利亞寒風、以及城裡熙熙攘攘的人群。和許多來訪者一樣，他對墓園特別著迷：他是第一個注意到這些遍佈全城的墓碑的人，就像死者本身在記憶中慢慢消失，亦隨著歲月慢慢

陷入土中，不久便消失得無影無蹤。

❶ 馬龍派教會（Maronite Church），黎巴嫩的東儀天主教會。

❷〈兩個世界評論〉（*Revue des Deux Mondes*），法國文學和其他藝術的評論性雙週刊。

32 兄弟之爭

六至十歲之間，我跟哥哥沒完沒了地打架，隨著時間的推移，他揍我揍得越來越凶。我們年紀只相差十八個月，但是他高壯得多，由於一般認為兄弟倆打架動武是正常、甚至健康的事，因此沒有人認為有必要阻止我們。我把挨打視為個人的失敗，將之歸咎於我的軟弱和缺乏協調；最初幾年，哥哥若激怒或貶低我，先出手的人往往是我，半認為自己挨打活該，原則上當然也不會去挑戰暴力。假如打架打到最後杯子破了、窗玻璃碎了，搞得我鼻青眼腫、受傷流血，母親最後出面調停時抱怨的不是我們互相毆打，也不是我挨揍，而是我們把房子搞得一團糟——還有，由於我們無法和平解決我們的紛歧，鄰居又要抱怨我們太吵鬧。

後來我談起這些吵架，母親和哥哥聲稱完全記不起這些事，說我和往常一樣是在編故事，只是為了找寫作題材，只是為了給自己一個多采多姿、高潮迭起的人生。他們真心實意的態度讓我最後只得贊同他們，推斷我像過去一樣，受想像力支配更甚於受現實生活影響。因此讀者閱讀此一章節時應當牢記，我有可能言過其實。但是對畫家來說，重要的不是東西的真實性，而是它的形狀，對小說家而言，重要的不是事件的過程，而是其安排，對回憶錄作者來說，重要的不是事實敘述的準確與否，而是前後是否呼應。

因此讀者若留意到我在描寫自己的時候描寫伊斯坦堡，在寫伊斯坦堡的時候描寫我自己，也就已看出我之所以提起這些幼稚無

知、殘酷無情的打架，是為了其他事做安排。畢竟，孩子們有某種以暴力表達自己的「自然」傾向，男孩子總是男孩子。我們給自己發明遊戲，特殊規則的共同遊戲。在我們幽暗的房子裡，我們玩捉迷藏、抓手帕、蛇、船長、跳房子、將軍沉船、說出城市名、九石、提心吊膽、跳棋、西洋棋、桌球（在兒童專用桌上）、臺球（在我們的折疊式餐桌上），略舉數例。母親不在家時，我們把報紙揉成一團，在室內踢足球，直到玩得如痴若狂、滿頭大汗，這些遊戲往往演變成武鬥。

我們有整整好幾年時間熱衷於「彈珠賽」，仿效足球世界的戰術與英雄。我們用西洋棋子當作球員，遵循足球規則把它們擺在球場上，模仿我們看過的戰略，技巧越發熟練的同時，這些球賽也越發沸沸揚揚。我們把兩隊西洋棋子（或彈珠）排在被我們用作球場的地毯上，然後遵循打過數百次架後確立的各種規則，朝木工為我們製作的球門柱射門。有時彈珠以當時最了不起的足球員命名，就像人們能輕而易舉地分辨出他們心愛的條紋貓，我們也能一眼認出我們的彈珠。我們模仿當時最了不起的體育評論員基萬茨（Halit Kivanç），為想像中的群眾播報比賽，得分時，我們就像真實比賽中的看台觀眾一樣高喊「進球！」，然後模仿群眾的歡呼聲。我們收入足球協會、球員、新聞媒體以及球迷（但絕不包括裁判）的評論；最後，我們也忘了這只是一場遊戲，於是展開凶狠致命的戰鬥。大部分時間，一開始動手，我便被擊垮。

童年時代這些打架的導火線是由於失敗、捉弄過度和欺騙，但彼此之間的競爭更是火上加油。打這些架不是為了證實誰對誰錯，而是為了證實哪個人更強、技巧更高超、更老練或更聰明。這些打架表達了我們擔心必須學習遊戲規則，以及間接地學習世界規範，我們將得在頃刻之間證明我們的敏捷與腦力。這些競爭當中埋藏著文化的陰影，驅使伯父在每回我們去他的公寓時以填字遊戲和數學題目轟炸我們：不同樓層間（每層樓都支持不同的足球隊）半認真

的足球賭注，誇大鄂圖曼勝仗的教科書，以及當作禮物送給我們的《發現與發明百科全書》之類的書，也都是相同的文化。

母親或許也參與一腳，因為，或許為了讓日常生活好過些，她盡其所能把每件事都變成一項比賽。「誰先穿上睡衣上床去，就給他一個親親。」母親說道。「誰整個冬天沒感冒或生病，我就買禮物給他。」「誰先吃完晚飯，沒把衣服弄髒，我就最疼他。」這些母親使用的手段旨在讓兩個兒子更「善良」、更安靜、更合作。

但是在我跟哥哥的絕望爭鬥背後，我的英雄們拼命競爭，人人都忙著獲得勝利、出人頭地，無論結果是多麼不可能。因此——就像我們在課堂上舉手，證明自己跟別的劣等生不同——哥哥和我全力以赴地征服、粉碎彼此，以抵禦我們埋藏在內心陰暗角落的恐懼——與伊斯坦堡的恥辱命運與共的憂傷與愁愴。隨著年齡的增長，伊斯坦堡人覺得自己的命運與城市的命運相纏在一起，逐漸對這件憂傷的外衣表示歡迎，憂傷給他們的生活帶來某種滿足，某種深情，幾乎像是幸福。在此之前，他們仍憤憤不滿地抗拒命運。

哥哥在學校的表現始終好過我。他知道每個人的住址，能把數字、電話號碼、數學公式像一首秘密曲調記在腦子裡（每回我們一塊兒出門，我老是看櫥窗、看天空、看符合我風格的東西，而他看的則是門牌號碼和公寓名稱）；他喜歡背誦足球規則、比賽結果、世界各地的首都、體育統計，就像四十年來，他喜歡叨唸他的學術對手們的缺點，以及他們在引文索引佔的份量多麼少。儘管我對繪畫的興趣有部分出自想和鉛筆和紙張單獨相處的欲望，卻也跟我哥哥對繪畫毫無興趣有關。

但畫了幾個小時後，倘若我仍未找到我要找的快樂，當窗簾厚重、家具過多的房子開始讓黑暗滲入我的靈魂時，我就像每個伊斯坦堡人一樣，渴望通往勝利的捷徑，進行一場可能的比賽：我們當時感興趣的任何一種遊戲——彈珠比賽、西洋棋、益智遊戲——我都試圖說服我哥哥再玩一次。

他從書中抬起眼來，說：「我看你饞得慌吧？」——指的是大半都是我輸的遊戲，而不是隨後的吵架。「戰敗的摔跤手百戰不厭！」他說道，回溯我最近的一次失敗。「我再唸一個小時的書，然後我們再玩。」他回去看書。

他的書桌乾乾淨淨、井井有條，我的則是雜亂無章，有如地震現場。

假使我們早年的打架幫助我們掌握處世方式，我們後來的爭執則更加邪惡。過去我們是一同長大的兄弟，母親對我們憂心忡忡、頻頻勸戒，嘗試彌補父親經常不在家的空缺，希望只要對這此空缺予以否認，即可避免城市的憂傷滲入我們家。但現在的我們開始像

兩個單身漢，各自力求領域的劃分。我們多年來為維護和平所建立的規章制度——櫃子的哪個部分屬於誰，哪些書屬於誰，誰坐在開車的父親旁邊、坐多久，睡前由誰關我們臥室的門或熄掉廚房的燈，最新期的〈歷史雜誌〉寄來時由誰先讀——甚至這些訂好的協議也成了爭論、攻擊、辱罵、威脅的源頭。一句肆無忌憚的話——「那是我的，別碰」或者「小心為妙，否則你會後悔莫及」——便會導致衝突、扭手臂、猛打、狠揍、武力。為了自保，我抓起木頭衣架、火鉗、掃帚，得以當劍使用的任何東西。

從前我們使用現實生活中的遊戲（比方足球賽），拿彈珠模仿；若發生自尊與名譽的問題，我們便打架解決，但我們在乎的是遊戲；現在我們將此一藉口拋到一邊，以打架解決直接來自生活的自尊與名譽問題。我們對彼此的弱點瞭若指掌，於是開始利用這些弱點。最重要的是，我們的打鬥不再是勃然大怒後演變而成拳打腳踢；而是狠心策劃的侵略行動。

有一回，我想辦法傷害哥哥時，他說：「今天晚上，我會在父母出門看電影時把你打得一塌糊塗！」當天晚上吃飯時，我懇求父母別出門，重複一遍哥哥的威脅，但他們還是走了，就像維持和平部隊盲目地相信已調解交戰雙方的爭議。

有時我們獨自待在家中——全力以赴地激烈交戰，揮汗如雨時——門鈴卻響起，就像被鄰居逮到的吵架夫妻，我們打斷我們的熱烈娛樂，將這位不速之客的鄰居殷勤地領進屋裡，得體地寒暄一番——「請進，先生，」我們說：「請坐」——喜孜孜地彼此交換眼色，跟客人說母親馬上就回來。但之後再次獨處時，我們可不像鬧彆扭的夫妻趕忙回去吵架；而是表現出若無其事的樣子，回到我們吃喝玩樂的消遣。有時我被打得很慘，躺在地毯上哭，像個孩子想像參加自己的葬禮，之後我就睡著了。哥哥心地善良的程度並不亞於我，他在書桌前用功一陣子之後，開始為我感到難過；他叫醒我，叫我更衣就寢，但他回去做功課時，我仍未更衣便上床去，沉溺於陰暗的自憐中無法自拔。

讓我饞得慌、後來我所謂的憂傷——此種情愫向我訴說著失敗、毀滅和墮落——也使我得以擺脫一切必要的規範，一切必須解決的數學題目，一切必須牢記的卡爾洛夫奇條約❶條款。挨揍受辱，即是感覺到自由。有時候，我不由自主地想挨揍，就像哥哥說感覺我「饞得慌」。有時候他感覺到了，況且他比我聰明比我壯，因此讓我極力設法挨頓打。

每回挨打後，獨自躺在床上，一股憂鬱情緒攫住我，我罵自己愚笨、有罪、懶惰。「怎麼啦？」我內心有個聲音問道。「我是壞傢伙。」我答道。一瞬間，這回答給了我奧妙無窮的自由；一個嶄新光明的世界展現在我眼前。倘若我打算盡力做個壞傢伙，我便能夠隨時畫畫，把家庭作業拋在腦後，不換衣服睡覺。同時，失敗、損傷、手腳的瘀傷、裂開的嘴唇、流血的鼻子給我一種奇特的安慰：我的遍體鱗傷證明我打不了一場好仗，證明我應當落敗、出醜、一敗塗地。或許我腦子裡這麼想的時候，燦爛的白日夢開始如夏日微風般吹過我腦際，讓我出神地夢想有一天，我要做偉大的事。這些夢想具有某種力量，掩飾了產生這些夢想的暴力以及受傷的自尊心。此刻在我面前閃閃發亮、許諾快樂新生活的第二個世界，源自我承受的暴力，使我的夢想更明快更逼真。感覺城市的憂傷——「呼愁」進駐我的時候，我偶然發現每當像這樣提筆寫作時，我更加喜歡我做的事情；將世界拋在腦後，同我的憂傷玩耍之時，它的幽暗也開始消退。

---

❶卡爾洛夫奇條約（Karlowitz Treaty）：1699年，結束鄂圖曼帝國與神聖同盟之間敵對狀態所簽訂的合約。

33 外僑學校的外國人

如果把我在預備學校學英語那年算在內，我在羅伯學院共待了四個年頭；我的童年在這段時間宣告結束，我發現世界遠比我心中懷疑的更令人迷惑、更無法觸及、更無遠弗屆。整個童年我都跟關係緊密的家人待在一棟屋子、一條街、一個鄰里，對我而言這就是世界中心。在我讀中學以前，我的教育並未努力糾正我的觀念，使我擺脫個人的宇宙中心，也給外面的世界制定標準的想法。如今上了中學，我發現我其實不住在世界中心，我住的地方不是——這更令人痛苦——世界的指標。發覺自己在世界上脆弱的角色，以及這世界的浩瀚無邊（我喜歡創辦學院的美國新教徒建造的圖書館，迷失在天花板低矮的迷宮中，呼吸撲鼻的舊紙味），使我覺得更孤單更脆弱。

一則，哥哥已不在這兒。我十六歲時，他去美國上耶魯大學。我們或許打架打個不停，但我們也是心靈伴侶——對週遭世界加以討論、分門別類、定位、褒貶——我跟他的情誼甚至比父母更牢固。撇開永無止境的競爭、辱罵、痛揍——對激發我的想像力並助長我的懶散貢獻良多——我幾乎沒什麼理由抱怨。但是，尤其當憂傷降臨的時候，我便思念起他來。

我內在某個核心似乎已經崩解。但我的腦袋無法捉摸此核心的所在位置。似乎因為如此，使我無法全心致力於學習、家庭作業、或其他任何事情。有時候，不再能不費氣力地名列全班之冠，使我感到傷心，但我彷彿已經喪失為任何事過度難過或高興的能力。小時候認為自己快樂時，人生就像絲絨一樣柔軟，像童話故事一樣有趣。到了十三、四歲，這幻想化成碎片。我不時設法全心相信其中一塊碎片；於是決心將自己完全交給它，卻發現自己再度漂流——就像每年學期開始，我決定在班上名列前矛，卻達不到目標。有時候世界似乎越來越遙遠，此種感覺在我的皮膚、我的腦子、我的觸角最機警的時候最是深切。

這一切混亂當中存在著永無休止的性幻想，提醒我還有一個讓我得以容身的另一個世界。我所知道的性不是能與另一人分享的東西，而是你獨自一人創造出來的夢想。就像我學會識字的時候，我腦子裡設定的機器為我唸出每個字來，現在有部新機器幾乎可從任何東西當中提取性的夢想或短暫之樂，以鮮明清晰的色彩刻畫引人遐思的場面。沒有什麼東西是神聖的——這部機器靠我所認識的每個人、我在報刊雜誌看見的每張圖片滋養，將指定細節剪貼成為性幻想後，我便關在自己的房間裡。

而後被內疚感淹沒時，我想起和從前兩個中學同學（一個很胖，另一個有口吃）的談話。口吃者結結巴巴地問我：「你做過嗎？」是的，中學我就已經做了，但因為極其羞愧，我只能喃喃說出一個可能肯定也可能否定的答覆。「噢，你不應該，絕不該！」口吃者叫道，想到像我這種聰明、沉默、用功的人如此墮落，使他臉紅。「自慰是可怕的習慣，一旦開始做，就沒完沒了。」這時，我想起我的胖子朋友帶著痛心悲哀的眼光注視我——雖然他也悄聲勸告我不要自慰（我們之間稱之為「三一」），因為他也發現了這劑成癮藥物。現在他相信自己註定下地獄，就像知道自己註定肥胖，因此他面帶服從上帝旨意的表情。

這些年的回憶當中還有一件事引發相同的內疚與孤寂，在我上科技大學讀建築時持續下去。但這稱不上新習慣：打從小學開始，我就有翹課的習慣。

最先是無聊感，或是對某種憑空想像卻沒人察覺的缺點感到羞恥，或只是知道那天若去上學會有太多事要做。原因或許和學校無關：我父母之間的爭執、純粹只是懶惰或不負責任、生病而待在家中厚顏無恥地讓人照顧；必須背詩、想到被某個同學欺負、還有（在中學和大學時代）沉悶、憂傷、存在主義式的消沉——這些也被拿來當藉口。有時我翹課是因為我是家中寵兒，因為當我哥哥獨自去上學時，單獨待在自己房間做事好得多，除此之外，我一直知道我永遠無法像我哥哥一樣成績優秀。但是還有某種更深的東西，跟我的憂傷來自相同的源頭。

正當我祖父留下的遺產即將花光，我父親找到一份日內瓦的工作；那年冬天他跟我母親一道過去，把我們交給祖母照顧，在她優柔寡斷的管理下，我開始認真翹起課來。我當時八歲；每天早上，伊斯梅爾按鈴帶我們去上學，我哥哥便帶著書包出門，而我則找藉口耽擱：我還沒收拾書包，我剛剛想起我忘掉的事情（祖母能不能給我一里拉？），喔，還有，我肚子痛，我鞋子濕了，我得換件襯衫。我哥哥很清楚我在搞什麼鬼，不希望上學遲到，便說：「咱們走吧，伊斯梅爾。你可以稍後回來接?罕。」

我們的學校從家裡走路四分鐘。伊斯梅爾把我哥送去上學，再回來接我的時候，課即將開始。我的腳步拖得更慢，責怪別人把東西搞丟或沒把東西準備好，假裝肚子疼得厲害，因此沒注意到伊斯梅爾按鈴。這時，由於這一切謊言和詭計讓人緊張，且多虧他們每天早晨讓我喝的鬼牛奶（滾燙，腥臭味仍留在鼻孔裡），我真的開始有點肚子痛。不一會兒，我那豆腐心腸的祖母便讓了步。

「好吧，伊斯梅爾，實在太遲了，都敲鐘了，我們還是把他留在家裡吧。」然後她揚揚眉毛，轉過身來對我說：「但是聽著，明天你非去學校不可，懂嗎？否則我就叫警察。我要寫封信給你爸媽。」

幾年後讀中學，沒人檢查我的行蹤，翹起課來更有意思。由於在街頭每走一步都在抵償我的罪過，我更有能力欣賞這種經驗，得以看見只有真正漫無目的、遊手好閒的傻子才會注意到的東西：那邊那位婦女戴的一頂寬邊角帽、儘管天天經過卻被我錯過的焦臉乞丐、在店裡看報的理髮師和學徒、對街公寓牆上的果醬廣告女子、在塔克辛廣場運轉的鐘、它的形狀像豬形撲滿，若不是修理的時候經過它，我便可能完全錯過──空空如也的漢堡店、奇哈格後街的鎖匠、舊貨商、傢俱修理商、雜貨店、郵票商、音樂店、古書店、尤克塞卡帝林的刻印店和打字機店──一切都和我小時候同母親漫步這些街道時一樣真實、美妙，一樣耐人探尋。街頭滿是販售「西

米」、炸貽貝、肉菜燴飯、栗子、燒烤肉丸、魚餅、小麵糰、「艾蘭」(ayran，一種優酪乳飲料)、冰鎮果汁的小販，什麼東西投我所好，我就買來吃。我站在街角，手裡拿一瓶汽水，看著一群男生踢足球(他們跟我一樣翹課，或根本沒上學？)，我沿著從沒見過的巷子走去，感受到片刻的愉悅；有時我瞥瞥錶，心想此時學校發生

的事情，我的內疚使我的憂傷更為強烈。

中學那幾年，我探索別別喀和歐塔廓伊的後街，如梅利堡壘四周的山丘，以及如梅利堡壘、欸米甘和伊斯亭耶當時仍在使用的停靠站，還有漁夫的咖啡館以及四周的停泊站；我搭渡輪前往當時行駛渡輪的每個地方，享受渡輪提供的一切樂趣，飽覽博斯普魯斯的其他城鎮——在窗口打盹的老婦人，快樂的貓兒，後街的希臘舊屋，你仍能發現這些房子清晨不鎖門。

犯罪之後，我往往決心回歸正途：做個好學生，更常畫畫，去美國唸藝術，不再作弄我那些儘管心地善良、卻都成了諷刺漫畫的美國老師們，不再惹惱我那些暮氣沉沉、心懷叵測、惹我惱火的土耳其老師們。在極短的時間內，我的內疚把我造就成狂熱的理想主義者。那些日子裡，在我生命中的成年人當中最普遍的罪過——這些是我最無法饒恕的罪過——是不誠實與不真誠。從他們問候彼此的健康，到他們威脅我們這些學生的方式；從他們的購物習慣，到他們彬彬有禮的論調；在我看來，他們生活中的一切表現都是表裡不一，而那種「生活經驗」——他們老是跟我說我不具備這東西——意味著過了某種年紀能輕而易舉地裝模作樣、八面玲瓏，而後安坐下來裝無辜。請別誤解：我也耍弄過許多技倆，見人說人話，見鬼說鬼話，也撒過一大堆謊，但事後，強烈的罪惡感、惶惑不安、唯恐被發現的恐懼深深苦惱著我，一度使我懷疑自己再也無法覺得安穩和「正常」；這使我本身的謊言和偽善具有某種重要性。我決心不再說謊或偽善——並不是因為我的良心不許可，或因為我認為撒謊和表裡不一是同一回事，而是因為伴隨過失而來的不安使我忍無可忍。

這些折磨，越來越強烈的折磨，不僅在我弄虛作假後才出現——它們隨時可能襲來：和朋友說俏皮話、獨自在貝尤魯排隊看電影、和我才剛認識的漂亮女孩牽著手的時候。一隻大眼不知從哪兒盪來，懸浮在我眼前，像某種監視器，無情地監視我的一舉一動（付錢給賣票亭的女人，牽了漂亮女孩的手後找話說）以及我說的每一句老套平庸、言不由衷的蠢話（「請給我一張《俄羅斯情書》〔*From Russia with Love*〕電影票，中間座位；」「這是你第一次參加這樣的派對嗎？」）。我同時是自己的電影導演和主角，既身在其中，也同時從嘲弄的遠處觀看。一旦撞破自己，我只能維持幾秒鐘的「正常」神態，隨後便墜入痛苦不安的深淵——為自己的格格不入感到羞愧、擔心、驚恐、害怕。彷彿有人把我的靈魂像摺紙般一摺再摺，沮喪加劇的同時，我感到我的心開始搖擺不定。

這事發生時，除了走進房間把門關上別無他法。我躺下來，檢驗自己的虛偽，暗自唸叨令人羞愧的道學八股，一遍又一遍。唯有拾起紙筆或畫點東西，我才得以跳離迴圈，唯有畫下或寫下我喜歡的東西，我才得以恢復「正常」。

有時候，即使沒做錯什麼，我也會發現自己是個贗品。從櫥窗裡瞥見自己，或者看完電影後，坐在在貝尤魯某家城裡無所不在的漢堡店或三明治店的一角，吃一份香腸三明治的時候，從對牆的鏡子看見自己，覺得自己的倒影過於真實、過於露骨，叫人無法忍受。這些時刻如此殘酷，讓我恨不得死去，但我卻繼續痛苦地大嚼我的三明治，注意到自己活像是哥雅（Francisco Goya）畫中吃掉自己兒子的巨人。倒影是一種紀念物，紀念著我的罪行，證實我是面目可憎的傢伙。不僅因為貝尤魯後街無照妓院的接待室牆上掛著同樣的加框巨鏡：我之所以嫌惡自己，是因為週遭一切——我頭頂上赤裸裸的燈泡，骯髒的牆壁，我坐的櫃檯，餐館無精打采的顏色——訴說著如此的荒廢與醜陋。於是我知道沒有任何快樂、愛或成功等待著我。我註定過著漫長、無聊、平庸無奇的生活——儘管忍受著這種生活，大片時間卻已在我眼前慢慢死去。

在歐美，快樂的人得以過著像好萊塢電影中美好、有意義的人生；至於世界其他各地，包括我本人，我們註定在破舊、落魄、平庸、漆得拙劣、東倒西歪、質量粗劣的地方過日子；我們註定過著微不足道、二等公民、受人忽視的生活，我們的所作所為永遠得不到外界注意：我慢慢地、痛苦地讓自己準備接受這命運。唯有伊斯坦堡的大富翁們得以像西方人那樣生活，而這似乎是以極度的缺乏靈魂和矯柔造作作代價，因此我開始愛上憂傷的後街；週五和週六傍晚，我獨自漫步其間，去看電影。

但是在自己的世界生活同時——不與任何人分享地看書、畫畫、熟悉後街——我也結交惡友。我加入一批父親搞紡織業、礦業、或其他工業的男孩行列。這些朋友駕著他們父親的賓士車往來於羅伯學院，每回經過別別喀和西司里看見漂亮的姑娘，便慢下來邀她上車，倘若打算「把她撈到手」——以他們喜歡的說法——他們於是開始夢想眼前的偉大性冒險。這些男生年紀比我大，卻完全沒有腦袋。他們週末到馬曲卡、哈比耶、尼尚坦石和塔克辛撈更多女孩上車；每年冬天，他們跟就讀私立外僑中學的每個人去烏魯山（Uludağ）滑雪十天，夏天他們設法認識在蘇阿蒂耶（Suadiye）和埃倫寇伊避暑的女孩。有時我跟著他們出去獵豔，我詫異地發現，有些女孩可以一眼看出我們跟她們一樣都是無害的孩子，於是毫不畏懼地上了車。有一回，兩個女孩鑽進我坐的車，好似坐上陌生人的豪華轎車是一件再正常不過的事情。我跟她們隨意交談，在大夥一塊去俱樂部喝檸檬汁和可口可樂後各奔東西。除了這些跟我一樣住尼尚塔石、經常一道玩撲克牌的朋友之外，我還有另一些偶爾下棋、打乒乓球或聚在一起談論繪畫和藝術的朋友。但我從未介紹他們給彼此認識，或跟他們同時見面。

跟每一個朋友，我都是另一個人，有著另一種幽默、另一種聲音、另一種道德準則。但我從未故意成為變色龍：並未選定任何聰明狡猾或玩世不恭的計畫。大部分時間，這些分身在我跟朋友聊天、對他們說的話感到興奮時自動出現。能輕易與每一種人和平共處，使我未產生我在許多朋友身上看到的不滿情緒——我二十歲時，它已治好了我憤世嫉俗的毛病。我對某事一有興趣，一部分的我便全心擁抱它。

但嚴肅的興趣並未治好我想嘲弄每個人、每件事的衝動。當羅伯學院的同學們對於我低聲告訴他們的下流笑話，比對老師的講課更感興趣時，我很高興被人肯定是個說故事好手。我的笑話主要針對乏味的土耳其老師們，他們有些對自己在美國學校教書感到不安，擔心我們當中的「特工」向美國人告發他們；有些土耳其老師則喜歡大談民族主義，和美國人相比，他們似乎呆滯、萎頓、蒼老、沉悶，因此我們覺得他們不僅不喜歡我們，也不喜歡他們自己

或生命本身。與和善好心的美國老師相反，他們的第一個念頭老是要我們背課文，否則就處罰我們，我們痛恨他們的官僚心態。

美國人大都比較年輕，憑一股熱忱教他們的土耳其學生，以為我們遠比實際的我們單純天真。他們闡述西方文明奇蹟時充滿的狂熱，令我們哭笑不得。有些來到土耳其，希望教第三世界貧窮國家的兒童識字；他們多半是出生於一九四〇年代的左派份子，給我們朗誦布萊希特（Bertolt Brecht），拿馬克思主義分析莎士比亞；甚至給我們唸文學作品時，也要證明萬惡之源是誤入歧途的好人創造出來的社會。有個老師經常特意說明好人拒絕向社會低頭的下場，經常用「他是被迫」這句話；幾個愛胡鬧的同學老是說：「沒錯，先生，你是被迫」；老師始終搞不清有個土耳其詞發音像「被迫」，意思卻是「陰陽怪氣」；全班暗笑的時候並不是在侮辱他，但我們都承認對美國老師隱藏著不滿。我們膽怯的反美主義與當時的民族主義左派情緒互為一致，學校裡表現優異、拿獎學金的安納托利亞男孩們對此最感憂心。他們通過困難的考試才贏得就讀這所貴族學校的權利，這些優秀用功的男孩大都出身鄉下窮人家庭，雖然從小夢想著美國文化與自由土地——他們最渴望有機會唸美國大學，或許定居美國——越戰卻使他們反感，因此未能倖免於不滿的情緒，時而對美國人氣憤不已。這一切並未特別困擾伊斯坦堡的中產階級以及我那些富家子弟的朋友們：對他們而言，羅伯學院只是邁向未來的第一步，理所當然地等著成為全國各大公司的經理和老闆，或某家外國大公司的土耳其代表。

我不確定將來做什麼，但如果有人問起，我便說我要待在伊斯坦堡讀建築。這不僅是我的主意——不久前，我家人已就此達成共識。因為我跟祖父、父親和伯父一樣頭腦好，我也該在伊斯坦堡科技大學唸工程，但由於我熱衷於繪畫，於是決定我更適合在同一所

大學讀建築。我記不得是誰先把這種簡單邏輯應用在我的前途問題上，但我唸羅伯學院時，這個計畫已經確定，我也把它當作我的計畫。我不曾有過離開城市的想法。這絕非由於熱愛我住的地方，而是由於不肯拋棄使我懶得嚐新的習慣與房屋。當時我開始發現自己是那種可以永遠穿同一套衣服、吃同一種食物，一百年也不會厭煩的那種人，只要能在個人的想像世界中築夢狂想，便已足夠。

當時我父親是土耳其液化氣大公司「艾嘎茲」（Aygaz）的負責人，因此常說他得去布約克迪爾視察貯藏庫，或查看正在安巴利（Ambarli）興建的加油站。我們週日開車去那兒兜圈，或前往博斯普魯斯，或出去買東西，或看望我祖母——不論什麼理由，他讓我坐上車（一部德國福特車，1966 Taunus）、轉開收音機、一腳踩下油門。週日駕車漫遊的時候，我們談論人生意義，以及我該如何處理我的人生。

一九六〇年代以及一九七〇年代初，伊斯坦堡週日早晨的大街

一片空曠，我們開車穿越我從未見過的地區、聽「西方輕音樂」（披頭四、席薇法唐、湯姆瓊斯之類）的時候，父親告訴我，一個人最好以自己的觀點過日子，錢絕不是目標，但快樂若取決於它，則可把錢當作達成目的的手段；或告訴我，有回離開我們去巴黎，他在飯店裡寫詩，還把梵樂希的詩譯成土耳其文，但幾年後去美國，他放詩和翻譯詩的提箱被人偷走。音樂隨著街道起起伏伏，父親的故事亦隨著節拍調整他的故事，我知道我永遠不會忘記他告訴我的一切——一九五〇年代在巴黎街頭見過沙特多次，尼尚塔石的帕慕克公寓如何建造起來，他最先幾次的生意失敗。他不時停下來觀賞風景，或人行道上的美麗女子，我聆聽他柔和低調的見解與忠告，注視灰暗的冬日早晨掠過擋風玻璃的景色。看著越過卡拉達橋的車、仍佇立幾棟木頭房子的後街坊、狹窄的街道、直奔足球賽的人群、或拖著運煤船沿博斯普魯斯而下的窄煙囪拖船，我聽著父親口氣睿智地告訴我，聽憑自己的直覺與熱情十分重要；他說，人生

其實很短暫，如果知道自己這一生想做什麼，那是再好不過的事情，事實上，一輩子寫作、畫畫的人，能夠享受更深刻、更豐富的人生，我一面凝神傾聽他講的話，這些話也跟我看見的東西融為一體。不久，音樂、窗外閃過的景色、父親的聲音（「我們在這兒轉頭，好吧？」他問道）和狹窄的卵石路都合而為一，在我看來，這些根本問題雖永遠找不到解答，但提問這些問題總是好事；真正的快樂與意義存在於我們永遠找不到、或許也不想找到的地方，但是——無論是追求答案，或僅僅是追尋享受與深情——追求本身的重要性卻不亞於目標，提問本身就像車子、屋子、渡輪窗外的景色同等重要。隨著時間的推移，生命就像音樂、藝術和故事般有起有落，終而走到盡頭；但那些與我們同在一起的生命，仍存在於眼前流動的城市景色，有如從夢中摘下的回憶。

34 不快樂是討厭自己和自己的城市

有時候，你的城市看起來像陌生之地。熟悉的街道突然改變顏色；我看著身邊擦過的神秘人群，瞬時覺得他們存在那兒已有一百年的時間。泥濘的公園，荒涼的空地，電線桿以及貼在廣場和水泥怪物牆上的廣告牌，這座城市就像我的靈魂，很快地成為一個空洞——**非常**空洞——的地方。骯髒的街巷，打開的垃圾桶傳來的惡臭，人行道的坑坑窪窪，這一切混亂無序，這城市特有的推推搡搡——不禁讓我懷疑這城市是否在懲罰我加入骯髒破舊的行列，懲罰我人在此地。當城市的憂傷滲入我，而我的憂傷亦滲入它時，我開始覺得自己無能為力：就像這座城市，我是個行屍走肉，苟延殘喘的渾蛋，走在使自己想起下流與失敗的街頭巷尾。即使從醜陋的水泥公寓大樓（每一棟都在壓垮我的靈魂）之間瞥見如絲巾般閃爍微光的博斯普魯斯，我心中仍未閃現希望。最黑暗、最兇殘、最真實的憂傷氣氛從街頭看不見的遠方鑽了進來，我幾乎嗅得到它——就像老練的伊斯坦堡人可從秋日傍晚海藻和海洋的柔和氣味，得知南風將帶來一場暴風雨：就像趕回家躲避暴風雨、地震、死亡的人一樣，我也渴望回去關在自己的房間裡。

我不喜歡春天午後陽光乍現，無情地照亮一切的貧窮、混亂和失敗。我不喜歡從塔克辛延伸至哈比耶與西司里、一路通往梅西迪耶廓伊（Mecidiyeköy）的哈拉斯卡大道（Halaskârgazi）。小時候居住在此區的母親熱切地說起道路兩旁的桑樹：如今是六、七〇年代興建的「國際風格」公寓大樓；窗戶巨大，牆上舖著醜陋的馬賽克瓷磚。西司里的彭卡（Pangalti）、尼尚塔石的托帕加西（Topağaci）以及塔克辛的塔林姆哈內（Talimhane）等後街，讓我想立即逃開：這些地方毫無綠地，毫無博斯普魯斯風光，家庭糾紛使小塊土地分割成更小的土地，歪扭淒涼的公寓聳立其中。我徘徊於這些空氣渾濁、垂頭喪氣的街道之際，心想窗口的每個大嬸和每個鬍子大叔都痛恨我，何況他們有這麼做的權利。我討厭尼尚塔石和西司里之間盡是服裝店的後街，卡拉達和帖佩巴絲之間盡是燈飾店的後街，塔克辛的塔林姆哈內附近，當時仍多是汽車零件專賣店的區域（在父親和伯父歡天喜地地把祖父的遺產，投資在一項又一項毫無起色的投機事業那些年，他們也在此地開了一家這樣的店，生意卻做不起來，於是把汽車零件的事忘記，玩惡作劇自娛，比方在撒滿胡椒後讓差役試嚐「土耳其第一罐番茄汁」）。至於攻佔蘇雷曼附近街道的鍋盆製造商，沒完沒了的捶打聲與壓機聲——我討厭他們，也同樣討厭為這些地方提供服務而造成交通堵塞的計程車與小卡車。我看見他們，內心醞釀的憤怒使我討厭城市、也討厭我自己，看見城市裡的男士們以斗大鮮豔的招牌文字，宣傳他們的名字、生意、職業、與成功的時候更是如此。舉凡教授、醫師、合格金融顧問、進入律師協會的律師、快樂的肉餅店、日常雜貨店以及「黑海」食品店；舉凡銀行、保險公司、清潔劑牌子和報刊名稱、電影院和牛仔褲店、汽水廣告；賣足球彩、樂透彩和飲用水的商店；店名上方以字母斗大的招牌，驕傲地聲明自己是領有許可專利的液化氣零售商——這些都讓我知道這城市的一切，都跟我一樣心煩意亂、鬱鬱寡歡，知道我必須回到陰暗的角落，在噪音與招牌把我拖下去之前回到我的小房間。

阿卡班銀行清晨肉餅店織物保證-
在此飲用日用肥皂理想時光珠寶-
努瑞巴雅律師分期付款

於是最後我逃開可怕的人群、無窮的混亂、使城裡一切醜陋原形畢露的正午陽光，但即使疲倦沮喪，我腦袋裡的閱讀機器卻記得每條街的每個招牌，如土耳其哀歌般一氣唸下來：

春季拍賣瑟拉米自助餐公共電話星-
貝尤魯伊皮公證人亞雷通心粉阿南卡拉貿易展-
美容院健康阿普特晶體收音機

數數廣告和海報、店招、雜誌和各種公司的英法文字：這確實是個朝西方推進的城市，但它的改變尚未如它所說的那麼快。這城市卻也未能對其清真寺、尖塔、宣禮、歷史寄以敬意。所有的一切都是半成形、粗製濫造、骯髒污損。

刮鬍刀望照此做午餐時間菲利浦廠商-
醫生倉庫疊地毯瓷器法席爾-
律師事務所

為了逃開這混雜的文字世界，我想像一個黃金時代，城市「與自己和平相處」的純粹輝煌時刻，當它仍是「美麗的整體」之時。梅林時代，內瓦爾、戈蒂耶、亞米奇等西方旅人時代的伊斯坦堡。但在我的理由又一次出現時，我卻想起我愛這城市並不因為任何的純粹，而正是因為它缺乏純粹。我內心同一個實用主義者，那個寬恕自我缺點的人，也告誡我提防籠罩城市的「呼愁」，其電報仍在我腦袋裡敲打著。

街道你的財富你的未來保險太陽-
自助餐按鈴新星錶薩爾丁零件時尚-
巴里維松長統襪

我從未完全屬於這座城市，或許這老早是問題所在。坐在祖母的公寓裡，在假日盛宴後和家人喝酒，或某個冬日和羅伯學院那些有錢的公子哥兒朋友搭他們父親的車四處閒逛，我的感覺就跟春日下午走在街頭的感覺一樣；我覺得自己一文不名，沒有所屬，我必須讓自己遠離這些人，躲在角落裡——幾乎是一種動物本能——但我想逃開的是朝我張開雙臂的大家庭，神看見每個人、寬恕每個人的凝視引發此種深深的內疚。

我開始上中學的時候，寂寞看似短暫事物——我還不成熟，尚未將它看成我的命運。我夢想有個好友陪我看電影，使我用不著擔心中場時間獨自一人遊手好閒地站在那裡。我夢想有一天能結識聰明、文雅的人，同他們談論我讀的書、我畫的畫，從無一刻覺得自己是冒牌貨。有一天，性也不再是獨自的追求；我會有個美麗的情人，與我分享禁忌的喜悅。儘管確實到了讓這些野心得到滿足的年齡，渴望、羞愧和恐懼卻使我陷於癱瘓。

在那些日子裡，苦難意味著在自己的家中、家人和城市當中格格不入。我把自己同這個大社區——在這個社區裡，每個陌生人都稱你為兄弟，每個人都說「咱們」，彷彿整個城市觀賞著同一場足球賽——切斷了聯繫。擔心此種狀況將成為一種生活方式，我決定讓自己和每個人一樣。青春期後期，我成功地成為一種熱心社交的年輕人，從不欠缺笑話，成為每個人的朋友，誠懇隨和，平凡無奇。我滔滔不絕地講笑話，談趣聞軼事，模仿老師逗笑每個同學；我的調皮搗蛋成為家中的傳奇美談。玩得太投入時，我是個能幹的外交家，賦予罪惡行徑委婉的美稱。

為何友誼的小小儀式對我來說比他人困難？我為何必須咬緊牙齒逼迫自己當個老好人，之後再來討厭自己？交朋友為何讓我覺得像在扮演某種角色？有時我勁頭十足地接受我的角色，忘了自己只是在演戲；我暫時跟大家一樣，盡情地享受，但之後一陣憂傷的風不知從何處吹來，使我想蜷伏在角落裡，回到屋子裡，回到我的房間、我自己的黑暗裡。我嘲弄的眼神越轉而朝內，鋒芒就越指向我的母親、父親、哥哥和親戚——越來越難把他們稱為家人——我的同學、其他認識的人、整個城市。

我察覺使我陷入此種悲慘境地的，是伊斯坦堡本身。不僅是我所確定的博斯普魯斯、船隻、太過熟悉的夜晚、燈光和人群：另有

別的東西把城民聯繫在一起，消除溝通的障礙，做事情，生活在一起，而我卻與之格格不入。在「咱們」的這個世界，人人認識彼此，知道彼此的優點與極限，大夥兒擁有共同身分，尊重謙卑、傳統、長輩、我們的祖先、我們的歷史、我們的傳說——我卻無法在其中「做自己」。身為演出者、而非觀眾，總讓我無法感到無拘無束。比方在生日派對上過了一段時間——我甚至面帶慈善的笑容在屋子裡到處溜達，問「近來可好？」，拍拍別人的肩膀——我開始從外面觀察自己，猶如在夢中，看到這裝模作樣的傻瓜，使我厭惡不已。

回家後，我花一些時間思索自己的口是心非（「為什麼你現在常鎖房門？」我的母親開始問起），於是判定這種毛病、這種矇騙的本事，不僅存在我身上，也存在於創造這些關係的社區精神；它存在於「咱們」身上——必須由瘋狂的人從外面觀看城市，才能看出它是城市的「共同思想」。

但是，一個五十歲作家說這些話，是試圖把很久以前一個青少年的雜念，塑造成為一則有趣的故事。因此繼續下去吧：十六到十

八歲之間，我不僅憎恨自己，也憎恨我的家人朋友和他們的文化，以解說週遭事件為目的的非官方政治觀點，報紙標題，我們每個人言行不一，卻不了解自己的模樣。路標和廣告牌上的每個字在我腦袋裡跳動。我想畫畫，我想過書上的法國畫家們過的生活，但我卻沒有能力在伊斯坦堡創造這樣的世界，而伊斯坦堡也不適合這項方案。即使最拙劣的土耳其印象派畫作——他們描繪的清真寺、博斯普魯斯、木造房屋、下雪的街道——也叫我高興，不是畫的本身，而是伊斯坦堡的影像。倘若一幅畫看起來像伊斯坦堡，它便不是好畫；倘若是好畫，也不夠合乎我心目中的伊斯坦堡。或許這意味著我不該再把這座城市看作一幅畫，或一幅風景。

十六到十八歲之間，部分的我就像激進的西化份子，渴望城市完全西化。我對自己也寄予相同的期望；但另一部份的我卻企盼歸屬於我憑本能、習慣、回憶而漸漸愛上的伊斯坦堡。我小時候能把這兩個願望分清楚，不扯在一起（夢想同時成為流浪漢與大科學家，對小孩來說並無不妥），但隨著時間的推移，此一能力逐漸消

失，使城市俯首稱臣——同時自豪地據為己有——的憂傷開始滲入我的靈魂。

但或許其源頭不是貧困，也不是毀滅性的「呼愁」。倘若我時而希望像一頭垂死的動物蜷伏在一角，也是為了對內心產生的痛楚加以調治。那麼，我之所以如此受折磨，是因為失去了什麼？

35 初戀

這是一部回憶錄，因此我不能說出她的名字，倘若按古典詩人的方式提供名字的線索，我也得暗示，這線索就像這則故事，有誤導的可能。她的名字在波斯語裡是「黑玫瑰」的意思，但就我所能確定，在她愉快地跳進海裡游泳的海岸，以及她就讀的法國中學，沒有一個人知道這件事——因為她閃亮的長髮不是黑色，而是栗色，而她的棕眼則顏色深一點。我巧妙地這麼告訴她，她揚起眉毛，就像她突然嚴肅起來時一向如此，嘴唇稍稍噘起，跟我說她當然知道她的名字是什麼意思，說她與她的阿爾巴尼亞祖母同名。

儘管據母親說，女孩的母親（被母親稱作「那女人」）肯定很早婚，因為哥哥五歲、我三歲的時候，冬天的早晨母親帶我們去尼尚塔石的馬曲卡（Maçka）公園，看過這孩子和她那自己看起來就像「年輕姑娘」的母親，推著躺在嬰兒車裡的她四處走，嘗試哄她入睡。母親曾暗指這位阿爾巴尼亞祖母來自某帕夏的後宮，此帕夏不是在休戰期間做了什麼壞事，就是因反對土耳其國父而聲名掃地，但當時的我對週遭焚燒的鄂圖曼宅邸，以及曾居住其中的家族皆不感興趣，因此已不記得這個故事。與此同時，父親告訴我，黑玫瑰的父親借助於政府圈裡幾位有權勢的好友，成為幾家美國與荷蘭公司的代理人而一夕致富——但他的語氣聽不出有任何指責的意思。

我們在公園相遇的八年後，我母親在貝拉莫魯（Bayramoğlu）

買下一棟房子，此區是位於城市東邊的避暑勝地，一九六〇和一九七〇年間在新富階級之間曾時髦一時，我在這兒看見她騎單車。在這城鎮規模仍不大、人還不多的風光時期，我天天到海裡游泳，搭小船出海捕魚，抓鯖魚，踢足球，十六歲以後，夏日傍晚跟女孩們跳舞。但之後，唸完中學，開始學建築，我寧可坐在我們房子底樓畫畫、看書。這跟我那些富家子弟朋友們把閱讀課外書的人叫做「知識分子」，或「種種情結充斥」的怪人或許有些關聯？後者的毀謗被他們用來指你有心理上的問題或為錢發愁。我比較擔心被貼上「知識分子」的標籤，因此為了證明我不是「過了時的勢利鬼」，我開始說我讀這些書——吳爾芙、佛洛伊德、沙特、湯瑪斯曼、福克納——「只為了好玩」，儘管他們問我為何在文章裡畫線。

某年夏末，我的壞名聲吸引了黑玫瑰的注意。儘管那整個夏天以及之前較常和朋友打發時間的每個夏天，我們很少注意彼此。當朋友們和我半夜成群結隊去迪斯可舞廳跳舞，搭某人的賓士、野馬或寶馬車在巴各達（Bağdat）大道（當時被稱為這個亞洲城市的「公園大道」，距離僅半個小時）上賽車（時而撞車），或者當我們搭他們的快艇出海，到某個荒涼的山崖，把空汽水瓶和葡萄酒瓶一字排開，拿他們父親的時髦獵槍射擊，嚇壞女孩子們，她們尖叫時，我們男孩子就叫她們別出聲；當我們邊聽鮑伯狄倫和披頭四邊玩撲克牌和大富翁，這些時候，黑玫瑰和我對彼此都不感興趣。

隨著夏季接近尾聲，這群鬧哄哄的年輕人逐漸解散，而後是每年九月襲擊海岸的暴風雨，總要摧毀一兩艘小船，使他們的遊艇和快艇岌岌可危。持續下著傾盆大雨，十七歲的黑玫瑰開始造訪我作畫的房間，被我鄭重其事地稱為「畫室」的房間。我的每個朋友偶而會來串門子，試試我的畫紙和畫筆，以平日懷疑的眼光翻翻我的書，因此這不是什麼大不了的事。就像土耳其的大部分居民，無論貧富，無論男女，她也需要講講話消磨時光。

一開始，我們分享最後的夏日八卦——誰愛上誰，誰引誰吃醋——儘管那個夏天我並未多加留意。我手上沾了顏料，因此有時她幫我泡茶或擰開一管顏料，然後回到角落裡的座位，踢掉鞋子，攤開手腳躺在沙發上，一隻手臂枕著頭。有一天，我沒讓她知道，畫了一幅她躺在那兒的素描。我發現這使她高興，因此下回她過來時，我又畫了一幅。還有一次，我說我要畫她，她問道：「我該怎麼坐才好？」就像剛出道的女演員從未站在鏡頭面前，雖然興奮，卻不知手腳如何擺放。

為了好好地畫，我研究她細長的鼻子，此時她的小嘴露出一絲微笑；她的額頭寬闊，高個子，長腿曬成古銅色，但是她來看我的時候穿的是她祖母傳給她的一條緊包的雅致長裙，因此我只看得見她小而直的雙腳。素描時，我研究她小胸脯的曲線輪廓和她雪白的細長脖子，她的臉上閃過難為情的神色。

在她最初的幾次造訪當中，我們說許多話，說的人多半是她。我指出在她眼中和嘴角看見一片烏雲，說：「別這麼愁眉苦臉的！」於是出乎我意外地，她坦率地跟我說她父母的爭執，以及她四個弟弟之間沒完沒了的打架；她跟我說家人有時如何逃避她父親的懲罰——軟禁，快艇禁令，甩巴掌——還有她父親追逐女人使她母親多麼傷心；她還告訴我，我們的母親是橋牌搭擋，彼此無話不談，因此她知道我父親也做一樣的事——她直視我的眼睛告訴我這一切。

漸漸地，我們陷入了沉默。她走進來，到她平時的位置，或擺好姿勢讓我畫像（深受勃納爾的作品影響），或翻開任意堆放的一本書，待在同一張沙發看書，變換不同姿勢。後來，不論我畫不畫她，我們開始了每回的例行公事：她敲門進來，沒多說什麼，四肢舒展地躺在角落的沙發上，擺好姿勢，看她的書，或有時用眼一瞟，看我為她畫素描。每天早上，在我工作一段時間後，我記得自己開始猜想她何時會來，我也記得她從未讓我等候太久，她朝她平日的位置走去，幾乎帶著歉意，平攤四肢躺下來，臉上帶著同樣靦腆的微笑。

在我們越來越不頻繁的談話中，有個話題是關於未來：她認為我很有才華，勤奮努力，因此註定成為蜚聲全球的畫家——或者她說的是蜚聲土耳其的畫家？——將來她要跟她的法國朋友們去我在巴黎的開幕會，驕傲地跟大家說她是我的「兒時朋友」。

一天傍晚，看見暴雨過後天氣放晴，半島另一邊出現彩虹，我們以此為藉口，離開我的幽暗畫室，第一次一塊兒走在避暑城鎮的街頭，我們走了很久。我記得我們什麼話也沒說，擔心還留在如今空了一半的避暑勝地的少數幾個熟人撞見我們，也擔心可能碰上我們的母親。但這次散步之所以徹底「失敗」，並非因為彩虹在我們有機會看見之前消失，而是我們未認識到存在彼此之間的緊張關係。這次散步，我第一次注意到她的脖子很長，她走路的方式很有韻味。

在我們的最後一個星期六傍晚，我們決定一塊兒出去，沒告訴仍待在避暑地的那幫好奇、不重要的朋友。我借了父親的車，情緒緊張。她化了妝，穿一件很短的裙子，身上擦了好聞的香水，味道留在車裡好些日子。但在我們抵達我們要去玩的地方之前，我已感覺到讓初次散步失敗的幽靈。在空了一半卻仍太吵的迪斯可舞廳，我們嘗試、卻未能找回在我的畫室裡享受的那種平靜的長時間沉默——現在我才了解到這些沉默多麼深刻——此時我們才恢復鎮靜。

但我們仍然隨著悠揚的音樂跳舞。我見過別人做過，於是用我的雙臂摟住她，而後像是出自本能地把她拉近，留意到她的頭髮瀰漫著杏仁香味。我喜歡她吃東西時嘴唇的動作，她著急的時候看上去像松鼠。

我即將送她回家時，在車子裡打破沉默，開口說：「你有沒有興致讓我畫油畫？」她並未表現出太大的興致，答應了我，但是當我們手牽手走進我家幽暗的花園，看見畫室的燈亮著——是不是有人在裡頭？——她改變了主意。

之後的三天，她每天下午來找我；躺在沙發上，遠遠望著我的畫，看著書頁，凝視窗外捲起的小海浪，之後和來的時候一樣悄悄地離去。

那年十月在伊斯坦堡，我沒想到與她聯繫，我滿懷熱情地讀書，急迫地作畫，我那些激進的左派朋友們，馬克思主義者在大學走廊上互相殘殺，民族主義者和警察——這一切都讓我為我那些夏日朋友，和他們居住的有門衛看守柵門的豪華別墅感到羞愧。

但十一月有一晚，當暖氣系統打開後，我撥電話到她家。是她母親接聽，我沒講話便掛斷電話。隔天我自問為什麼打這通可笑的電話。我沒意識到我已墜入情網，我仍未發現每回墜入情網將一學再學的事情：我著了魔。

一個星期後的另一個寒冷昏暗的傍晚，我又撥了電話。這回是她接聽。我用心中某一角預先準備好、內心其他部分卻不明瞭的措辭，從容自然地說道：我在夏季結束時著手的那幅畫，她可還記得？嘿，我這會兒想把它完成，因此能不能請她來一個下午，當我的模特兒？

「穿同一套衣服嗎？」她說。我沒想到這點。「對，穿同一套。」我說。

於是下個星期三，我去錫安聖母學校（Dame de Sion）——也是我母親的母校接她；我和等在校門口的父母們、廚子們和僕人們保持距離，寧可像其他幾個青年，躲在旁邊的樹後。數百個女孩兒湧出校門，每個人都穿著這所天主教學校的制服——海軍藍裙，白上衣——出現在人群中的她看起來像縮了水；她的頭髮綁在腦後，手裡拿著課本，提著一只塑膠袋，袋子裡裝著她讓我畫像穿的衣服。

發現我不是帶她回家，讓我母親招待她喝茶吃蛋糕，而是去我母親用來貯藏傢俱並讓我當畫室使用的奇哈格公寓，她焦慮了起來。但是在我點燃那兒的爐火，拉出像夏日度假屋裡那樣的沙發後，她看出我對這幅畫的「認真」，便鬆弛下來，謙恭地換上她的夏日連衣裙，攤開手腳躺在沙發上。

就這樣，並未顯示出談戀愛的跡象，十九歲畫家和年輕模特兒之間的關係，開始隨著奇特的音樂跳起和諧的舞蹈，而我們甚至還不懂它的曲調。一開始，她半個月來一次奇哈格的畫室，之後成了每週一次。我開始以同個方式畫其他的畫（斜躺在沙發上的年輕女孩）。這時，我們說的話甚至比夏末的時候更少。我的真實生活被建築系的學業、課外書、和成為畫家的計畫所佔滿；我害怕干擾了這純淨的第二個世界而將之毀滅，因此並未跟我美麗哀傷的模特兒談論我的日常問題。不是因為我覺得她不會懂——我只是想把這兩個世界分開。我對我的那干夏日朋友，以及準備接管他們父親的工廠的學校同學們已失去興趣；但是——如今我再也欺騙不了自己——每個禮拜見黑玫瑰一次面，讓我滿心喜悅。

雨天的時候，就像從前來到這間奇哈格公寓的姑媽家作客時，我們聽見爬上「雞不飛胡同」的小貨車和美國車在卵石路上打滑的聲音。在我作畫時，我們之間越來越漫長、卻不會不愉快的沉默中，有時候我們眼光相對。一開始，因為她還是個孩子，為這樣的事感到開心，便露出笑容，而後，擔心破壞擺好的姿勢，於是立即讓嘴唇回到先前的形狀，她深棕色的眼睛以相同的沉默凝視我的眼睛，良久良久。這些漫長、奇異的沉默接近尾聲時，我細細端詳她的臉，於是她從我的表情看得出她對我產生的影響，當我繼續不斷直視她的眼睛，從她嘴角顯出微笑的弧度，我明白我久久的呆望討她喜歡。有一回，她這麼半快樂半憂愁地微笑，也讓我嘴角掛上微笑（我的畫筆此時在畫布上漫無目的地掠過），這時我美麗的模特兒忍不住要讓我知道她為何微笑——她放棄了她擺好的姿勢。

「我喜歡你那樣看我。」

事實上，這不僅說明她為何微笑，也說明了她為何每個星期來這間灰塵滿佈的奇哈格公寓一次。幾週之後，我看見她嘴角浮現相同的微笑，於是放下畫筆，朝沙發走去，坐在她旁邊，就像幾個禮拜以來的夢想，我鼓起勇氣吻了她。

漆黑的天空、幽暗的房間讓我們更自在，因此這場遲來的風暴襲捲了我們，毫無障礙地衝擊著我們。從躺著的沙發上，我們看得見博斯普魯斯海上船隻的探照燈，悄悄地掃過暗黑的海水和公寓的牆壁。

我們繼續見面，並未打破我們的例行常規。這時候，和我的模特兒在一起很快樂，但是我為何止住未來在相同情況下我將盡情表露的一切衝動——說情話、嫉妒、恐慌、笨拙，以及其他的情緒反應和問題？因為我沒有這些感覺。或許因為我們的畫家-模特兒關係——使我們注意到彼此，也依然把我們連在一起的關係——需要沉默。或者因為——在心中某個陰暗角落，稚氣的我想過這點——我知道假使娶了她，我必須成為工廠老闆，而不是畫家。

每週三沉默地畫畫、沉默地做愛，過了九個禮拜，一種更為簡單的擔憂介入快樂的畫家與他的模特兒之間。我那不時對兒子進行調查的母親，去了貯藏舊傢俱的奇哈格畫室公寓；她查看我的畫，勃納爾的影響未能使她認不出我的美麗模特兒。每回完成一幅畫，我那栗色長髮的愛人便問：「你認為這看起來像我嗎？」而令我傷心（不重要，我這自命不凡的傢伙告訴她），因此我母親認出她來或許讓我們兩人都很高興——這一次性地回答了她的問題——同時我們卻也擔心我母親會打電話到她家，快活地說我們走得很近。黑玫瑰的母親以為她女兒週三在法國使館上戲劇課。至於她那喜怒無常的父親，我們就別提他吧。

我們立即終止週三的會面。不久之後，我們開始在其他日子見面，在她提早放學的下午，或在我翹課的某些早晨。因為我母親的持續突襲，因為我們不再有足夠的時間畫畫、享受漫長的沉默，也因為我讓遭警方追捕的一位同學——被一口咬定是政治犯——藏身奇哈格公寓，我們乾脆不再去那裡。我們改為在伊斯坦堡街頭漫步，避開尼尚塔石、貝尤魯、塔克辛以及很可能撞上被我們稱為「大家」的熟人的其他地方；我們改在塔克辛——從哈比耶的錫安聖母學校和我位於塔斯奇斯拉（Taskisla）的大學走路四分鐘——見面，搭公車去更遠的地方。

我們先從貝亞茲特廣場開始，廣場上的梧桐樹下咖啡館仍保有舊貌（即使在伊斯坦堡大學前門周圍的政治衝突已司空見慣之後，少年侍者們也未曾驚慌失措）；我指著貝亞茲特國家圖書館，誇耀館內藏有「土耳其出版過的每一本書」；我帶她去沙哈發爾二手書市，天冷時舊書商蹲坐在他們小小店面的煤氣爐和電器爐周圍；我帶她看韋茲涅西雷（Vezneciler）未經粉刷的木造房屋、拜占庭廢墟和無花果樹夾道的街；我帶她去「維發波薩店」（Vefa Boza），我伯父有時在冬日傍晚帶我們去品嚐它著名的發酵小米飲料，我跟她指出土耳其國父專用的波薩杯，如今擺在牆上的框架內。一個出身於尼尚塔石有錢人家的「歐洲化」女孩，知道別別喀和塔克辛的每一家時髦商店與餐館，在我帶她去金角灣另一邊古老、憂傷、窮街陋巷的伊斯坦堡看見的一切事物當中，最吸引她的注意的，卻是一只三十五年沒洗的杯子，我心裡並未不痛快。我很滿意我的同伴，她跟我一樣把手插進外套口袋裡，也跟我一樣喜歡走得快、仔細看東西，就像兩三年前我開始獨自探勘這些地區的時候一樣。我覺得自己與她更加親近，我的胃痛了起來，而我尚未發現這是戀愛的另一個徵兆。

和我一樣，她為蘇雷曼與翟芮克的貧窮後街矗立的數百年木造老屋感到不安，這些老屋似乎輕微一震即可能倒塌。空蕩蕩的繪畫雕刻博物館令她著迷，搭乘在她學校對面停車的小巴僅五分鐘車程。貧困街區的廢棄噴泉，白鬍鬚、戴小帽的老翁坐在咖啡館盯著街道看，窗邊的老太太盯著每個過往行人，彷彿是奴隸商，附近居民用大得讓我們聽得見的聲音試圖推斷我們是什麼人（老兄，您對這兩個人有啥看法？難道你沒看到他們是兄妹？瞧，他們走錯了路）——這一切喚醒了她也喚醒了我的羞愧與憂傷。孩子們追著我們，試圖賣小玩藝兒給我們或只是說說話（「觀光客，觀光客，你叫什麼名字？」），但她不像我一樣感到難過，或問「他們為何認為我們是外國人？」——即便如此，我們仍迴避室內市集和努羅斯曼（Nuruosmaniye）的市場。當性的緊張關係變得難以忍受——她仍不要我們回去奇哈格畫畫——我們便回到因繪畫雕刻博物館的緣故而時時前往的貝西克塔石，搭上第一艘渡輪（「五三英席拉」〔53 Insirah〕），在時間許可下，順著博斯普魯斯漂流而下，觀看光禿禿的樹叢、北風颳起時在「雅驪」前方顫動的海水、因風吹動天上雲朵而變換顏色的急流、以及四周種滿松樹的庭園。多年後，我自問為什麼走這些路、搭這些船的時候我們不曾牽手，於是得出多種原因：一、我們這兩個膽怯的孩子之所以走上伊斯坦堡的街頭，不是為了感覺我們的愛，而是為了掩藏我們的愛。二、快樂的情侶當眾牽手，想讓每個人看見他們的快樂，然而，儘管我願意承認我們是快樂的情侶，卻怕讓自己顯得膚淺。三、這種快樂的舉止將使我們成為到這些貧困、潦倒、保守的居住區享受「輕狂樂趣」的觀光客。四、貧民區、伊斯坦堡廢墟的憂傷早已吞噬我們。

這種重壓著我的憂傷讓我直想奔回奇哈格，畫一幅與這些伊斯坦堡景觀有幾分相似的畫，儘管我不知道這是什麼樣的畫。我很快發現我美麗的模特兒用一種大不相同的方法治療她的憂傷，這是我第一次的幻想破滅。

「今天我心情不佳，」我們在塔克辛見面時她說：「你介不介意我們去希爾頓飯店喝個茶？如果今天去那些貧民區，只會讓我心情更糟。反正時間也不夠。」

我身穿那時候左派學生穿的軍褸裝；我沒刮鬍子，即使他們准我進希爾頓飯店，我的錢可夠付茶錢？我遲疑一會兒，然後我們去了希爾頓。在大廳，我父親的一個兒時朋友認出我們來，他每天下午來喝茶，假裝自己在歐洲，他裝腔作勢地跟我的憂傷愛人握過手後，對我悄悄說，我的年輕女友非常美麗。我們兩人都心事重重，沒心思理會他。

「我父親要讓我退學，送我去瑞士，」我的至愛跟我說道，一顆眼淚從她的大眼睛滾落下來，掉入她手裡的茶杯。

「為什麼？」

他們發現我們的事。我是否問了她，他們說的我們是什麼意思？在我之前她愛的那些男孩是否也惹她父親生氣妒忌？我為什麼重要得多？我不記得是否問了這些問題。恐懼與私心矇蔽了我的心，我太急於保護自己。我怕失去她——卻依然不知強大的痛苦正等待著我——卻也氣她現在已不肯躺在我的沙發上擺姿勢讓我作畫，讓我跟她做愛。

「我們禮拜三在奇哈格可以更輕鬆地談，」我說：「努里走了，那裡又沒人了。」

但下回見面，我們去了繪畫雕刻博物館。這成了我們的習慣，因為從她的學校去那裡很快，而且很容易找到一間沒人的展覽室，能讓我們接吻。最重要的是，它把我們從城市的陰冷幽暗拯救出來。但一段時間過後，空蕩蕩的博物館和大半糟糕的畫作把我們拋向比城市更強烈的憂傷。博物館裡的警衛已經認識我們，開始尾隨我們往來於展覽室間，這讓我們的緊張關係更為惡化，於是我們也不在博物館接吻了。

但我們不久走上某種陳規，在隨後鬱鬱寡歡的日子裡伴隨著我們。我們向兩個老警衛出示學生證，他們就像伊斯坦堡的博物館每個官員一樣，慍怒地看我們一眼，彷彿在問：「在這樣的地方，你究竟想看什麼？」我們裝出高興的樣子，問他們近來可好，而後直接進博物館看勃納爾和馬諦斯的小幅油畫。我們虔誠地輕聲唸出他們的名字，很快地走過苦悶卻乏味的土耳其學院派油畫，把他們模仿的歐洲大師們的名字唸出來：塞尚、雷捷❶、畢卡索。我們大失所望的並不是這些大半出自軍校的留歐畫家任憑自己受西方畫家影響，而是因為他們幾乎未捕捉到城市的情調、風格和靈魂，這座城市我們曾漫遊其中，如此愛戀，如此寒冷。

儘管如此，我們來到這棟原先為朵爾瑪巴切宮的王太子而建、距離土耳其國父過世的房間僅幾步遠——光想到接吻的時候如此接近這地點，使我們汗毛直豎——的建築物，主要原因不是展覽室空無一人或方便起見，也不是鄂圖曼末期華麗的挑高天花板和美麗的鐵欄杆陽台，在觀看過伊斯坦堡令人厭倦的貧困潦倒後令人耳目一新，也不是大扇窗外的博斯普魯斯景色比牆上大部分的畫美得多；我們再度前來，是為了我們最愛的一幅畫。

這是哈里爾帕沙（Halil Pasha）的〈斜躺的女子〉（*Reclining Woman*）。去希爾頓大廳過後的第一次見面，我們繞過博物館其他部分，直奔這幅畫：畫中模特兒是個年輕女子，我第一次觀畫時驚奇地注意到，她踢掉鞋子，躺在一張藍色沙發上，悲傷地凝視畫家（她的丈夫？），一隻手臂枕著頭，就像我的模特兒多次做過的一樣。不僅是這種出奇的相似性驅使我來看這幅畫：在我們最初幾次來到掛這幅畫的小展覽室這段期間，她看著我們接吻。每當聽見某個起疑心的老警衛踩著鑲木地板咯吱咯吱走來，我們便停止接吻，坐直身子，認真地討論起她，因此我們對這幅畫的每個細節瞭若指掌。除此之外，我們還加入在《百科全書》中找到有關哈里爾帕沙的一切。

「日落後，這女孩的腳肯定冷了起來。」我說。

「我還有更壞的消息，」我的愛人說，每回看這幅畫，她看起來就更像哈里爾帕沙的模特兒。「我母親請來媒人，她要我跟她見面。」

「你會嗎？」

「真可笑。她說那人是某某人的兒子，在美國唸書。」她以嘲弄的語氣，低聲跟我說他那有錢人家的姓氏。

「你父親的財富是他們的十倍。」

「你不懂嗎？他們這麼做是要讓我離開你。」

「那麼媒人來喝咖啡的時候，你會不會跟她見面？」

「那不重要。我不希望給家裡惹麻煩。」

「我們去奇哈格吧，」我說：「我要再為你畫一張像，另一幅〈斜躺的女子〉。我要一遍遍吻你。」

我的愛人逐漸發現我的著魔，開始對此恐懼，於是試圖提出折磨我們兩人的問題。「我父親不看好你，因為你想當畫家，」她說：「你將成為一個窮困潦倒、喝得爛醉的畫家，我將成為你的裸體模特兒……他怕的是這個。」

她強作笑容，卻笑不出來。聽見警衛慢慢地、有力地踩過鑲木地板，我們習慣性地，儘管沒接吻，回頭談論〈斜躺的女子〉。但我真正想問的是：「令尊為什麼有必要知道跟他女兒『出去散心』（在這期間，土耳其剛開始使用這個詞）的每個男生將來從事哪一行，打算哪時候娶她？」我還想問：「告訴令尊，我唸建築！」（但儘管我竭力想對她父親的恐懼提出解答，卻知道這麼做將讓我註定從這一刻起成為週末畫家。）每回請求她跟我回奇哈格而遭她拒絕——這已持續數星期——我迅速失去理智的腦袋，便想喊叫：「當畫家有什麼錯！」可是這些豪華公寓——為欽定繼承人而建，如今是「土耳其第一座繪畫雕刻博物館」的所在地——裡頭空蕩蕩的展覽室，就像牆上可憐的畫，已足以回答。我才讀了一本有關哈里爾帕沙的書，知道哈里爾帕沙是個軍人，年歲漸增，卻一幅畫也賣不出去，他和悲傷的妻子，畫中的模特兒，住在軍營，吃食堂的粗茶淡飯。

之後我們見面，我竭力逗她開心，讓她看阿布杜勒邁吉德王子幽暗的畫作（〈後宮的歌德〉、〈後宮的貝多芬〉）使她高興。而後我問她：「我們去奇哈格好嗎？」儘管原本打算不問。我們握著手，沉默不語。「我是不是要綁架你？」我問道，裝出我從某部剛看的電影借來的神情。

後來某次會面——因為通電話很不容易而難於安排——我們坐在博物館裡，在〈斜躺的女子〉前面，我哀傷而美麗的愛人淚流滿面，說她那經常痛打她弟弟們的父親對她的愛，也達到某種「病態」的程度，說他那一股酸勁兒像瘋了一樣，說她怕他，怕他嫉妒得發狂。同時，她卻也很愛他。但現在她認識到，她更愛我，我們在老警衛沿著走道走來的七秒鐘裡接吻，空前絕後的激烈而恣意。親吻時，我們捧住彼此的頭，彷彿是易碎的瓷器。

畫像裡的哈里爾帕沙妻子目光哀傷地低頭看著我們。警衛出現在門口時，我的美人兒說：「綁架我吧。」

「說定了。」

我有個銀行戶頭，是多年前為了存祖母給的零用錢而開的；我還在如梅利（Rumeli）大街擁有四分之一店面—在我父母的某次爭吵後落到我手上—我還有一些證券，儘管我不清楚這些證券在哪裡。如果我設法在半個月內譯完葛林（Grahm Greene）的某本舊小說，我可以交給我的朋友努里（不再被警方通緝）的出版界朋友；據我估計，翻譯賺來的錢可支付兩個月租金，跟我的美麗模特兒住在像奇哈格畫室的小公寓裡。也許，在我綁架她後，我母親（她問我近來為何似乎心煩意亂）會憐憫我們，讓我們住奇哈格公寓？

在一個禮拜只比長大想當消防員的小孩稍微實際一點的慎重考

慮後，我們約好在塔克辛見面；但有史以來第一次，她沒露面，我等了一個半小時。那天傍晚，我知道若不找人講話就會發狂，於是打電話給久未見面的羅伯學院朋友。他們高興地看我墜入愛河、陷入痛苦、束手無策，笑著看我在貝尤魯一家酒館喝得爛醉，提醒我即使不是未經她父親同意而擅自娶未滿法定年齡的少女，即使只是跟她住在同一棟房子裡，我也會被關進牢裡；而後，聽見我又胡扯一陣，他們問我假使我得放棄學業，工作養她，怎能指望成為畫家——他們這麼說並未使我沮喪——最後，本著友誼的精神，他們給了我一間公寓的鑰匙，讓我隨時能跟我的「斜躺的女子」躺在一起。

躲在錫安聖母中學擁擠的大門外遠處一角等候兩次之後，我得以綁架我的中學生愛人。我向她保證，如果跟我回這間公寓（我已去整理過），沒有人會來打擾我們。最後我說服了她。後來我才發現，這間秘密公寓的使用者，除了我那設想周到的羅伯學院朋友之外，還有他父親，我立即察覺我的黑玫瑰絕不想在這可怕的地方擺姿勢讓我作畫，即使僅僅為了讓我們覺得好過些。這間公寓的擺設僅有牆上的銀行月曆和一個架子，架子上的兩瓶威士忌之間擺了全套五十二冊的《大英百科全書》，還有一張大床，我們在床上做了三次哀傷憤怒的愛。當我看見她比我預想的更愛我，當我看見我們做愛時她全身顫抖，當我看見她經常動不動就淚如泉湧，我的胃便痛得更厲害，但若嘗試迴避，我便覺得比以往更無助。因為每次見面，她便告訴我她父親打算在二月寒假帶她去瑞士滑雪，而後讓她進一所盡是阿拉伯有錢人和美國瘋子的上流學校唸書。她恐慌的語氣使我相信了她，但是當我效法土耳其電影裡的硬漢發誓我會「綁架」她，想使她高興起來，看見我的愛人臉上掛著高興的神色，於是我自己也相信了。

二月初，在學校放寒假前的最後一個會面，為了暫時忘掉災難的陰影，也為了答謝給我們鑰匙的朋友，我們跟那些心地善良的朋友見面。還有幾個同學加入我們，那天晚上他們第一次見到我的愛人；每個人都扯了扯我身上不同的部位，使我想起我為何本能地從來不願讓各種朋友搭在一起。打從見面，我的黑玫瑰和我的大學同學之間就不對勁。他們嘗試跟她建立關係，因此諧而不謔地取笑我，但她並不合作；之後，她為了安撫他們，於是一同開起別的時候或許不錯但此刻卻是十足愚蠢的玩笑。被問起她的父母、他們做什麼、住哪裡以及有關財富資產的其他問題時，她打斷對話，對這個話題表示不屑。整個晚上，除了從別別喀餐廳眺望博斯普魯斯，談論足球或某種消費者品牌外，她唯一顯現快樂的時刻是我們停在博斯普魯斯的阿席揚岬，觀看又一棟木造別墅在對岸燃燒。

那是博斯普魯斯最美麗的「雅驪」之一，位於坎地利，離岬角很近，我下了車，以便看得更清楚。我的美人兒厭倦看我的朋友們欣賞大火，於是站到我身邊來，手握在我手中。為了遠離湊在一起喝茶、圍觀僅存的鄂圖曼宅邸付之一炬的車輛與人群，我們走到如梅利堡壘另一頭。我告訴她，中學翹課的時候，我常搭渡輪去對岸，也探索過那裡的街道。

寒冷漆黑的夜裡站在小墓園前方，感覺博斯普魯斯洶湧的海流，我的愛人低聲說她非常愛我，我說為了她，我什麼都願意做，而後竭盡全力擁抱她。我們親吻，每回停下來睜開眼睛，就看到對岸的橘色火光投射在她柔軟的肌膚上。

回家途中，我們在後座握著手，默默無言。到她的公寓時，她像孩子似地向門口跑去。這是我最後一次見她。我們的下一次約會，她沒有出現。

三個禮拜後，寒假結束，我開始在放學時分去錫安聖母學校門口，從遠處看著女孩們一個個走出來，等待黑玫瑰出現。十天後，我不得不承認這是毫無結果的努力，我必須罷手，但每天下午，我的雙腳便不由自主地帶著我前往中學門口，待到人群逐漸散去。有一天，她最疼的大弟從人群裡走出來，跟我說他在瑞士的姊姊深情地問候我，遞給我一封信。我在一家布丁店抽著煙讀她的信，信中說她對新學校很滿意，但她想念我，也想念伊斯坦堡。

我寫給她九封長信，七封裝進信封，五封寄了出去。我不曾得到回音。

---

❶ 雷捷（Fernand Leger），1881-1955，法國立體派畫家。

36 金角灣的船

一九七二年二月，唸建築系的第二年，我發覺自己越來越少去上課。這和我失去我的美麗模特兒，繼而陷入孤獨的憂傷有多少關係？有時我根本不離開我們貝西克塔石的公寓，待在家中看一整天書。有時我帶一本厚書（《著魔者》、《戰爭與和平》、《布登勃洛克一家》）在課堂上讀。黑玫瑰消失後，我的畫畫樂趣持續減退。在畫布或紙上作畫，揮灑油彩的時候，我不再有玩樂的感覺，不再感覺到小時候勝利的情緒。畫畫一開始是一種快樂的孩童遊戲，如今不知何故，我慢慢喪失此種歡樂，不知將被什麼東西取而代之，使我被不安的濃霧所吞沒。離開畫畫而生存，無法逃脫人們所謂

「生活」的真實世界，就跟坐牢沒有兩樣。恐懼擊潰了我——而且如果我抽菸過量——使我呼吸困難。在日常生活中接不上氣，我覺得就要溺斃。我渴望傷害自己，否則就是逃離這堂課，這所學校。

儘管如此，我有時仍去我的畫室，盡量不去想我那帶著杏仁芳香的模特兒——或是反其道而行，再畫一幅畫像召喚她。但是卻缺少了什麼似的。我錯在自以為畫畫仍能提供我屬於孩子才享受得到的樂趣，而我卻不再是孩子。畫到一半，我看見畫將如何進展，斷定它不夠好，於是半途而廢。這些一陣陣的遲疑不決使我得出結論，為了讓每幅新的畫帶給我小時候藝術帶給我的快樂，我必須在下筆之前確定我的目的。或許到目前為止，畫畫的時候始終讓我覺得快樂，因此不了解作畫必須吃苦頭，此種痛苦事實上可能有助於我的畫。

看見我的不安擴散到其他興趣，也使我擔心：過去幾年我聲稱建築是「一種藝術」，現在卻認識到，建築同繪畫一樣不能提供我什麼。小時候我不曾對建築特別感興趣，除非拿方糖和木塊玩耍也算數。而科技大學多半乏味的老師們骨子裡是工程師，對建築毫無玩樂感，亦無創造樂趣，因此上他們的課開始像在浪費時間，使我不能專心做我真正該做的事情，過我認為我該過的「更真實」的生活。出現這些想法時，在我週遭的一切都蒙上一層布幕——我聽講的課、我渴望響起的下課鐘、在課堂上走動的老師、課間休息時間開玩笑、抽煙的學生——他們都成為自己的幽靈，像我一樣困在這個空洞、虛幻、痛苦的世界，只許我痛恨自己、透不過氣。我覺得規定的時限悄悄溜走，我的目的地向後退去，就像我夢裡經常出現的情景。為了擺脫這場惡夢，上課時我在筆記本上塗塗寫寫：我為教授、用心聽講的學生畫素描，寫有關上課情況的諷刺詩、模仿作品、簡單的押韻對句……不久，我有了一群急切等著看下期連載的讀者，但儘管如此，我強烈地感覺到時光的流逝，害怕自己如今的生活更沒有意義，當我走進塔斯奇斯拉的建築系，打算待一整天的時候，卻又在一個鐘頭後奪門而出（顧不得踩在人行道上的石板縫隙）；撲到外面伊斯坦堡的街道上去。

塔克辛和帖佩巴絲之間的後街，小時候母親和我搭乘小巴回家經過的這些地方，對一個六歲孩子來說有如遠方的國度——亞美尼亞人精工建造的佩臘地區，當時依然矗立——現在我開始探索這些地方。有時我從建築系館直接去塔克辛，搭上任何一班公車，去我想去或我的雙腳帶我去的地方：卡辛姆帕薩（Kasimpaşa）的陋街窄巷；或初次造訪時讓我覺得虛假、像拍片場景的巴拉特：因新來的移民以及窮困潦倒而變得面目全非的希臘和猶太區；非常穆斯林、非常明亮的于斯屈達爾後街，一直到一九八〇年代依然處處是木造房屋；寇卡穆斯塔法帕薩神秘古老的街道，被草草興建、模樣陰森可怖的水泥公寓糟蹋；法提清真寺的美麗庭園，總是令我歡

喜；巴魯克爾的週遭地區；庫圖魯斯（Kurtulus）和費里廓伊（Ferikoy）的街區，越來越窮的同時，似乎也越來越古老，讓人感覺中產階級家庭在那兒已有數千年之久，隨壓抑人民的政府所要求，改變語言、種族、宗教（事實上僅有五十年）；佇立在低坡處的較貧窮區（就像在奇哈格、塔拉巴絲和尼尚坦石）——我漫無目的地穿越這些地方。一開始的目的是毫無目的，逃離人人有一份工作、一張辦公桌、一間辦公室的世界。但是在探索城裡的一堵堵牆、一條條街的時候，我仍把自己憤怒、罪惡的憂傷注入其中。直到現在，當我碰巧路過同樣的街道，看見街坊的噴泉廢墟，或是看上去比我記憶中更老舊的拜占庭教堂（「全能之主」〔Pantocrator〕，「阿亞索菲」〔Küçük Ayasofy〕）坍塌的牆垣，或者是沿著巷子看下去，看見某清真寺的一面牆，和馬賽克瓷磚牆的醜陋公寓之間波光粼粼的金角灣，我便想起第一次從相同的角度看相同的景色時愁緒萬千，發現如今景色看起來如此不同。並不是我的記憶有誤——當時景色看上去愁緒萬千，是因為我本身愁緒萬千。我的靈魂注入了

城市的街道，今仍住在其中。

如果我們長時間住在城裡，對它的風光懷有最真摯、最深刻的感情，終有一天——就像一首歌使人想起失去的愛——特殊的街道、影像和場景亦將如此。或許因為第一次看見如此之多的鄰里後街、如此之多的山頂風光，是在失去我杏仁香味的愛人後獨自漫遊之時，於是伊斯坦堡對我而言似乎是個憂傷之地。

當愛失去不久，我看見我的情緒反映在各處——滿月成了鐘面，萬事萬物都是之後出現在夢裡的符號。一九七二年三月，我搭上小巴（如同我和黑玫瑰做的一樣），在我想下車的地方下車——當時還可以這麼做——此時指的是卡拉達橋。低沉陰暗的天空一片灰紫色。看上去彷彿即將下雪，橋上的人行道空蕩蕩。看見橋在金角灣一側的木梯，我走下碼頭。

此處有艘小渡輪即將離開。船長、機械工、纜索操作員都聚集在樓梯平台上，像客輪的船員，問候為數不多的乘客，他們之間抽著煙、喝茶、聊天。上船的時候，我適應新環境，也問候他們，立刻感到身穿暗色外套、頭戴小帽、圍著圍巾、提著網兜的同船乘客們就像是我的舊識，我只是天天搭這艘渡輪來往於金角灣的另一個

通勤者。船悄悄地運轉起來的時候，我感覺到此種歸屬感，此種坐在城市中心地帶的感受，我的感覺是如此強烈，於是我還感受到其他東西。在我們頭頂上方的橋面上（我可以看到橋上的銀行廣告和電車的天線）和城市的主要大街，時間是一九七二年三月某日中午；但是在底下的這個世界，我們卻屬於一個更古老、更寬廣、更沉重的時代。在我看來，走下階梯，搭上偶然發現的渡輪，我似乎走回三十年前，當時的伊斯坦堡與世界更隔絕，也更貧困，與它的憂傷幾乎更調和。

透過甲板後方抖動的窗戶，我望著金角灣的碼頭緩緩流過，被古伊斯坦堡時代的木造房屋覆蓋的山丘，以及種滿柏樹的墓園；胡同、黑色的山丘、船塢、生鏽的船殼；綿延不絕的小工廠、商店、煙囪、菸草倉庫；坍塌的拜占庭教堂；雄立於破街窄巷上方的鄂圖曼清真寺；翟芮克的「全能之主」教堂；席巴里的大菸草倉庫；甚至遠方法提清真寺的影子——透過模糊、抖動的船窗，這幅正午的場景猶如我在支離破碎的老電影中看見的伊斯坦堡風光，像午夜一

樣黑暗。

渡輪的引擎聲像我祖母的縫紉機，接近碼頭時突然中斷；窗戶停止抖動，金角灣平靜的海水，提著五十個籃子和公雞母雞上船的老太婆，希臘舊區的窄街，後方的小工廠和倉庫、桶子、舊車胎、在城裡漫遊的馬車——這一切看上去就像百年前精心描繪的黑白明信片。渡輪離開岸邊，窗戶又開始抖動，我們朝對岸的墓園駛去，此時從船煙囪冒出的黑煙讓景色籠罩在憂傷中，看上去更像一幅畫。有時天空似乎黑沉沉，但而後，就像影片的某一角忽然冒出紅光，寒冷的雪光突然出現。

這是不是伊斯坦堡的秘密——在輝煌的歷史底下，貧困的生活、對外的古蹟與美景、貧窮的人民把城市的靈魂藏在脆弱的網中？但我們在此處折回原點，因為不管我們提起有關城市本質的什麼，都更多地反映我們本身的生活與心境。除了我們本身之外，城市沒有其他的中心。

那麼一九七二年三月那天翹課，搭那艘老船一路沿著金角灣到埃郁普，我是怎麼覺得跟我的伊斯坦堡同胞們融為一體？或許我希望說服自己，與城市浩大的「呼愁」相比，我本身的悲傷以及喪失對繪畫的熱愛——我以為這種熱愛將持續一生——已不足為道。觀看更潦倒、更破落、更悽慘的伊斯坦堡，使我忘掉自己的痛苦。但這麼講等於跟土耳其通俗劇的模式一樣，就像片子一開頭便已為憂傷所苦、於是註定失去「生活與愛情」的主角——拿城市的憂傷為

自己的憂傷辯解是行不通的。事實上，我家人或朋友圈當中沒有任何人把我想當詩人-畫家的志願當一回事。至於城裡多數的詩人和畫家，他們的眼光緊盯著西方，遑論看見自己的城市：他們竭力邁向現代化世界，屬於電車和卡拉達橋上銀行廣告的世界。我尚未習慣於城市莊嚴的憂傷——由於內心那個快樂調皮的孩子，我可能是離它最遠的人；直到目前為止，我沒有擁抱它的欲望；心裡感覺到它時，我朝反方向跑去，躲到伊斯坦堡的「美景」中。

我們何必期待一個城市讓我們忘卻心靈傷痛？或許因為我們情不自禁地愛我們的城市，像一個家庭。但我們仍得決定愛城市的哪個部分，想出愛它的理由。

渡輪接近哈斯廓伊（Hasköy），我悲傷困惑地想到，倘若我覺得和我的城市血肉相連，那是因為她讓我獲得比課堂上更深刻的學問與體會。透過抖動的船窗，我看見破敗老舊的木造房屋；芬內爾

的希臘區，因政府慘酷無情的壓迫仍半廢棄；在這些建築廢墟中，烏雲下顯得更神秘的托卡比皇宮、蘇雷曼清真寺、以及伊斯坦堡的山丘、清真寺和教堂剪影。在古老的石塊和古老的木造房屋當中，歷史和廢墟取得和解；廢墟滋養生命，給歷史新的生命：倘若我對繪畫快速熄滅的愛不再能拯救我，那麼城裡的貧民區似乎無論如何都準備成為我的「第二個世界」。我多麼渴望屬於這片詩意的騷亂！就像我沉緬於自己的想像世界，以便逃離祖母的房子和乏味的學校，這會兒，學習建築已讓人厭倦，於是我沉緬於伊斯坦堡。於是我終於放鬆下來，接受賦予伊斯坦堡莊嚴之美的「呼愁」，她命中註定的「呼愁」。

我很少空著手回到真實世界：我帶回不再流通的鋸齒狀電話代幣，或某種我跟朋友戲稱可當「鞋拔或開瓶器」使用的物體；而後帶回從千年老牆掉下來的磚塊破片；一疊帝俄紙鈔，當時城裡每家舊貨商都貨源充足；或帶回三十年前倒閉的某家公司的印章；街頭攤販的秤砣；幾乎每趟路程結束都會不由自主前往沙哈發爾二手書市買下的廉價舊書……我熱衷於伊斯坦堡的相關書籍雜誌——任何類型的印刷品、節目單、時刻表或票券，對我來說都是寶貴的資料，因此我開始收集它們。一部分的我知道我無法永久保存這些東西：玩一陣子之後，我便忘了它們。因此我知道我絕無法成為永不滿足的瘋狂收藏家，或像科丘一樣如飢似渴的知識收藏家，儘管我在初期告訴自己這一切終將組成一項大事業——一幅或一系列畫，或者當時正在閱讀的托爾斯泰、杜斯妥也夫斯基和湯瑪斯曼作品之類的一部小說。有時候——當每一件奇特紀念物都充滿失落大帝國及其歷史殘跡的詩情憂傷——我想像只有我自己一個人揭開這城市的秘密；我在觀看金角灣渡輪的窗外景色時領會到這一點，現在我擁抱的城市歸我所有——從來沒有人像我現在這樣看它！

一旦掌握此種新的詩情觀點，我便滿腔熱情地追蹤與城市相關的任何一切。在此種心境下觸摸的每件事物，每一片段的知識，每件文物，都像是藝術作品。趁我振奮的情緒尚未平息，容我描寫這件很平常的事物，那艘窗戶抖動的渡輪。

它叫「科卡塔斯」（Kocataş）。一九三七年與它的姊妹船「薩里耶」（Sariyer）一併建造於金角灣的哈斯廓伊造船廠。它們安裝的兩個引擎製造於一九一三年，回收自一艘名叫「尼梅突拉」（Nimetullah）的遊艇，從前為Hidiv Hilmi Pisa所有。我們能不能從抖動的窗戶推斷出引擎不適合渡輪？這些細節讓我覺得自己是真格的伊斯坦堡人，使我的憂傷更加深刻。「科卡塔斯」小渡輪在埃郁普讓我下船後，繼續效勞十二年，一九八四年才功成身退。

從漫遊帶回來的物件，讓自己「迷路」的企圖——幾本舊書，一張電話卡，一張舊明信片，或一則關於城市的古怪信息——這些東西不可避免地證明我的漫遊是「真真切切」的。就像柯立芝的主人公，醒來發現手中握著夢裡的玫瑰，我知道這些物件並不屬於小時候讓我心滿意足的第二個世界，而是屬於合乎我的記憶的真實世界。

「科卡塔斯」讓我下船的埃郁普，問題出在這個位於金角灣盡頭的小村莊一點也不真切。作為對內、神秘、宗教、如畫、玄學東方的形象，她相當完美，宛如旁人的夢幻，矗立在城市邊緣的某種土耳其東方回教迪士尼樂園。是不是因為她位於舊城牆外，因而不受拜占庭影響，也沒有你在城裡其他地方看見的多層次混亂？高高的山丘是否讓這裡的夜提早降臨？或者出於宗教與玄學的謙卑，埃郁普決定保留她的小建築，與大伊斯坦堡保持距離，保持她複雜的力量——從塵土、鐵銹、煙霧、殘骸、裂紋、廢墟、污穢汲取的力量？埃郁普何以如此接近西方的東方之夢，讓每個人如此愛她？是不是因為它能夠持續從西方世界以及西化的伊斯坦堡汲取好處，同時卻又與中心、官僚、國家機構和建築保持距離？這正是洛蒂喜愛此地、終而定居此地的原因——因為她未遭破壞，是東方的完美形象——而她之所以令我厭倦，也是出於同樣的原因。來到埃郁普，從金角灣的廢墟和歷史襲來的甜美憂傷便隨風散盡。我慢慢懂得，我愛伊斯坦堡，在於她的廢墟、她的「呼愁」、她曾經擁有而後失去的榮耀。於是，為了鼓舞自己，我離開埃郁普，到其他地區閒逛，尋找廢墟。

37 與母親的對話

長時間以來，母親晚上獨自待在客廳等候父親。父親晚上待在橋牌俱樂部，之後再去其他地方，回到家已很晚，母親早已等得疲倦睡覺去了。我和母親相對而坐吃完晚飯（這時父親已給我們打電話：我很忙，他說，我會晚點兒回家；你們先吃吧），母親便把紙牌攤在乳白色桌巾上，算自己的命。她翻開五十二張牌的每一張牌——一次一張，嘗試依照大小順序排列它們，紅牌跟在黑牌之後——她並不想在牌中尋得信號，也不喜歡把紙牌提供的信號編成一個前途光明的故事。對她而言，這是個考驗耐心的遊戲。我走進客廳，問她是否已算出她的命運，她總是給我同樣的答覆：

「好孩子，我這麼做不是為了算命，而是為了消磨時間。幾點了？我再玩一次，就上床去睡。」

她一面說，一面看著黑白電視機（在土耳其是新玩意）播放的老片或有關去年齋月的談論節目（當時僅有一個頻道，表達政府觀點），而後說：「我不看了，你想關就關了吧。」

我花了點時間看螢幕上播放的任何節目：一場足球賽，或是我童年時代的黑白街道。與其說我對播放的節目感興趣，不如說是讓我從內心深處劇烈的不安解脫出來，暫時離開房間稍事歇息，我在客廳時就像每晚一樣，跟母親閒談。

這些閒談有時演變成激烈的爭論。事後，我回到我的房間，關上門，看書，在愧疚中掙扎，直到隔天早晨。有時和母親爭辯過後，我到外面去，步入伊斯坦堡寒冷的夜晚，在塔克辛和貝尤魯附近徘徊，在陰暗邪惡的後街不停地抽煙，直到感覺寒冷徹骨，在母親和城裡每個人都睡著後，我回到家裡。我養成凌晨四時上床睡覺、中午起床的習慣——我在接下來的二十年保持這項慣例。

當時和母親爭辯的事情——有時直截了當，有時心照不宣——是我未卜的前途；一九七二年冬天，唸建築系大二期間，我幾乎完全不再去上課。除了上少數幾堂課，以免遭學校開除，塔斯奇斯拉的建築系館幾乎看不見我。

有時我怯懦地告訴自己：「就算永遠不當建築師，至少還有大學文憑。」對我產生一些影響的父親和朋友們一再重複這樣的評論，在我母親看來只是使我的狀況更不穩定。我眼見自己對繪畫的愛已然消退，僅留下空虛的感受，因此內心深處知道自己永遠當不成建築師。同時我也知道不能永遠看書看到凌晨，或徹夜在塔克辛、貝尤魯和貝西克塔石的街頭徘徊。有時我心急如焚，猛然自席間站起，試圖讓母親面對事實。由於不清楚自己為何如此做，更不用說是要她接受什麼，有時我們彷彿是蒙住眼睛互相爭吵。

「我年輕的時候像你一樣，」母親說道，僅僅——我之後如此評斷——為了惹惱我。「我逃避生活，就像你一樣。你的姨媽們在大學裡生活在知識分子當中，或在派對宴會上玩得很開心，我卻跟你一樣坐在家裡呆呆盯著你外祖父最喜歡的《插畫雜誌》（*Illustration*）。」她抽一口煙，注視我，看她的話是否產生任何作用。「當時的我很膽怯，對生命心存恐懼。」

我知道她這麼說的意思是「就像你一樣」，怒氣在我內心翻攪的同時，我嘗試讓自己冷靜下來，將她講的這些話當做是「為了我好」。但知道母親同樣表達出某種普遍持有的觀點，使我心碎。我的視線從電視轉向來回逡巡於博斯普魯斯的渡輪探照燈，暗自唸叨著此種正統觀念，心想自己是多麼厭惡。

我並非從不曾公然表達的母親身上得知此一觀念，而是從怠惰的伊斯坦堡中產階級和想法類似的專欄作家那裡，他們在深切而張狂的悲觀時刻斷言「好東西不會出自這種地方」。

長久以來使城市一蹶不振的憂傷助長了此種悲觀。但倘若憂傷出自失落與貧窮，何以城裡的有錢人也擁抱它？或許他們只是僥倖有錢。也可能因為他們自己並未創造任何輝煌的事物，得以媲美他們希望模仿的西方文明。

然而就母親的情況而言，這種她說了一輩子的具破壞力、謹慎的中產階級口頭禪有其根據。在我父母結婚後不久，生了哥哥和我之後，父親讓她傷透了心。他經常不在家，家庭逐漸陷入貧困——她結婚的時候一點也不曉得自己必須與這些事情搏鬥，我始終覺得這些不幸迫使她在面對社會時，擺出持續性的防衛姿態。我們小時候，她帶我們兄弟倆去貝尤魯逛街、去電影院或公園，每當發現男人在看她，從她戒備的表情，我看出她對我們家庭成員以外的任何人格外謹慎。哥哥和我在街頭爭吵時，我看見她在生氣苦惱的同時，卻也急欲保護我們。

從母親不停地懇求我「做個正常、普通的人，就像其他人一樣」，我深刻地察覺這種謹慎。此種懇求帶有大量的傳統道德觀——謙卑的重要，接受你僅有的少許東西並好好利用，實行對整個文化具有影響的蘇非苦行主義——但此種觀點並未幫助她理解為何有人忽然不去上學。我不該誇大自己的重要性，把道德與知識的執著看得太認真，此種熱愛最好用來培養誠實、美德、勤奮、跟普通人一樣：這是她的觀點。藝術、繪畫、創造力——我母親似乎在說，只有歐洲人有權認真看待這些東西，而不是居住在二十世紀後半葉的伊斯坦堡、在文化陷入貧困、喪失勢力、意志與欲望的我們。只要我永遠記得「好東西不會出自這種地方」，就不會後悔。

有時為了讓自己的論點顯得重要，母親便告訴我，她把我取名為奧罕是因為在所有的鄂圖曼蘇丹當中，她最喜愛奧罕蘇丹。奧罕蘇丹不曾追求任何宏偉計畫，從不喜歡出風頭；而是適可而止地過著普通生活，因此史書談起這位鄂圖曼第二任蘇丹總是恭敬而節制。儘管跟我提起這點時面帶微笑，但母親明確地要我了解她為何認為這些美德很重要。

在母親等候父親回家、我從房間出來與她爭辯的夜晚，我知道我要反抗伊斯坦堡提供的破落、卑微、憂傷的生活，以及使母親感到安心的普通生活。有時我自問：「為什麼我要再一次跟她爭辯？」我未能找到一個令人信服的答案，感覺到某種我無法了解的內心騷動。

「你從前也翹課的，」母親說道，把牌翻得越來越快。「你會說：『我生病了，我肚子疼，我發燒了。』我們住奇哈格的時候，這成了你的習慣。有天早上，你說：『我生病了，不去上學。』我衝著你喊，記不記得？我說：『管你生病沒生病，現在就去上學。不准你待在家裡。』」

說到這裡——她經常跟我提起這則故事——她停了下來，或許知道會讓我火冒三丈，她笑了笑；隨後停頓之際，她抽了口煙，而後不看我一眼，卻始終語調輕快地又說：「那個早上之後，我沒再聽你說過：『我生病了，不去上學。』」

「那我現在說吧！」我貿然說道：「我永遠不再踏入建築系館一步。」

「那你想做什麼？跟我一樣坐在家裡？」

我慢慢興起一股衝動，想將這場爭辯推向極限，而後摔上門，獨自一人去貝尤魯後街走很長一段路，半醉半瘋，煙不離手，憎恨

全世界。我在那些年走的路有時持續數個鐘頭，有時候長時間漫遊——凝視商店櫥窗、餐廳、半明半暗的咖啡館、橋、電影院正門、廣告、字母、髒亂、泥濘、掉落在人行道上黑色水坑的雨滴、霓虹燈、車燈、掀翻垃圾筒的流浪狗群——我便有另一股衝動，想回家將這些影像轉換成文字，用語言表達此種幽暗的心靈，此種疲倦而神秘的不安。這股衝動就像從前快樂的繪畫渴望一樣按捺不下，但我不知如何處置它。

「是電梯嗎？」母親問道。

我們兩人都停下來聽，卻聽不見任何讓人覺得是電梯的聲音。我父親並未在上樓途中。母親再次專心於紙牌上，精力充沛地翻開它們，我驚異地望著她。她的舉止動作小時候讓我覺得舒緩鎮靜，儘管在她收回她的愛時，見她這般舉止使我痛苦。現在我已經不曉得如何解讀她。我感覺自己陷入困境，在無限的愛與憤怒之間左右為難。四個月前，母親在梅西迪耶廓伊查出父親會見情婦的地點；

她從管理員手中巧妙地取得鑰匙，去了沒有人的公寓，之後冷靜地跟我描述現場。父親在家穿的一套睡衣擺在這另一間臥室的枕頭上，床頭桌上放了一疊橋牌書，就像他在家的床頭疊的書一樣。

很長一段時間，母親沒告訴任何人她看見的一切；幾個月後，某天夜晚在她玩單人紙牌、抽煙、眼角瞥著電視，我從房間出來跟她說話時，她才忽然說出這件事情。見我愁眉苦臉，於是她長話短說。儘管如此，後來每次想到父親天天去另一棟房子，我便不由得毛骨悚然；彷彿他做的事正是我未能辦到的事情——他找到他的分身，他的孿生兄弟，他天天去另一棟房子不是為了跟他的情人，而是為了跟這個傢伙在一起；這幻想只是更提醒我，我的生命、我的靈魂少了什麼東西。

「你最後還是得想辦法唸完大學，」母親一面發給自己另一手牌，一面說：「畫畫沒辦法謀生，你得找一份工作。畢竟我們不像從前那樣有錢。」

「這不是真的。」我說道，我老早算好，即使遊手好閒，父母仍養得起我。

「你想告訴我，你可以靠畫畫謀生？」

從母親把菸頭狠狠掐滅在菸灰缸裡的樣子，從她半嘲弄半遷就的語氣，從她即使談論此種要事卻能繼續玩牌的樣子，我察覺我們正朝何處走去。

「這可不是巴黎，你知道吧，這是伊斯坦堡，」母親說道，語氣聽起來幾乎是開心的。「就算你是全世界最好的畫家，也沒有人會注意到你。你將一生孤獨。沒有人能理解你為何放棄大好前途去畫畫。如果我們是一個尊重藝術和繪畫的富裕社會，有何不可？但即使在歐洲，梵谷和高更都發了瘋也是眾所周知的事情。」

她當然聽過父親談論他在五〇年代非常喜愛的存在主義文學。有一本今已書頁泛黃、封面破爛的百科全書辭典，我母親經常參考它查證事實——此一習慣現在提供我冷嘲熱諷的材料：

「所以你的小辭典是不是說每個藝術家都是瘋子？」

「我不曉得，兒子。一個人如果很有天份，很努力，而且很幸運，或許可能在歐洲成名。但是在土耳其只會發瘋。請別生氣吧；我現在跟你說這些，將來你才不會遺憾。」

但我現在覺得遺憾，想到她可以一面玩紙牌算命，一面說這些傷人的話就愈發遺憾。

「究竟什麼東西會讓我遺憾？」我問道，或許希望她會說出傷我更深的話。

「我不希望任何人以為你有心理障礙，」母親說：「所以我不會告訴我的朋友們你不去學校上課。他們那些人無法理解為什麼像你這樣的人決定離開大學成為畫家。他們會以為你發了瘋；他們會在你背後閒言閒語。」

「隨你告訴他們什麼，」我說：「為了不和他們一樣愚蠢，我情願放棄一切。」

「你不會這麼做，」我母親說：「最後你會跟小時候一樣：拿起書包上學去。」

「我不想當建築師，我很肯定。」

「再唸兩年吧，兒子，拿了大學文憑後再決定要當建築師或畫家。」

「不。」

「要不要聽聽努席涵對你放棄唸建築怎麼說？」母親說道。我知道她試圖拿某個不重要的朋友表示的意見傷害我。「我跟你父親之間時常爭吵、他跟其他女人鬼混，所以才讓你苦惱不安——這是努席涵的想法。」

「我不在乎你那些愚蠢的社交界朋友怎麼看我！」我吼道。即使知道她試圖激怒我，我卻仍走入她的圈套，讓自己從演戲墮入真正的狂怒。

「你很驕傲，兒子，」母親說：「但我喜歡你這點。因為生命中最重要的不是藝術這把戲，而是傲氣。歐洲有很多人之所以成為藝術家是因為他們驕傲可敬。在歐洲，他們不把藝術家看作商人或扒手，他們把藝術家當作特殊的人對待。但你真的以為在這國家你可以當個藝術家，卻仍保有你的傲氣？讓不懂藝術的人接受你，讓這些人買你的畫，你就得討好政府、討好有錢人；最糟的是，你還得討好半文盲的新聞工作者。你認為你頂得住這些嗎？」

我的憤怒賦予我某種令人目眩的活力，將自己推了出去；我奇異地嚮往離開屋子，奔向街頭，這種嚮往如此巨大，以至於連我都感到驚異。但我還是忍住了，因為我知道倘若再多待一會兒，持續這場語言戰爭、盡我所能摧毀一切、使盡全力反抗、給予痛苦並接受痛苦；那麼，在我們都口出惡言之後，我仍得以奪門而出，奔向黑夜裡的後街。我的腿將帶著我來往於凹凸不平的人行道上，經過燈光微弱或毫無燈光的街燈，前往憂傷的卵石窄巷，對自己屬於這個悲哀、骯髒、貧窮的地區，感到某種反常的快樂。不斷地走，怒不可遏，想法與影像如劇中人物般列隊而過，夢想自己未來成就的大事。

「看看福樓拜，他跟母親住在一起一輩子！」母親仔細查看新發的牌，繼續以半慈悲半高傲的口吻說道：「但我不要你一輩子跟我在同一間屋子裡閒晃。那是法國，他們說某人是偉大的畫家，連水都會停止流動。但在這裡，輟學待在母親身邊一輩子的畫家，最後不是變成酒鬼就是住進瘋人院。」而後又轉過口氣說：「有一份工作，相信我，你會從畫畫得到更多樂趣。」

穿越夜間的窮街僻巷，唯有我的夢伴我同行，在這些痛苦、憤怒、難過的時刻，我為何能從中找到樂趣？我為何捨棄觀光客熱愛的陽光下的伊斯坦堡美景，而偏愛昏暗的後街、傍晚和寒冷的冬夜、幽魂般在蒼白街燈下走過的人、卵石路風光，與寂寥的景緻？

「如果不想成為建築師或找其他謀生方式，你將成為那些神經兮兮的土耳其窮畫家之一，只能看有錢有勢者的臉色過活，別無選擇——你懂嗎？你當然懂——這個國家沒有人能光靠畫畫過日子。你會絕望無助，人們會瞧不起你，你的內心將飽受種種情結、焦慮、憤恨的煎熬，直到死去。難道像你這樣聰明可愛、生氣勃勃的人想這麼做？我走到貝西克塔石，沿著朵爾瑪巴切宮的牆垣一直走到體育場，一直走到小巴停靠站。我喜歡夜晚沿著這些高而厚、長

有青苔的舊宮牆漫步。我感覺腦袋裡的怒氣正一分一秒變得更加劇烈，直到走到朵爾瑪巴切宮，而後我走上一條巷子，十二分鐘後來到塔克辛。

「小時候，即使在最糟糕的時候，你也總是笑顏逐開、非常樂觀——喔，你真是個討人喜歡的孩子。每個人看見你都不得不笑。不僅因為你可愛，還因為你不知悲傷是何物，因為你不曾覺得無

聊，因為即使在最壞的時刻，你也會發明遊戲，愉快地玩好幾個小時，因為你總是那麼快活。讓這樣一個人成為老是向有錢人磕頭跪拜的悲慘畫家——即使我不是你母親，也無法忍受。因此對於我即將說的話，希望你別生氣，仔細聽我說吧。」

在前往塔克辛途中，我稍停片刻，觀看卡拉達半明半暗的燈光夜景，而後前往貝尤魯，在獨立大街起始處的書攤瀏覽幾分鐘的書。之後，在電視聲淹沒嘈雜人群聲的啤酒館喝啤酒和伏特加，抽根菸，像每個人一樣（我環顧四周有沒有哪個名詩人、作家或藝術家剛好坐在鄰座），如果覺得太受到身邊那些留鬍鬚的男人注意——因為我環顧四周、單獨一人、而且一副孩子長相——我便再次出去融入夜裡。沿著大街走一會兒後，我向貝尤魯的後街走去，經過蘇

庫爾庫瑪、卡拉達、奇哈格的時候，停下來凝望街燈的光暈，以及附近電視螢幕投射在潮濕人行道上忽明忽暗的燈光，我窺探舊貨店、雜貨商陳列在櫥窗中的電冰箱、仍擺著我兒時記憶中的假人模特兒的藥局，此時我才意識到我很快樂。聽母親說話而引發的怒火，在貝尤魯後街——或于斯屈達爾，或法提後街——漫遊一個小時後離我遠去，無論我去哪裡，越來越冷的同時，熊熊燃燒的美好前程卻溫暖了我。這時，啤酒和勞累使我頭暈目眩，哀戚的街道像在老片中閃爍不定，此刻我想靜止不動，躲藏起來——就像從前我把一顆珍貴的種籽或最愛的彈珠藏在嘴裡，一藏就是好幾個小時——同時又想離開空盪的街頭，回家坐在桌前，拿起紙筆或寫或畫。

「牆上那幅畫——奈兒敏和阿里送給我們作結婚禮物。他們結婚時，我們去拜訪同一位名畫家，看能不能買他一幅畫回贈他們。兒子，你該看看土耳其最有名的畫家，看見終於有人過來買他的畫那股激動勁兒；或是他為了隱藏心中喜悅而擺出可笑架子；或是當我們拿著他的畫離開時，他一再鞠躬的樣子；或他跟我們道別時的假殷勤——你就不會希望這國家有人當畫家或藝術家。因此我不告訴任何人你要放棄學業當畫家。那些被你斥為愚蠢的人，有一天你得把畫賣給他們。當他們發現你放棄學業，自毀一生的前程，他們會買你一兩張畫，只是為了做善事，只是為了讓我和你父親難為情；或者他們會可憐你，想給你一點錢。但他們肯定不會把女兒嫁給你。你畫的那位可愛的姑娘，你想她父親為什麼把她送去瑞士？在我們這種貧困的國家，身邊這麼多虛弱、落魄、半文盲的人，若想過你該有的生活，不想一敗塗地；若想昂首闊步，你就得有錢。因

此別放棄建築吧，兒子。否則你將痛苦至極。你看科比意：他想當畫家，卻唸了建築。」

貝尤魯的街道，黑暗的街角，逃跑的渴望，我的內疚——這一切在我腦袋中有如霓虹燈閃爍不定。現在我知道，母親和我今晚不會吵架，再過一會兒，我將開門，奔向令人安慰的街道；漫走過半個夜晚後，我將回家坐在桌前，以文字捕捉街頭氣氛。

「我不想當畫家，」我說：「我要成為作家。」

關於照片

挑選這些照片使我重溫寫這本書時經歷的激動與困惑。大部分照片是古勒（左圖右一）的攝影作品；我在他的住家兼工作室檔案博物館（位於貝尤魯，他在這兒度過大半生）找到許多珍貴卻久被遺忘的影像（例如 306 頁（下）的拖船，降低煙囪從加達橋下通過），在我成年人的眼光看來既陌生卻又熟悉得令人陶醉。偶然看見 338 頁的卡拉達雪景，猶如我本身的記憶在螢幕上放映；有些時候，我激動地想捕捉並保存此種夢境或將它寫下。古勒浩瀚無邊的檔案首先頌揚其藝術，同時也卓越地記載了一九五〇直至目前的伊斯坦堡生活，使得在這些年間認識這座城市的任何人沉醉在回憶裡。

古勒的攝影作品列表如下：頁數 24-25, 50, 51, 56, 59（下）, 60, 62（下）, 64, 69（下）, 70（上）, 72（右下）, 115, 116, 117, 119, 120, 121（下）, 122, 125, 127, 129, 132, 134, 166, 200, 201, 208, 226, 245, 252, 254（上）, 270（右）, 272, 273, 275（上）, 279, 280, 281, 283, 285, 302, 304, 305（左）, 305（右）, 306（下）, 315, 330, 338, 343, 344, 345, 368, 369, 370, 371, 373, 374, 375, 383, 388, 390, 391。

在吉茲（Selahattin Giz）（生於一九一二年）的檔案中探索貝尤魯街頭的攝影記錄（從就讀加拉塔薩雷中學〔Galatasaray Lisesi〕開始，在〈共和國報〉〔Cumhuriyet〕的四十二年間持續不輟）有如獲准進入私人的魔幻天地。吉茲或許同我一樣熱愛城市空寂的雪巷：頁數 48, 53, 55, 61（左與右）, 69（下）, 71, 72（左下）, 76（上）, 77, 78, 101, 118, 133, 155, 163, 164, 169, 170, 171, 197, 198, 233, 234, 261, 264, 265, 270（左）, 271, 274, 301, 314, 328, 336, 389。

我要感謝伊斯坦堡市政府的許可，讓我從他們的館藏收入另一位新聞攝影記者薩罕克（Hilmi Sahenk）的攝影：頁數 57, 62（上）, 63, 67, 80, 121（上）, 168, 224, 231, 258, 306（上）, 329, 337, 367, 372, 373（上）。

249 頁的聖索菲亞教堂是羅勃森（James Robertson）攝於一八五三年。

248、251、254（下）的照片是阿布杜拉兄弟（Abdullah Brothers）拍攝的，他們在十九世紀後半經營一家伊斯坦堡照相館。

做這本書的研究工作時，我發現明信片藝術家傅魯特曼亦採用阿布杜拉兄弟的某些照片。

68、70（上）、75、76（下）、253、255（上與下）、266、277與 278 頁取自傅魯特曼的明信片（310-313 頁的城市全景圖亦然，按當時風尚石印製版的五張明信片）。

73、74、157、160、162、180（右）、183、242、256 與 275（下）頁的老照片是間接取得，我設法查出誰拍攝這些照片，卻未能成功。

我要感謝科比意基金會提供 59 頁（上）的科比意畫作。

65 頁是阿羅姆的版畫，282 頁是里薩的畫，358 頁是哈里爾帕沙的畫。84-85 頁與 241 頁是梅林的版畫。

家庭照多半由我父親拍攝，不過有一兩張肯定是我母親或伯父拍的。前一頁我的照片由卡托魯（Murat Kartoglu）拍攝。

如二十八章所述，289 至 293 頁的貝西克塔石和奇哈格照片是我拍的；我仍然喜歡我十五歲時從奇哈格公寓拍攝的卵石巷弄（108 頁）。

名詞對照表

Ahirkapi Lighthouse 阿赫爾卡皮燈塔

Akintiburnu 阿金提布努

Ambarli 安巴利

Anadoluhisari 安那多魯堡壘

Arnavutköy 阿爾那烏特寇伊

Aşiyan 阿席揚

Aşiyan Cemetery 阿席揚墓園

Ayazpaşa 阿雅茲帕薩

Babiali 巴比阿里

Bakirköy 巴克爾廓伊

Balat 巴拉特

Balikli 巴魯克爾

Bayramoğlu 貝拉莫魯

Bebek 別別喀

Bebek Bay 別別喀灣

Beşiktaş 貝西克塔石

Beşiktaş Serencebey 貝西克塔石塞倫瑟貝

Beyazit 貝亞茲特

Beyazit Mosque 倍亞濟清真寺

Beykoz 貝廓茲

Beyoğlu 貝尤魯

Büyükdere 布約克迪爾

Çamlica 恰姆勒加

Cibali 席巴里

Cihangir 奇哈格

Çinaralti Café 梧桐樹下咖啡館

Covered Bazzar 室內市集

Çubuklu 楚布庫魯

Çukurcuma 蘇庫爾庫瑪

Defterdarburnu 岱特達布努

Dolmabahçe 朵爾瑪巴切宮

Edirnekapi 依德內卡匹

Eminönü 埃米諾努

Emirgân 欽米甘

Erenköy 埃倫寇伊

Eyüp 埃郁普

Fatih 法提

Fatih Bridge 法提橋

Fener 芬內爾

Feriköy 費里廓伊

Galata 卡拉達

Galata Bridge 卡拉達橋

Galata Mevlevi Lodge 卡拉達蘇非僧侶道堂

Göksu 郭克蘇

Golden Horn 金角灣

Göztepe 哥茲塔比

Gülhane Park 古爾韓公園

Habiye 哈比耶

Haghia Sofia 聖索菲亞教堂

Halaskârgazi 哈拉斯卡大道

Hasköy 哈斯廓伊

Haydarpaşa 海達巴沙

Heybeliada 黑貝里亞達

Hippodrome 拜占庭大劇場

Ibrahim Pasha Palace 易卜拉欣帕夏

Istiklâl 獨立（大街）

Istinye 伊斯亭耶

Kadiköy 卡迪廓伊

Kandilli 坎地利

Kanlica 坎勒札

Karaköy 卡拉廓伊

Kasimpaşa 卡辛姆帕薩

Kizkulesi 克茲塔

Kocamustafapasa 寇卡穆斯塔法帕薩

Konya 孔亞

Küçüksu 庫屈克蘇

Kurtuluş 庫圖魯斯

Kuruçeşme 庫魯色斯梅

Kuruçeşme Island 庫魯色斯梅島

Maçka 馬曲卡

Maçka Park 馬曲卡公園

Marmara, Sea of 馬爾馬拉海

Mecidiyeköy 梅西迪耶廓伊

Moda 莫韃

Nişantaşi 尼尚坦石

Nuruosmaniye 努羅斯曼

Ortaköy 歐塔廓伊

Osmanbey 奧斯曼貝

Pera 佩臘

Rumeli Avenue 如梅利大街

Rumelihisari 如梅利堡壘

Rüstempaşa 儒斯特姆帕沙

Sahaflar Secondhand Book Market 沙哈發爾二手書市

Samatya 薩瑪提亞

Sarayburnu 薩雷布努

Sariyer 薩瑞伊爾

Şişli 西司里

Sivriada 西弗里亞達

Suadiy 蘇阿蒂耶

Süleymaniye Mosque 蘇雷曼清眞寺

Sultanahmet Mosque 蘇丹阿密清眞寺

Sultanahmet Square 蘇丹阿密廣場

Taksim 塔克辛

Taksim Square 塔克辛廣場

Tarabya 塔拉布亞

Tarabya Bay 塔拉布亞灣

Tarlabaşı 塔拉巴絲

Taşkişla 塔斯奇斯拉

Tepebasi 帖佩巴絲

Teşvikiye 帖斯威奇耶

Teşvikiye Avenue 帖斯威奇耶大街

Teşvikiye Mosque 帖斯威奇耶清眞寺

Tophane 托普哈內

Topkapi Palace 托卡比皇宮

Tünel 突內爾

Unkapani 翁卡帕尼

Üsküdar 于斯屈達爾

Vezneciler 韋茲涅西雷

Yeniköy 葉尼廓伊

Yildiz 耶勒德茲宮

Yüksekkaldirim 尤克塞卡帝林

Zeyrek 翟芮克

MM1100Z

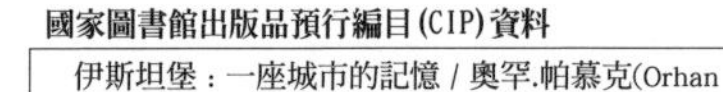
國家圖書館出版品預行編目(CIP)資料

伊斯坦堡：一座城市的記憶 / 奧罕.帕慕克(Orhan Pamuk)作；何佩樺譯. -- 四版. -- 臺北市：馬可孛羅文化出版：英屬蓋曼群島商家庭傳媒股份有限公司城邦分公司發行, 2024.10
面； 公分. -- (當代名家旅行文學；MM1100Z)
譯自：Istanbul : memories of a city
ISBN 978-626-7520-17-8(平裝)
1.CST: 旅遊文學 2.CST: 土耳其伊斯坦堡

735.1719 113012881

伊斯坦堡：一座城市的記憶 Istanbul: Memories of a City

作　　者❖奧罕・帕慕克Orhan Pamuk
譯　　者❖何佩樺
封面設計❖井十二設計研究室
總 策 畫❖詹宏志
總 編 輯❖郭寶秀
行　　銷❖力宏勳

事業群總經理❖謝至平
發 行 人❖何飛鵬
出　　版❖馬可孛羅文化
台北市南港區昆陽街16號4樓
電話：886-2-2500-0888　傳真：886-2-2500-1951
發　　行❖ 英屬蓋曼群島商家庭傳媒股份有限公司城邦分公司
台北市南港區昆陽街16號8樓
客服專線：02-25007718；02-25007719
24小時傳真專線：02-25001990；02-25001991
服務時間：週一至週五上午09:30-12:00；下午13:30-17:00
劃撥帳號：19863813　　戶名：書虫股份有限公司
讀者服務信箱：service@readingclub.com.tw
城邦網址：http://www.cite.com.tw
香港發行所❖城邦（香港）出版集團有限公司
香港九龍土瓜灣土瓜灣道86號順聯工業大廈6樓A室
電話：852-25086231　傳真：852-25789337
電子信箱：hkcite@biznetvigator.com
馬新發行所❖城邦（馬新）出版集團
Cite（M）Sdn. Bhd.（458372U）
41, Jalan Radin Anum, Bandar Baru Seri Petaling,
57000 Kuala Lumpur, Malaysia.
電話：+6(03)-90563833　傳真：+6(03)-90576622
電子信箱：services@cite.my

輸出印刷❖中原造像股份有限公司
四版一刷❖2024年10月
定價❖480元(紙書)
定價❖336元(電子書)

ISBN：978-626-7520-17-8 (平裝)
ISBN：9786267520185 (EPUB)

城邦讀書花園
www.cite.com.tw